Annalisa Pierucci, Viviana Simonetti

SPAZIO ITALIA
LIVELLO B1

3
GUIDA PER L'INSEGNANTE

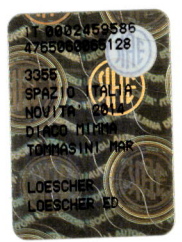

LOESCHER EDITORE

© Loescher Editore - Torino - 2014
http://www.loescher.it

I diritti di elaborazione in qualsiasi forma o opera, di memorizzazione anche digitale su supporti di qualsiasi tipo (inclusi magnetici e ottici), di riproduzione e di adattamento totale o parziale con qualsiasi mezzo (compresi i microfilm e le copie fotostatiche), i diritti di noleggio, di prestito e di traduzione sono riservati per tutti i paesi. L'acquisto della presente copia dell'opera non implica il trasferimento dei suddetti diritti né li esaurisce.

Le fotocopie per uso personale del lettore possono essere effettuate nei limiti del 15% di ciascun volume dietro pagamento
alla SIAE del compenso previsto dall'art. 68, commi 4 e 5, della legge 22 aprile 1941 n. 633.

Le fotocopie effettuate per finalità di carattere professionale, economico o commerciale o comunque per uso diverso da quello personale possono essere effettuate a seguito di specifica autorizzazione rilasciata da CLEARedi, Centro Licenze e Autorizzazioni per le Riproduzioni Editoriali, Corso di Porta Romana 108, 20122 Milano, e-mail *autorizzazioni@clearedi.org* e sito web *www.clearedi.org*.

L'editore, per quanto di propria spettanza, considera rare le opere fuori dal proprio catalogo editoriale. La fotocopia dei soli esemplari esistenti nelle biblioteche di tali opere è consentita, non essendo concorrenziale all'opera. Non possono considerarsi rare le opere di cui esiste, nel catalogo dell'editore, una successiva edizione, le opere presenti in cataloghi di altri editori o le opere antologiche.

Nel contratto di cessione è esclusa, per biblioteche, istituti di istruzione, musei ed archivi, la facoltà di cui all'art. 71 - ter legge diritto d'autore.

Maggiori informazioni sul nostro sito: http://www.loescher.it

Ristampe

5	4	3	2	1	N
2018	2017	2016	2015	2014	

ISBN 9788820133559

Nonostante la passione e la competenza delle persone coinvolte nella realizzazione
di quest'opera, è possibile che in essa siano riscontrabili errori o imprecisioni.
Ce ne scusiamo fin d'ora con i lettori e ringraziamo coloro che, contribuendo
al miglioramento dell'opera stessa, vorranno segnalarceli al seguente indirizzo:

    Loescher Editore s.r.l.
    Via Vittorio Amedeo II, 18
    10121 Torino
    Fax 011 5654200
    clienti@loescher.it

Loescher Editore S.r.l. opera con sistema qualità
certificato CERMET n. 1679-A
secondo la norma UNI EN ISO 9001-2008

L'intero lavoro è frutto della collaborazione delle due autrici, tuttavia la stesura delle singole unità è da attribuirsi come segue:
Annalisa Pierucci – *unità 1, 2, 3, 4*; Viviana Simonetti – *unità 5, 6, 7, 8*.

Coordinamento editoriale: Laura Cavaleri
Coordinamento redazionale: Francesca Asnaghi
Redazione: studio zebra
Progetto grafico e impaginazione: Sara Blasigh - Recco (GE)
Stampa: Rotolito Lombarda - Via Sondrio n.3 - Pioltello (MI)

Indice

	Introduzione	pag	4
Unità 1	Che tipo sei?	pag	6
Unità 2	Era un posto fantastico!	pag	13
Unità 3	Io cercherei in Internet!	pag	19
Unità 4	Diglielo con un fiore!	pag	26
Unità 5	Che ne dite di guardare la TV?	pag	33
Unità 6	Si può fare di più!	pag	39
Unità 7	Chi sarà stato?	pag	46
Unità 8	Penso che sia necessario!	pag	52
	Soluzioni Facciamo il punto	pag	58
	Soluzioni Eserciziario	pag	59
	Tracce audio Manuale	pag	65
	Tracce audio Eserciziario	pag	77
	Tracce audio Attività extra	pag	83

Introduzione

Spazio Italia è un corso finalizzato all'apprendimento della **lingua italiana** sia come **lingua seconda** sia come **lingua straniera**. Questo terzo volume si rivolge a studenti di livello B1 sulla base delle indicazioni del *Quadro comune europeo di riferimento per le lingue* (QCER) ed è pensato per **apprendenti di livello intermedio**, anche con L1 distanti tipologicamente dall'italiano.

Conformemente ai descrittori del *Quadro*, gli obiettivi di *Spazio Italia B1* sono tesi al raggiungimento di un grado di competenza funzionale alla comprensione di messaggi chiari in lingua standard su argomenti familiari e alla produzione di testi semplici e coerenti.

Spazio Italia B1 si articola in:
- un manuale suddiviso in 8 unità, con due test di verifica;
- un glossario;
- audio e video on-line;
- un eserciziario che ricalca la ripartizione del manuale;
- un CD Audio per il lavoro in classe;
- un DVD ROM interattivo;
- una guida per l'insegnante.

Ciascuna unità del manuale è ulteriormente suddivisa in tre sezioni:

- *Vivere la lingua*, che si apre sempre con una o più attività finalizzate alla **presentazione dell'argomento** con l'ausilio di lessico e immagini. In ogni unità si ritrova una **selezione di situazioni comunicative**, ognuna delle quali costituisce il fulcro di una fase di lavoro specifica, contrassegnata da una lettera (*A, B, C, ...*). Al centro di ogni ripartizione si colloca un testo, la risorsa linguistica principale, che costituisce lo spunto per una riflessione sulle funzioni comunicative e sulle strutture della lingua. I compiti cui lo studente è chiamato vanno da un minore a un maggior grado di creatività, prevedendo dapprima esercizi più strutturali e successivamente attività più libere, fino al momento creativo di *Progettiamolo insieme*, che costituisce la conclusione di questa sezione.

- *Sapere la lingua*, che si apre sempre con la parte *Pronuncia e grafia*, un momento di riflessione sulla corretta intonazione dell'input linguistico proposto e su alcuni particolari **aspetti attinenti la grafia e la discriminazione consonantica**. Seguono le **tabelle grammaticali**, le **funzioni comunicative** e il **lessico**, in modo da offrire una sistematizzazione schematica degli input presentati nell'unità. A integrare questa sezione concorrono le attività per lo sviluppo delle abilità di comprensione e produzione scritte e orali, sempre incentrate attorno a testi autentici.

- *Civiltà*, che presenta alcuni aspetti della **cultura italiana** attraverso brevi testi che stimolano una riflessione interculturale, un video con le attività a esso correlate da fruire collegandosi al sito della casa editrice Loescher (www.loescher.it/italianoperstranieri).

Corredano inoltre il manuale:

- *due test di verifica (Facciamo il punto)*, che permettono agli studenti di **prendere consapevolezza** del loro apprendimento linguistico. Sono posti dopo le unità 4 e 8 e basati sui modelli di test delle certificazioni.

Il piano dell'opera comprende anche:

- *l'eserciziario*, che ricalca l'impostazione del manuale e costituisce un ampliamento rispetto ad esso, in quanto propone sia **ulteriori attività di comprensione/produzione scritta e orale**, sia **nuovi esercizi grammaticali e lessicali**. Ogni unità presenta un **portfolio** con il quale gli apprendenti possono documentare i propri progressi.
- *il glossario*, che presenta, in ordine alfabetico, il **lessico** di ciascuna unità con la traduzione in lingua inglese.
- le **tracce audio** del corso (manuale ed eserciziario) e **video autentici** con relative attività on-line al sito della casa editrice Loescher www.loescher.it/italianoperstranieri.
- *il CD Audio per l'insegnante*, contenente le tracce audio del manuale.
- *il DVD ROM*, con il **Libro LIM** e un'ampia offerta di **materiali extra** che estendono l'offerta di ogni singola unità e sviluppando ulteriormente le abilità di comprensione/produzione scritte e orali. Arricchiscono il DVD inoltre tutte le **tracce audio del corso** (manuale ed eserciziario) e **video autentici** con relative attività.
- *la guida per l'insegnante* costituita da un'introduzione all'opera, da un'**accurata descrizione di ciascuna attività** e dalle relative **chiavi**.

La scansione di ogni unità ricalca un determinato modello operativo, in base al quale sono modulati e disposti i materiali e i contenuti linguistici selezionati. L'*iter* che viene seguito muove sempre da un avvicinamento visivo e lessicale all'argomento dell'unità, che si concretizza in un'attività di *matching*, il presupposto per *domande-stimolo* utili ad accrescere la motivazione degli studenti, introducendoli al focus tematico. Si apre così la sezione *Vivere la lingua*, dove gli obiettivi dell'apprendimento, esplicitati e indicizzati nell'intestazione della prima pagina, vengono affidati a ogni fase di lavoro. In questi *step* si riconoscono alcune costanti: un importante **ricorso alle immagini** (sempre di supporto al dato linguistico), la predominanza dell'**input orale** e un **lavoro sul testo** articolato in differenti tipologie di attività, che ne analizzano a fondo le risorse, trasformandole in copioni conversazionali. Il materiale linguistico presentato trova poi l'occasione di una **sistematizzazione** e di un'**analisi più rigorosa** nella sezione successiva (*Sapere la lingua*), in cui si riflette anche sulla sua adeguata pronuncia e sulla corretta grafia. Il bagaglio di strutture e lessico che si è via via venuto consolidando può essere utilmente recuperato nella **comprensione e produzione di testi scritti e orali**.
Il focus tematico dell'unità entra in una prospettiva di confronto interculturale nelle pagine dedicate alla *Civiltà*, in cui si creano le condizioni ottimali per una **messa in comune di vissuti personali e collettivi**. Un ulteriore momento di riflessione culturale è rappresentato dal video che, attraverso la multimodalità caratteristica di questa risorsa, permette una totale immersione nella realtà italiana.
Anche questo terzo manuale, dunque, si configura come uno strumento didattico agile ma, nello stesso tempo, ricco di stimoli. L'insegnante che lo avvicinerà saprà sicuramente trovare in esso una pluralità di spunti e di risorse per la classe. Saranno poi la sua professionalità e il suo approccio all'insegnamento che lo guideranno all'implementazione del materiale proposto. Lo studente, dal canto suo, troverà uno **spazio sempre più ampio nel quale muoversi ed esprimere se stesso anche in lingua italiana**.

Annalisa Pierucci e Viviana Simonetti

Unità 1 - Che tipo sei?

Campo d'azione	Io e gli altri	
Obiettivi comunicativi	- Descrivere una persona (A) *È giovane, molto elegante, segue la moda e vuole diventare stilista. È ottimista e socievole, ama giocare con stoffe e colori, disegnare con gli acquerelli e fare acquisti in negozi esclusivi.* - Descrivere se stessi (A) *Sono un tipo abitudinario.* - Esprimere il piacere di rivedere una persona (B) *Che piacere rivederLa!* - Chiedere il permesso di presentare una persona (B) *Posso presentarLe l'ingegner Marini?* *Ti posso presentare Inka?* - Esprimere il piacere di conoscere una persona (B) *Piacere, signor Marini!* *Piacere di conoscerLa, professore!* *Ciao Inka, piacere di conoscerti!* - Dire di aver conosciuto delle persone (B) *Maria mi ha presentato il suo ragazzo.* *Ho conosciuto un amico di Roberta.*	- Esprimere piacere per aver conosciuto una persona (B) • *Piacere di averti conosciuto!* • *Piacere mio!* - Invitare una persona a entrare e accomodarsi (B) *Prego, entri pure!* *Accomodati!* *Si accomodi!* - Chiedere a una persona se possiamo aiutarla (B) *In cosa posso esserLe utile?* - Raccontare esperienze del passato (C) *Nel 2012 ho corso la mia prima maratona.* - Intervistare una persona a proposito dello studio della lingua italiana (D) *Che lingue parli?* *Perché hai deciso di studiare l'italiano?* *Quando hai cominciato?* *Secondo te l'italiano è una lingua difficile?* *Come studi l'italiano?* *Secondo te cosa è meglio fare per imparare una lingua?* *Quali consigli puoi dare a chi vuole imparare una lingua straniera?*
Obiettivi lessicali	- Parole ed espressioni per descrivere una persona (*giovane, un tipo palestrato, un po' montato, un ragazzo alla mano, elegante, socievole, ottimista, dolce, romantica, gentile, curioso, timido, solitario, abitudinario, avventuroso, indeciso, egocentrico, pratico, attento, svogliato, attivo, tradizionalista, coraggioso, riflessivo, equilibrato, perfetto, noioso, riservato, discreto, estroverso*) - Le professioni (*il personal trainer, la maestra, il cuoco, l'insegnante*) - Gli hobby (*giocare con stoffe e colori, disegnare con gli acquerelli, fare acquisti in negozi esclusivi, interessarsi di storia e filosofia, amare le piante, dedicarsi al giardinaggio, avere passione per i computer, navigare in Internet, correre*) - Le parole dello studio e della grammatica (*il corso, le lezioni, gli errori, studiare, imparare, la pronuncia, l'accordo, il nome, l'aggettivo, il soggetto, il participio passato, i verbi irregolari, le preposizioni, i pronomi, la coniugazione, l'ausiliare, il passato prossimo, gli articoli, gli avverbi, le congiunzioni, le interiezioni*)	
Obiettivi grammaticali	- I nomi invariabili - I nomi difettivi - I nomi indipendenti - I nomi sovrabbondanti - I pronomi diretti - I pronomi indiretti - I pronomi riflessivi - Alcuni verbi con presente indicativo irregolare	- Alcuni verbi con participio passato irregolare - I verbi che formano il passato prossimo con l'ausiliare *essere* - I verbi che formano il passato prossimo con l'ausiliare *avere* - I verbi che possono formare il passato prossimo con *essere* o *avere*
Obiettivi fonologici	- Il troncamento - L'elisione	
Obiettivi socioculturali	- Alcuni luoghi comuni sugli italiani - Alcuni luoghi in cui studiare la lingua italiana - Un personaggio considerato il padre della lingua italiana: Dante Alighieri - Un famoso sonetto di Dante contenuto nel XXVI capitolo della *Vita Nova* - Un video: *Piacere di conoscerla*	

VIVERE LA LINGUA

1 Esercizio di abbinamento.

Obiettivo: descrivere l'aspetto fisico e il carattere delle persone.

Procedura: l'I chiede agli AAA di osservare le foto, che ritraggono alcune persone, e di abbinarle alla relativa didascalia. Segue una correzione in plenaria che può essere eseguita secondo due modalità: a) l'I legge il numero e gli AAA, a turno, dicono la lettera corrispondente; b) l'I invita gli AAA a leggere ciascuna descrizione ad alta voce e, dopo aver accertato l'avvenuta comprensione del lessico, chiede di indicare la foto corrispondente.

Che tipo sei? **UNITÀ 1**

Soluzioni: 1H, 2A, 3F, 4B, 5E, 6D

2 Esercizio di produzione orale.
   Obiettivo: descrivere l'aspetto fisico e il carattere delle persone.
   Procedura: l'I favorisce un lavoro a coppie, durante il quale gli AAA, in base alle loro impressioni sulle persone rappresentate nelle foto, devono ampliare le precedenti descrizioni. Per la messa in comune del compito svolto, può essere previsto un confronto in plenaria in cui una coppia di AA deve presentare la propria descrizione senza indicare la foto a cui si riferisce e gli altri AAA devono indovinare di quale persona si tratta.

A Sono un tipo socievole

1 **Obiettivo:** descrivere alcune immagini e inferire i tipi di persona in esse rappresentati.
   Procedura: l'I invita gli AAA a osservare le immagini e, attraverso domande mirate, chiede loro di descriverle in plenaria e di fare delle inferenze sui tipi di persona rappresentati (*socievole, timido, solitario* ecc.). In questo modo si anticiperà parte del lessico presente nel test dell'attività successiva.

2 e 3 **Obiettivo:** rispondere alle domande di un test e individuare il profilo corrispondente alla propria personalità. Comprensione scritta analitica.
   Procedura: l'I si attiene alla consegna del manuale promuovendo un lavoro individuale, al termine del quale gli AAA devono individuare il profilo (*riservato, riflessivo, estroverso*) corrispondente alla loro personalità. Prima di passare all'attività successiva può essere previsto un confronto a coppie o in plenaria in cui gli AAA mettono in comune i risultati del test.

4 **Obiettivo:** focalizzare l'attenzione sugli aggettivi utili per descrivere il carattere di una persona.
   Procedura: l'I invita gli AAA a una nuova lettura dei testi presenti nelle attività 2 e 3 e chiede loro di sottolineare e poi trascrivere tutti gli aggettivi relativi alla personalità. Segue una correzione in plenaria.

Soluzioni: socievole, timido, solitario, abitudinario, avventuroso, indeciso, simpatica, egocentrico, pratico, attento, svogliato, tradizionalista, attivo, forte, coraggioso, riservato, discreto, riflessivo, equilibrato, perfetto, noioso, estroverso

5 **Obiettivo:** descrivere se stessi.
   Procedura: l'I può attenersi alla consegna del manuale, invitando gli AAA dapprima a un lavoro individuale e poi a un confronto a coppie o in plenaria sulla propria personalità. In alternativa l'I può chiedere agli AAA quali siano gli aggettivi più adatti per descrivere il carattere di un compagno.

6 **Obiettivo:** ricostruire la regola d'uso dei nomi invariabili, indipendenti, difettivi, sovrabbondanti.
   Procedura: l'I si attiene alla consegna del manuale.

Soluzioni: il computer, il maschio, le ferie

7 **Obiettivo:** richiamare alla memoria altri nomi invariabili, indipendenti, difettivi, sovrabbondanti.
   Procedura: quest'attività fa leva sulle conoscenze pregresse degli AAA e può essere svolta in plenaria o in piccoli gruppi.

In entrambi i casi si può proporre come una sorta di gara: vince chi, in 2 minuti, riesce a scrivere il maggior numero di nomi invariabili, indipendenti, difettivi e sovrabbondanti. Segue una correzione in plenaria delle risposte date.

8 **Obiettivo:** ricostruire il paradigma di alcuni verbi con presente indicativo irregolare.
   Procedura: l'I chiede agli AAA di completare l'elenco con le forme mancanti del presente indicativo e/o dell'infinito. Solo in caso di difficoltà l'I esorta la classe a osservare le forme verbali presenti nel test dell'attività 2. Per rendere più stimolante la correzione in plenaria e verificare l'avvenuta memorizzazione del paradigma, l'I, invece di far leggere l'intera coniugazione a un singolo studente, può promuovere una ricostruzione disordinata e collettiva: l'I dice il soggetto + il verbo all'infinito e gli AAA devono coniugarlo in modo opportuno.

Soluzioni: 1 è, siamo, siete, sono; **2** *bere*, bevi, beve, beviamo, bevete, bevono; **3** ho, hai, ha, abbiamo, avete, hanno; **4** scelgo; **5** mi siedo; **6** propone

9 **Obiettivo:** richiamare alla memoria altri verbi con presente indicativo irregolare.
   Procedura: si fa leva ancora una volta sulle conoscenze pregresse degli AAA. L'attività può essere svolta singolarmente oppure, per ottimizzare i tempi, direttamente in plenaria.

10 **Obiettivo:** descrivere una persona. Produzione scritta libera.
   Procedura: l'I forma le coppie e chiede a ciascuna di scrivere su un foglietto una breve descrizione fisica e caratteriale di due compagni, che l'I avrà scelto con cura in una fase precedente. Se gli AA non conoscono bene i compagni da descrivere, provano a fare delle ipotesi sulla loro personalità. In un secondo momento l'I leggerà i foglietti ad alta voce e la classe dovrà indovinare chi è la persona descritta.

B Piacere di conoscerLa

1 **Obiettivo:** richiamare alla memoria frasi o espressioni utili per presentare una persona o per esprimere il piacere di conoscere una persona.
   Procedura: attraverso un *brainstorming* iniziale l'I raccoglie in plenaria tutti gli esponenti linguistici che gli AAA sono in grado di ricondurre alle seguenti funzioni: presentare una persona, esprimere il piacere di conoscere una persona. In questo modo si esplicitano le conoscenze pregresse degli studenti e si prepara la classe agli ascolti dell'attività 2.

2, 3 e 4 **Obiettivo:** esprimere il piacere di rivedere una persona; chiedere il permesso di presentare una persona; esprimere il piacere di conoscere una persona; dire di aver conosciuto delle persone; esprimere piacere per aver conosciuto una persona; invitare una persona a entrare e accomodarsi; chiedere ad una persona se possiamo aiutarla. Comprensione orale globale e analitica.
   Procedura: sono previsti 3 ascolti. Il primo è globale (gli AAA devono semplicemente abbinare i dialoghi alle immagini corrispondenti, senza ancora produrre lingua), mentre il secondo e il terzo sono analitici. In particolare, nell'attività 3 gli AAA devono rispondere a delle domande molto dettagliate relative ai quattro dialoghi, mentre nell'attività 4 devono completare degli atti linguistici correlati a specifiche funzioni comunicative. Per quanto riguarda l'attività 3, prima di dare avvio all'a-

7

UNITÀ 1 | Che tipo sei?

scolto, è importante che l'I sciolga eventuali dubbi lessicali presenti nelle domande.

Soluzioni: B2 A3, B1, C2, D4. B3 1 1, 4; 2 1, 4; 3 1, 3; 4 2; 5 3. B4 1 Che piacere; 2 Posso, l'ingegner Marini, presentare Inka; 3 signor Marini, Piacere di conoscerLa, Ciao Inka, piacere di; 4 il suo ragazzo, Ho, un amico di Roberta; 5 Piacere, conosciuto, Piacere; 6 entri pure, accomodi; 7 In cosa posso, utile

5 **Obiettivo:** ricostruire il paradigma dei pronomi atoni (diretti, indiretti, riflessivi) e ricavarne la regola d'uso.

Procedura: l'I invita gli AAA a completare la tabella lavorando autonomamente. Dato che si tratta di un consolidamento delle varie forme dei pronomi, la classe potrà consultare le frasi dell'attività precedente solo se strettamente necessario. Tuttavia, per rispondere alle domande sulla posizione dei pronomi rispetto al verbo, è importante che gli AAA osservino con attenzione i modelli esemplificativi proposti nell'attività 4. Se necessario, l'I può riportare alla lavagna alcune frasi per evidenziare maggiormente la posizione dei pronomi.

Soluzioni: mi, ti, ti, La, Le, Si, ci, ci, vi, vi, le, gli; 1 conoscerLa, conoscerti, esserLe; 2 Ti posso presentare, posso esserLe; 3 dopo il verbo; 4 Accomodati

6 **Obiettivo:** esprimere il piacere di rivedere una persona; chiedere il permesso di presentare una persona; esprimere il piacere di conoscere una persona; dire di aver conosciuto delle persone; esprimere piacere per aver conosciuto una persona; invitare una persona a entrare e accomodarsi; chiedere a una persona se possiamo aiutarla. Produzione orale libera.

Procedura: l'I divide la classe in piccoli gruppi, poi chiede a ciascun gruppo di scegliere una foto e di realizzare dei dialoghi simili a quelli delle attività precedenti. Gli AAA, per comprendere il grado di formalità esistente tra le persone ritratte, dovranno osservare con attenzione il contesto rappresentato nelle foto e creare dei dialoghi coerenti rispetto ad esso. Per la verifica dell'attività l'I girerà tra i banchi supervisionando con discrezione gli scambi dialogici e intervenendo solo in caso di difficoltà. Al termine di questa fase di lavoro l'I predisporrà la classe per delle brevi rappresentazioni in plenaria. Gli AAA che ascoltano i dialoghi dei loro compagni dovranno indovinare quale delle quattro situazioni raffigurate nelle foto viene rappresentata.

C Nel 2012 ho corso la mia prima maratona

1 **Obiettivo:** fare ipotesi su una persona a partire da alcune foto.

Procedura: quest'attività permette agli AAA di avvicinarsi gradualmente al nuovo argomento della sezione C. Attraverso le domande proposte si anticipano alcuni contenuti dell'intervista dell'attività 2, agevolandone così la comprensione. L'attività può essere svolta direttamente in plenaria o, se si preferisce, può prevedere un primo momento di confronto a coppie e un secondo momento di messa in comune.

2 **Obiettivo:** raccontare esperienze del passato. Comprensione orale analitica.

Procedura: gli AAA ascoltano solo la prima parte dell'intervista, che consentirà loro di verificare le ipotesi avanzate precedentemente. Può essere divertente e stimolante scoprire chi è stato in grado di fare le previsioni migliori.

3 **Obiettivo:** raccontare esperienze del passato. Comprensione orale analitica.

Procedura: prima di dare avvio all'ascolto, è importante che l'I sciolga eventuali dubbi lessicali presenti nelle domande. Nella successiva correzione in plenaria si consiglia di affidare ciascuna risposta a studenti diversi.

Soluzioni: 1 La corsa. 2 Perché era diventato troppo grasso. 3 Ha perso 25 chili. 4 Con dei corsi di preparazione e allenandosi molto. 5 Perché è possibile correre in ogni luogo e in ogni momento senza spendere niente. 6 Era molto felice e soddisfatto. 7 Con sua moglie. 8 Sono andati alle cascate del Niagara e hanno viaggiato tra Canada e Stati Uniti. 9 Di partecipare insieme alla maratona di New York.

4 **Obiettivo:** raccontare esperienze del passato. Produzione scritta guidata.

Procedura: attraverso le risposte alle domande dell'attività 3, gli studenti devono riassumere il racconto di Renato Rossetti. In genere il riassunto è considerato una tecnica didattica abbastanza complessa perché richiede la comprensione dei nuclei informativi principali e la capacità di decidere quali informazioni siano più rilevanti rispetto ad altre. In questo caso, però, nella ricostruzione del racconto gli AAA sono notevolmente agevolati dallo svolgimento dell'attività 3. L'attività può essere svolta singolarmente e prevedere una correzione in plenaria.

Soluzioni: due figli, insegnante, ha iniziato a camminare la domenica mattina con sua moglie, iscriversi a dei corsi, ha corso la sua prima maratona, alla sua famiglia e a tante altre cose, sua moglie, sono andati alle cascate del Niagara e hanno viaggiato un po' tra Canada e Stati Uniti

5 **Obiettivo:** raccontare esperienze del passato. Produzione orale guidata.

Procedura: l'I forma le coppie, poi chiede agli AA di calarsi a turno nei panni di Renato Rossetti e di raccontare la propria esperienza al compagno. In quest'attività gli AA non devono far altro che riportare in prima persona ciò che nel riassunto è stato presentato in terza persona. Se si vuole aggiungere difficoltà al compito, l'I può chiedere agli AA di raccontare la propria esperienza senza consultare il testo dell'attività 4.

6 **Obiettivo:** focalizzare l'attenzione sui verbi al passato prossimo con participio irregolare. Comprensione orale analitica.

Procedura: attraverso un ulteriore ascolto dell'intervista gli AAA devono scrivere i verbi al passato prossimo con participio irregolare accanto agli infiniti. Dopo la correzione in plenaria l'I può chiedere agli AAA di coprire la pagina e verificare così l'avvenuta memorizzazione dei participi irregolari: l'I dice l'infinito di un verbo e gli AAA, a turno, individuano il participio passato corrispondente.

Soluzioni: 1 è venuto, 2 ha corso, 3 mi sono accorto, 4 ho smesso, 5 ho riscoperto, 6 ho perso, 7 ho convinto, 8 ha deciso, 9 ho promesso, 10 mi sono iscritto, 11 è esplosa, 12 ho trascorso, 13 è stata, 14 ha richiesto, 15 ho sconfitto, 16 ho resistito, 17 sono sopravvissuto, 18 ho deluso, 19 è successo, 20 siamo rimasti, 21 ci siamo conosciuti

7 Obiettivo: riflettere sulla formazione del passato prossimo con particolare riferimento agli ausiliari *essere* e *avere*.

Procedura: dopo aver proposto un ulteriore ascolto dell'intervista, l'I invita gli AAA a completare le frasi con il passato prossimo, prestando particolare attenzione all'uso degli ausiliari *essere* e *avere*. Successivamente li esorta ad abbinare le frasi alle affermazioni presenti nella tabella sottostante, ricostruendo così la regola di formazione del passato prossimo.

Soluzioni: **1** ha corso, **2** è iniziato, **3** Ho iniziato, **4** Sono dimagrito, **5** Ho perso, **6** Mi sono iscritto, **7** Sono riuscito, **8** Ho pensato, **9** È successo, **10** Siamo andati, **11** Abbiamo viaggiato; **a** 7, 9, 10, 6, 4; **b** 5, 1, 11, 8; **c** 2, 3

8 Obiettivo: parlare del proprio passatempo preferito, raccontare esperienze del passato. Produzione orale libera.

Procedura: l'I forma le coppie e, dopo aver dato avvio all'attività, si limita all'ascolto discreto delle produzioni degli AAA girando per la classe e intervenendo solo in caso di difficoltà. A conclusione dell'attività può comunque essere previsto un confronto in plenaria guidato dall'I, finalizzato alla messa in comune delle esperienze degli AAA.

D Perché hai deciso di studiare l'italiano?

1 e 2 Obiettivo: parlare della propria esperienza di studio delle lingue rispondendo a un questionario.

Procedura: gli AAA, attraverso la somministrazione del questionario, sono chiamati a intervenire direttamente sull'argomento centrale della sezione (lo studio della lingua), fornendo utili informazioni sui loro stili cognitivi, sulle loro metodologie di studio e sui loro bisogni linguistici. Le risposte degli AAA costituiranno un prezioso materiale di lavoro per l'I, grazie al quale potranno essere progettati percorsi di apprendimento quanto più possibile vicini alle esigenze del gruppo-classe. Inoltre, l'esplicitazione delle difficoltà legate allo studio della lingua italiana (domande 4 e 5) permetterà all'I di rassicurare gli AAA circa le specifiche criticità rilevate, in modo da creare, fin dalle prime fasi di lavoro, un clima disteso, collaborativo e motivante. Dopo lo svolgimento individuale del questionario gli AAA vengono invitati a condividere e motivare le loro risposte dapprima in piccoli gruppi, poi in plenaria, con il resto della classe.

3 e 4 Obiettivo: classificare le parti del discorso della lingua italiana; esprimere il proprio punto di vista sulla grammatica della lingua italiana.

Procedura: prima di procedere all'assegnazione del compito di classificazione, l'I leggerà alla classe l'affermazione che correda la consegna dell'esercizio, invitando così gli AAA a esprimere le proprie posizioni riguardo alla lingua italiana e la sua grammatica. Successivamente l'I chiarirà lo svolgimento del compito, che consente una sistematizzazione del materiale linguistico già posseduto dagli AAA, proponendo una classificazione delle parti del discorso sulla base della loro variabilità e della loro denominazione grammaticale. Poiché la competenza metalinguistica richiesta dal compito potrebbe non essere posseduta dall'intero gruppo di AAA, l'I dovrà adottare, a seconda del contesto didattico, alcune strategie facilitanti. Potrà infatti proporre l'esercizio come lavoro di gruppo (creando gruppi ben assortiti e in grado di perfezionare il compito) e fornire preventivamente il materiale linguistico da suddividere, scrivendo alcune frasi alla lavagna o distribuendo brevissimi testi da analizzare. La fase di controllo degli elaborati permetterà all'I di saggiare le competenze degli AAA e di individuare eventuali difficoltà e incomprensioni. In base alle difficoltà riscontrate l'I valuterà le modalità opportune per assicurare l'ampliamento richiesto nell'esercizio 4 (distribuzione di elenchi di termini da classificare, predisposizione di brevi frasi, ecc.).

Soluzioni: articoli il, **pronomi** mi, **verbi** fare, **aggettivi** bello, **avverbi** bene, **congiunzioni** e, **prep. semplici** di, **interiezioni** ehi

5 Obiettivo: classificare le parti del discorso della lingua italiana.

Procedura: sulla scorta delle classificazioni operate nei due esercizi precedenti, gli AAA, in coppia, sono chiamati a produrre due frasi che contengano tutte le parti del discorso.
A seconda delle problematicità rilevate e del gradimento dell'attività, l'I valuterà se incrementare la difficoltà del compito proponendo, di volta in volta, la formulazione di frasi che abbiano solo alcuni costituenti specifici. Ad esempio potrà chiedere agli AA: *Formiamo ora una frase usando tutte le parti del discorso a eccezione degli avverbi/delle congiunzioni*, ecc. Sarà così possibile condurre gli AAA a considerazioni sulla frase minima nella lingua italiana e sui vari livelli di espansione possibili.

Progettiamolo insieme

1 e 2 Obiettivo: parlare della propria esperienza di studio delle lingue; scrivere un progetto di studio.

Procedura: le risposte fornite dagli AAA al questionario di p. 14, costituiscono il presupposto linguistico per l'attività proposta, che permette di tornare utilmente sulle esperienze di studio, le difficoltà e i progetti degli studenti in merito all'apprendimento della lingua italiana. Infatti gli AAA, girando per la classe, individueranno quei compagni che hanno formulato le risposte più simili alle proprie, per poi formare con essi dei gruppi di lavoro.
Il confronto sulle difficoltà individuate e la condivisione delle medesime strategie di studio saranno un valido strumento per progettare collaborativamente un piano strategico che consenta agli studenti di migliorare il loro percorso di apprendimento. Il piano andrà debitamente trascritto su un foglio (possibilmente di grandi dimensioni) corredato di icone, disegni ed espedienti grafici che ne mettano in risalto le peculiarità e i punti di forza.
L'esposizione dei lavori in classe e la loro lettura commentata saranno un momento decisivo per la creazione di un buon clima di lavoro e per la costituzione di un gruppo-classe affiatato.
Inoltre, l'affissione dei fogli nell'aula (qualora sia possibile) permetterà di tornare più volte durante la prosecuzione del corso ai propositi e alle strategie iniziali, ricordando a tutti gli obiettivi perseguiti e tenendo sempre alta la motivazione ad apprendere.

UNITÀ 1 | Che tipo sei?

SAPERE LA LINGUA

Pronuncia e grafia

1 Obiettivo: individuare le parole italiane con troncamento ed elisione; conoscere e applicare le norme grafiche sull'utilizzo dell'apostrofo.

Procedura: l'I invita gli AAA a osservare con attenzione la tabella proposta. Con una serie di domande stimolo (del tipo *Quali sono le parole che si presentano in modo un po' diverso dalla loro forma consueta? Che cosa manca nelle parole individuate?* ecc.) conduce gli AAA al riconoscimento della specificità dei due fenomeni linguistici che si intendono presentare. Per fissare ulteriormente le caratteristiche di elisione e troncamento l'I leggerà o farà leggere le definizioni che affiancano la tabella e girerà alla classe la domanda relativa all'uso dell'apostrofo. Per accertarsi dell'avvenuta comprensione della norma grafica, l'I potrà proporre alcuni esercizi di dettatura di frasi mirate, come pure la correzione di frasi che presentino errori nell'utilizzo del segno.

Soluzioni: La differenza tra troncamento ed elisione consiste nel fatto che nel troncamento non c'è l'apostrofo mentre nell'elisione c'è.

2 Obiettivo: percepire e scrivere correttamente alcune parole della lingua.

Procedura: l'I contestualizza il testo proposto (una lettera) spiegando agli AAA che dovranno completarlo nelle parti mancanti con il supporto della traccia audio. L'ascolto sarà riproposto finché gli AAA non siano sicuri delle loro ipotesi. L'I procede poi alla verifica, incentivando una presa di parola spontanea degli studenti e riportando alla lavagna le forme reintegrate in modo che sia chiara la loro ortografia.

Soluzioni: quel mio, un po' di, qual è la, all'evento, l'aereo, Com'è, c'è ancora quell'albergo, un'amica, di perder tempo, mal di testa, fa', da' un gran bacio

Leggere

1 e 2 Obiettivo: individuare una mappa mentale e comprenderne l'area tematica.

Procedura: l'I suddividerà il gruppo-classe in coppie di lavoro che potranno eseguire assieme il compito richiesto nelle due attività. In un primo momento ciascuna coppia si dedicherà all'analisi del disegno in modo da comprenderne le caratteristiche salienti e da ipotizzarne lo scopo. Successivamente l'I proporrà la lettura del testo attraverso la quale gli studenti potranno verificare le ipotesi precedentemente avanzate.

3 Obiettivo: comprendere analiticamente un testo regolativo.

Procedura: l'I invita gli AAA a una lettura personale del testo, avvertendo fin da questa fase che eventuali dubbi e difficoltà lessicali saranno affrontati solo in un secondo momento (esercizio 4). La comprensione della porzione testuale sarà misurata sulla scorta delle affermazioni da valutare attraverso il *vero/falso*, la cui correzione avverrà in plenaria, sotto la guida dell'I.

Soluzioni: 1V, 2V, 3F, 4F, 5V, 6F, 7F, 8F

4 Obiettivo: ampliare e consolidare il lessico (le mappe mentali).

Procedura: l'I propone agli AAA una nuova lettura del testo finalizzata, questa volta, alla sola riflessione lessicale. Chiederà infatti a ciascun studente di ripercorrere interamente il brano e di sottolinearne i termini e le espressioni ritenuti difficili.
Al completamento di questa fase si procederà alla suddivisione della classe in piccoli gruppi (3/4 persone al massimo) e si inviterà ciascuno alla messa in comune delle criticità lessicali, che dovranno essere risolte in un clima di scoperta cooperativa, anche con l'ausilio dell'I. Alla fine del lavoro l'I valuterà l'opportunità di richiamare, in una dimensione plenaria, i termini su cui si sono registrate le maggiori incomprensioni e farà in modo che siano gli AAA a fornire le spiegazioni necessarie, eventualmente corredate di esemplificazioni.

5 Obiettivo: esporre il proprio punto di vista circa le mappe mentali; parlare delle proprie strategie di apprendimento. Produzione orale libera.

Procedura: mantenendo l'assetto interattivo già predisposto per la precedente attività, l'I nominerà un moderatore per ciascun gruppo, che avrà il compito di stabilire i tempi di discussione in merito a ogni argomento proposto nelle domande-guida e di regolare l'assegnazione del turno di parola. Il tenore della conversazione in piccoli gruppi dovrà essere sintetizzato dagli AAA su un foglio, cosicché gli appunti presi possano costituire la base per un confronto più ampio *in plenum*.

Ascoltare

1 Obiettivo: abbinare un termine alla relativa definizione.

Procedura: l'esercizio di abbinamento termine/definizione prepara al compito di ascolto, anticipandone le parole-chiave. L'I, per la sua esecuzione, si affida alla consegna del manuale.

Soluzioni: 1b, 2a, 3d, 4e, 5c

2 e 3 Obiettivo: transcodificare un messaggio orale in una realizzazione scritto-grafica (mappa mentale).

Procedura: per la realizzazione del compito l'I suggerirà agli AAA una modalità di lavoro individuale e assicurerà un numero di ascolti della traccia sufficiente al completamento dell'attività. Al termine, per il *feedback* in plenaria, si potrà utilizzare la realizzazione di uno studente o si procederà alla creazione collaborativa di una nuova mappa da utilizzare come modello per l'autovalutazione.

4 Obiettivo: esporre il proprio punto di vista circa le mappe mentali; parlare delle proprie strategie di apprendimento. Produzione orale libera.

Procedura: l'I valuterà l'opportunità di proporre l'attività di discussione come momento di confronto in plenaria, sotto la sua guida oppure come compito autogestito in piccoli gruppi.
In questo caso le opinioni emerse saranno riprese nella dimensione allargata della classe unita, perché siano condivise da tutti.

Scrivere

1 Obiettivo: rielaborare uno schema di appunti (mappa mentale) per riassumere una storia.

Procedura: l'I si attiene alla consegna del manuale. Nella fase di controllo dell'elaborato inviterà gli AAA, a turno, alla lettura del proprio riassunto, incentivando una presa di parola spontanea. In questa fase sarà interessante far notare come le realizzazioni, sebbene equivalenti per contenuto, presentino personalizzazioni e rielaborazioni linguistiche differenti.

Parlare

1 Obiettivo: elaborare uno schema di appunti (mappa mentale); presentarsi e parlare di sé.

Procedura: l'attività, da svolgersi singolarmente, richiede una fase preparatoria (la selezione delle informazioni biografiche e la stesura della mappa mentale) che potrà essere svolta in classe (qualora le tempistiche lo consentano) o, in alternativa, a casa. In questo modo la mappa potrà essere verosimilmente più accurata e corredata di espedienti grafici e di foto; inoltre, se l'I lo riterrà opportuno, potrà essere realizzata su supporto informatico. Il lavoro in classe sarà così interamente dedicato alla presentazione orale, a classe intera o a piccoli gruppi.

CIVILTÀ

Per saperne di più

1, 2 e 3 Obiettivo: illustrare alcuni luoghi comuni sugli italiani e sul loro stile di vita; comprendere un testo scritto di carattere informativo; favorire un confronto interculturale attraverso la presentazione dei luoghi comuni relativi al proprio Paese d'origine.

Procedura: l'I sceglierà, a seconda delle esigenze della classe e del tempo disponibile a lezione, se destinare la lettura del testo a un lavoro in plenaria o a un compito a casa. Nel primo caso attuerà una fase di avvicinamento testuale attraverso la domanda-stimolo proposta nel primo esercizio e successivamente, in presenza di parole sconosciute o di difficile comprensione, l'I fornirà tutte le spiegazioni necessarie o ricorrerà alle risorse lessicali della classe. Lo svolgimento della terza attività (la discussione riguardo ai luoghi comuni sul proprio Paese d'origine) è strettamente correlata alla scelta dell'I circa la collocazione della seconda, in classe o a casa. Nel caso in cui entrambi i momenti si collochino a lezione: a) in una classe plurilingue, l'I suddividerà gli AAA in piccoli gruppi (3/4 studenti) omogenei per provenienza, invitando gli studenti a rispondere alle domande relative ai loro Paesi di origine, favorendo così il confronto interculturale; b) in una classe linguisticamente omogenea, l'I svolgerà più proficuamente l'attività in plenaria. Al termine della discussione, comunque, l'I raccoglierà le informazioni più importanti emerse durante l'interazione e le riporterà alla lavagna per la messa in comune. Se, al contrario, i materiali di questa sezione vengono destinati a una lettura a casa, la parte relativa alle domande sul confronto interculturale potrà costituire una guida per la stesura di un piccolo elaborato scritto da consegnare all'I, che sceglierà così o di correggerlo come compito personale o di destinarlo a una restituzione in classe attraverso la lettura e il successivo confronto fra studenti di diversa provenienza.

Un luogo

4 Obiettivo: presentare alcune istituzioni preposte allo studio della lingua e della cultura italiane; favorire un confronto interculturale attraverso la presentazione delle istituzioni per lo studio della propria lingua madre e della cultura del proprio Paese d'origine.

Procedura: si vedano le indicazioni fornite per l'attività precedente.

Un personaggio

5 Obiettivo: riconoscere e contestualizzare alcune immagini relative a un personaggio italiano famoso (Dante Alighieri).

Procedura: la selezione delle immagini suggerita nel testo (eventualmente ampliabile o modificabile) costituisce lo stimolo iniziale da proporre alla classe in vista della breve presentazione sulla figura di Dante Alighieri. L'I guiderà l'osservazione attraverso una serie di domande-stimolo, muovendo dall'indizio più facilmente riconoscibile (la foto di Firenze), passando alla riproduzione del frammento del codice manoscritto (che fornirà informazioni circa il periodo storico) e presentando poi, da ultimo, il verso della *Divina Commedia*, di più difficile decodifica. Se l'attività può essere abbastanza agevole per studenti provenienti da Paesi europei, questo lavoro introduttivo dovrà essere necessariamente più lungo e articolato con studenti di altre provenienze, che potrebbero avere bisogno di delucidazioni e riferimenti culturali più approfonditi, sia relativamente al periodo storico cui si fa riferimento (l'età medievale), sia relativamente al personaggio e alla sua portata culturale.

6 Obiettivo: comprendere globalmente la biografia di un italiano famoso (Dante Alighieri).

Procedura: l'I si attiene alla consegna del manuale. Sulla base dell'interesse che l'argomento suscita nella classe e del grado di difficoltà che comporta, l'I valuterà quanto il discorso sulla figura di Dante potrà essere approfondito. Inoltre, nel caso in cui fra gli studenti vi siano studiosi di letteratura italiana, sarà interessante affidare loro delle letture di approfondimento, che potranno poi essere riferite ai compagni nel corso delle lezioni successive.

7 Obiettivo: favorire un confronto interculturale attraverso la presentazione di un poeta/una poetessa famoso/a del proprio Paese d'origine.

Procedura: l'I, attenendosi alla consegna del manuale, suddividerà la classe in piccoli gruppi di lavoro, valutando l'opportunità di creare gruppi omogenei quanto alla provenienza geografica oppure misti. Nel primo caso gli AAA convergeranno nella presentazione di una figura significativa per il loro Paese e, stilate brevi note che ne tratteggino la personalità, la presenteranno agli altri gruppi.

Un'opera

8 Obiettivo: comprendere globalmente un testo poetico (sonetto).

Procedura: l'I agevola una lettura individuale e silenziosa, che sarà seguita da un breve confronto a coppie o in piccoli gruppi sul tipo di donna descritta da Dante. Successivamente le ipotesi degli AAA verranno condivise in plenaria, sotto la gui-

UNITÀ 1 Che tipo sei?

da dell'I, che, al momento del *feedback*, mostrerà alla classe alcune immagini rappresentative di Beatrice. In tal modo gli studenti potranno verificare se la donna descritta da Dante corrisponde al loro immaginario.

9 Obiettivo: favorire un confronto interculturale attraverso la presentazione di un componimento poetico famoso del proprio Paese d'origine.

Procedura: l'I potrà proporre l'attività sia come momento di confronto in plenaria, sotto la propria guida, sia come lavoro di gruppo. Suddividerà quindi la classe in piccoli gruppi di lavoro, valutando l'opportunità di creare gruppi omogenei quanto alla provenienza geografica oppure misti. Nel primo caso gli AAA convergeranno nella presentazione di un componimento poetico significativo per il loro Paese e, stilate brevi note che ne tratteggino il tenore, lo presenteranno agli altri gruppi.

Un video

1 Obiettivo: comprendere globalmente un'intervista.

Procedura: l'I propone il video per la prima volta e invita gli AAA a selezionare solo le informazioni necessarie per rispondere alle domande proposte: *Chi sono le persone intervistate? Di che cosa parlano?* L'intera fase di restituzione sarà svolta in plenaria sotto la guida dell'I.

2 Obiettivo: comprendere analiticamente un'intervista; motivare la scelta dell'italiano come lingua straniera; fornire brevi opinioni sull'Italia e gli italiani. Produzione orale guidata.

Procedura: una nuova visione del video sarà interamente finalizzata al completamento della tabella, che riporta schematicamente alcune informazioni fornite dagli studenti nel corso dell'intervista. Prima della verifica delle ipotesi degli AAA in plenaria, l'I avrà cura di valutare il numero di passaggi necessari al perfezionamento del compito e agevolerà un confronto a coppie per un primo riscontro tra pari. Al termine del controllo delle risposte l'I avvierà un breve momento di confronto *in plenum*, nel quale inviterà gli AAA a individuare le informazioni che li rappresentano, incentivandoli anche a fornire una breve espansione o motivazione.

Soluzioni: la ragazza con il cappotto giallo, la ragazza con il cappotto giallo, il ragazzo con il cappello nero e la ragazza con gli occhiali rossi, il ragazzo con il cappello nero, il ragazzo con la sciarpa grigia, la ragazza con gli occhiali rossi, la ragazza con il cappotto giallo, il ragazzo con la sciarpa grigia, la ragazza con il cappotto giallo, il ragazzo con il cappello nero, il ragazzo con la sciarpa grigia, la ragazza con gli occhiali rossi

Unità 2 - Era un posto fantastico!

Campo d'azione	La città e i suoi luoghi	
Obiettivi comunicativi	- Parlare dei cambiamenti di un luogo (A) *Prima c'era...* *Adesso c'è...* - Descrivere una città in generale (A) *Bologna è il capoluogo della regione Emilia-Romagna.* *È un'antichissima città universitaria.* - Dire quanti abitanti ha una città (A) *Bologna ha 384 653 abitanti.* - Parlare del clima di una città (A) *Bologna ha un clima continentale.* - Descrivere i monumenti di una piazza (A) *Sulla piazza Maggiore si trova la gotica e imponente Basilica di San Petronio.* - Chiedere a una persona perché ha deciso di vivere in una città e rispondere (B) • *Perché hai deciso di stabilirti qui?* • *Sono venuto a vivere a Bologna perché questa città mi interessava.* - Raccontare alcuni fatti della propria vita (B) *Mentre frequentavo il secondo anno del liceo classico, studiavo le materie del terzo anno.* *Ho superato l'esame di maturità nel '72.* *Prima di cominciare a fare gli esami lavoravo già.* *Mentre lavoravamo, ci siamo innamorati.* - Chiedere a una persona quali sono i cambiamenti di una città e rispondere (B) • *Quali sono i cambiamenti maggiori che hai visto in questa città?* • *Secondo me è cambiata molto e purtroppo non in meglio.* - Esprimere apprezzamento per dei luoghi (C) *L'Italia mi piace, ma anche la Spagna ha il suo fascino.* - Dire che una città è bella (C) *Bolzano è molto bella.* - Riferire l'opinione di un'altra persona (C) *Secondo mio padre l'Alto Adige è una regione molto interessante.*	- Parlare dei vantaggi e degli svantaggi del vivere in città e in campagna (C) *Ora che abito a Mantova posso andare al cinema.* *In città c'è inquinamento.* - Raccontare la prima volta che siamo stati in un luogo (C) *Io mi ricordo la prima volta che ci sono stato: c'era il sole.* - Chiedere a una persona dove si trova una città e rispondere (C) • *In quale regione si trova Bolzano, in Friuli o in Trentino?* • *In Trentino-Alto Adige.* - Chiedere a una persona di accompagnarci in un luogo con un determinato mezzo di trasporto e rispondere (C) • *Mi accompagni alla stazione con la macchina?* • *Certo!* - Informarsi sulla strada scelta da una persona e rispondere (C) • *Scusa, ma che strada fai per andare in centro?* • *Beh, io passo per la stazione!* - Dare consigli su una strada da seguire (C) *Prima di arrivare alla stazione c'è una strada, tra un chilometro, che ti fa arrivare in centro in cinque minuti.* - Raccontare dei luoghi dove abbiamo abitato in passato (D) *Ho abitato nel cuore di Milano per molti anni.* *Già da bambina avevo vissuto con i miei nonni in questo splendido casolare.* *Ho abitato a lungo in campagna dopo gli studi e poi mi sono trasferito a Cagliari.* *Abitavo a nove chilometri da un piccolo paese.* *Fino a poco tempo fa ho abitato in campagna.*	
Obiettivi lessicali	- I punti cardinali (*il nord, il sud, l'est, l'ovest*) - I luoghi geografici (*il continente, la regione, la provincia, il capoluogo, la città, la cittadina, il quartiere, l'Italia, la Spagna, l'Europa, il Friuli, il Trentino-Alto Adige, Bologna, Bolzano, Pescara, Perugia, Cagliari, Piacenza, Mantova, Palermo*) - I luoghi e le attrazioni della città (*il quartiere fieristico, il centro urbano, il centro storico, la periferia, i portici, le strade, le case, la piazza, la basilica, la fontana, il Palazzo Comunale, il Palazzo del Podestà, le torri, i monumenti*) - Intrattenimenti e servizi cittadini (*la sala per il liscio, il bar, i mercati rionali, le multisala cinematografiche, i centri commerciali, i musei, le librerie, le biblioteche, gli asili nido, le scuole, il cinema, i parcheggi*) - Muoversi in città (*le macchine, l'auto, la bicicletta, i mezzi pubblici, l'autobus, il treno, la stazione, la strada, il chilometro, l'ingorgo, le code, la fila, il traffico*) - La campagna (*la frutta, la verdura, la libertà, i colori, lo spazio aperto, la stalla, il profumo, gli odori della natura, i campi, il piccolo paese*) - Il tempo dal passato al presente (*40 anni fa, nel '72, nel 2002, dal 1972 al 1977, per 18 anni, mentre frequentavo il secondo anno del liceo, gli anni Settanta, in passato, da piccolo, per molti anni, con il tempo, un giorno, fino a poco tempo fa, negli ultimi tempi, l'altro ieri, ieri pomeriggio, prima, oggi, ora, adesso*)	
Obiettivi grammaticali	- Usi del passato prossimo e dell'imperfetto - Uso dell'articolo determinativo con i luoghi geografici	- Uso dell'articolo determinativo dopo *senza* e *con* - Uso di alcune preposizioni - Il trapassato prossimo

UNITÀ 2 | Era un posto fantastico!

Obiettivi fonologici	- Alcune interiezioni		
Obiettivi socioculturali	- L'assetto organizzativo dello Stato italiano - Una famosa piazza italiana: piazza Maggiore a Bologna		- Un architetto italiano famoso: Aldo Rossi - Una famosa torre italiana: la Torre degli Asinelli a Bologna - Un video: *Città italiane*

VIVERE LA LINGUA

1 Esercizio di produzione orale.

Obiettivo: descrivere le foto di alcune città italiane.
Procedura: L'I chiede agli AAA di osservare e descrivere le foto di tre note città italiane (Roma, Genova e Riccione) nella loro rappresentazione attuale e passata. Per facilitare il compito e favorire un clima collaborativo, l'attività potrà essere proposta come lavoro in coppia o in piccoli gruppi. Successivamente l'I inviterà gli AAA a riportare in plenaria quanto emerso dal loro confronto.

2 Esercizio di produzione orale.
Obiettivo: parlare dei cambiamenti di un luogo.
Procedura: l'I agevola un confronto in plenaria e, attraverso domande mirate, stimola gli AAA a individuare i cambiamenti più evidenti che si sono verificati nelle città rappresentate. Esplicitare il lessico relativo alle città sarà molto utile per affrontare le attività successive.

A È un'antichissima città universitaria

1 Obiettivo: presentare alcuni luoghi famosi della città di Bologna.
Procedura: prima di dare avvio all'attività, l'I chiede agli AAA se conoscono la città di Bologna, se ci sono mai stati e quali monumenti/luoghi famosi sono presenti nel capoluogo emiliano. Successivamente esorta la classe a osservare le foto di Bologna e ad abbinarle alla didascalia corrispondente. Lo svolgimento di questo compito serve ad avvicinare gli studenti al testo dell'attività 2, a contestualizzarlo e ad agevolarne la comprensione.

Soluzioni: 1C, 2D, 3B, 4F, 5E, 6A

2 Obiettivo: parlare dei cambiamenti di un luogo; descrivere una città in generale; dire quanti abitanti ha una città; parlare del clima di una città; descrivere i monumenti di una piazza. Comprensione scritta analitica.
Procedura: gli AAA devono completare la scheda, riportandovi le informazioni sulla città di Bologna in modo dettagliato.

Soluzioni: città Bologna; **regione** Emilia-Romagna; **abitanti** 384 653; **popolazioni presenti nel passato** etruschi, celti, romani; **clima** continentale, freddo d'inverno e caldo d'estate; **attrazioni turistiche** portici, piazza Maggiore, Basilica di San Petronio, fontana del Nettuno, Palazzo Comunale, Palazzo del Podestà, due torri; **altre caratteristiche importanti** comunicazioni stradali e ferroviarie, industrie, istituzioni culturali e centro fieristico

3 e 4 Obiettivo: parlare dei cambiamenti di un luogo; descrivere una città in generale; dire quanti abitanti ha una città; parlare del clima di una città; descrivere i monumenti di una piazza. Produzione scritta e orale guidate.

Procedura: la prima parte del lavoro è individuale: gli AAA devono completare la scheda, inserendovi informazioni dettagliate sulla propria città. Successivamente devono descriverla oralmente a un compagno. L'I formerà le coppie avendo cura di far lavorare insieme studenti con provenienze diverse.

B È cambiata molto e purtroppo non in meglio

1 Obiettivo: introdurre l'intervista al conduttore televisivo Patrizio Roversi.
Procedura: questo compito, ovvero l'abbinamento delle foto alla didascalia corrispondente, serve ad avvicinare gli AAA al testo dell'attività 2, a contestualizzarlo e ad agevolarne la comprensione. Le foto e le didascalie presentate, infatti, anticipano il contenuto dell'intervista.

Soluzioni: 1G, 2E, 3B, 4H, 5C, 6A, 7D, 8F

2 Obiettivo: chiedere a una persona perché ha deciso di vivere in una città e rispondere; raccontare alcuni fatti della propria vita; chiedere a una persona quali sono i cambiamenti di una città e rispondere. Comprensione scritta analitica.
Procedura: dopo aver agevolato una lettura silenziosa del testo, l'I chiede agli studenti di indicare se le affermazioni sottostanti sono vere o false, possibilmente motivando le loro risposte in plenaria.

Soluzioni: 1V, 2V, 3F, 4F, 5V, 6F, 7F, 8V

3 Obiettivo: analizzare l'alternanza dell'uso dei tempi imperfetto e passato prossimo in un racconto al passato.
Procedura: dopo aver fatto leggere di nuovo l'intervista, l'I agevola un lavoro analitico sul testo, da svolgersi individualmente o in coppia: gli AAA devono sia trascrivere nella giusta posizione le frasi utili al completamento della tabella sia individuare e trascrivere i tempi verbali (passato prossimo o imperfetto) presenti nelle varie frasi. Segue una correzione in plenaria in cui l'I avrà cura di schematizzare alla lavagna l'uso dell'imperfetto e del passato prossimo, corredando le sue spiegazioni con altri esempi utili.

Soluzioni: *lettura orizzontale*: **tempi verbali** imperfetto, imperfetto, passato prossimo, imperfetto. **esempi** La mia facoltà, il Dams, era un paradiso! Prendevano il caffè nello stesso bar. Ho superato l'esame di maturità nel '72. Prima di cominciare a fare gli esami lavoravo già. **tempi verbali** passato prossimo, imperfetto, imperfetto + passato prossimo, passato prossimo + imperfetto. **esempi** Ho abitato in questa bellissima cittadina di provincia per 18 anni. Mentre frequentavo il secondo anno del liceo classico, studiavo le materie del terzo anno. Mentre lavoravamo, ci siamo innamorati. Sono venuto a vivere a Bologna perché questa città mi interessava.

Era un posto fantastico! **UNITÀ 2**

4 Obiettivo: raccontare le esperienze di vita di alcune persone. Produzione scritta guidata.

Procedura: sulla base degli appunti presenti nella tabella e dell'esempio fornito, gli AAA devono raccontare le esperienze di vita di Michele e Alessia. Per la correzione del compito possono essere previste due modalità. L'I può decidere, in base al tempo che ha a disposizione e al suo piano didattico, o di far leggere i racconti a due volontari (esemplificando così il corretto svolgimento dell'attività) o di correggere i compiti a casa e riportarli in classe nella lezione successiva.

5 e 6 Obiettivo: raccontare alcuni fatti della propria vita; parlare della città in cui si è vissuto. Produzione scritta e orale guidate.

Procedura: all'inizio gli studenti lavorano individualmente e scrivono delle brevi note sulla propria vita e sulla città in cui sono nati o in cui hanno vissuto a lungo. Successivamente raccontano le loro esperienze a un compagno. L'I girerà per la classe, supervisionando con discrezione il lavoro degli AAA e intervenendo solamente per chiamata o in caso di difficoltà. Al termine del lavoro a coppie, l'I può prevedere anche un breve confronto in plenaria in cui gli AAA mettono in comune le informazioni sulla loro vita.

C L'Alto Adige è una regione interessante

1 Obiettivo: comprensione orale globale.

Procedura: gli AAA ascoltano i dialoghi per la prima volta e abbinano ciascuno di essi alle foto delle città di cui si parla (Pescara, Bolzano, Firenze). Al termine dell'attività l'I può ricavare qualche informazione in più sulle città presentate chiedendo agli studenti se le conoscono, se ci sono mai andati, in quali regioni si trovano, ecc.

Soluzioni: A2, B1, C3

2 Obiettivo: comprensione orale globale.

Procedura: gli AAA ascoltano i dialoghi per la seconda volta e, attraverso un esercizio di abbinamento, individuano l'argomento di cui si parla in ciascun dialogo.

Soluzioni: a3, b1, c2

3 Obiettivo: chiedere a una persona dove si trova una città e rispondere; riferire l'opinione di un'altra persona; raccontare la prima volta che siamo stati in un luogo; esprimere apprezzamento per dei luoghi; chiedere a una persona di accompagnarci in un luogo con un determinato mezzo di trasporto e rispondere; informarsi sulla strada scelta da una persona e rispondere; dare consigli su una strada da seguire. Comprensione orale analitica.

Procedura: attraverso il terzo ascolto e il completamento di alcune frasi, gli AAA focalizzano l'attenzione sulle funzioni comunicative presenti nei dialoghi. Durante la correzione in plenaria l'I verificherà che i completamenti siano corretti e sottolineerà alla lavagna gli esponenti linguistici emersi.

Soluzioni: 1 In Trentino-Alto Adige; **2** l'Alto Adige è una regione; **3** la prima volta che ci sono stato; **4** L'Italia mi piace; **5** Mi accompagni; **6** che strada fai; **7** passo per; **8** prima di arrivare alla stazione; tra un chilometro

4 Obiettivo: focalizzare l'attenzione sull'uso dell'articolo determinativo con i luoghi geografici, sull'uso dell'articolo determinativo dopo *senza* e *con*, sull'uso di alcune preposizioni.

Procedura: inizialmente gli AAA devono completare alcune frasi tratte dai dialoghi delle attività precedenti, da cui sono stati tolti articoli e preposizioni. Successivamente devono rispondere ad alcune domande, riflettendo così, insieme all'I, sull'uso dell'articolo determinativo e sull'uso di alcune preposizioni (*da, di, per, tra*).

Soluzioni: -, L', L', la, L'; -/l', la; da, per, di, tra. **1** È sempre necessario davanti ai nomi delle regioni, dei Paesi e dei continenti, ma non davanti ai nomi di città. **2** Si usa dopo la preposizione *con*, se seguita da un nome comune, ma non è necessario dopo la preposizione *senza*. **3** Si usano *da, di, per* e *tra*.

5 Obiettivo: raccontare un'esperienza in una città; parlare delle strade e del traffico di una città; parlare della bellezza di una città e della regione in cui si trova. Produzione scritta e orale libere.

Procedura: l'I forma le coppie, chiede loro di scegliere uno dei tre argomenti proposti nell'attività e le invita a scrivere un breve dialogo. Dopo aver controllato la correttezza degli elaborati, l'I esorta gli AAA a leggerli più volte con attenzione, in modo da memorizzarli il più possibile. Infine due o più coppie verranno invitate a recitare il loro dialogo davanti alla classe.

D Avevo già abitato a Cagliari

1 Obiettivo: introdurre il forum sui vantaggi e gli svantaggi del vivere in campagna e in città.

Procedura: l'I chiede agli AAA di osservare le due foto rappresentative della campagna e della città e di scrivere tutto quello che gli viene in mente. Dopo aver agevolato un confronto a coppie, l'I raccoglie in plenaria le idee emerse, anticipando presumibilmente alcuni contenuti presenti nel forum dell'attività 2.

2 Obiettivo: raccontare dei luoghi dove abbiamo abitato in passato; parlare dei vantaggi e degli svantaggi del vivere in campagna e in città. Comprensione scritta analitica.

Procedura: l'I invita gli AAA a una lettura attenta e silenziosa del forum e chiede loro di sottolineare, possibilmente con due colori diversi, i vantaggi e gli svantaggi del vivere in campagna e in città. Dopo aver chiarito eventuali dubbi lessicali, l'I verifica in plenaria lo svolgimento del compito.

Soluzioni: vantaggi della campagna frutta e verdura a chilometri zero, non c'è traffico, non c'è rumore e quindi molto meno stress rispetto alla vita nella metropoli; Libertà, colori, spazio aperto; il profumo della campagna e della stalla; gli odori della natura; **svantaggi della campagna** In campagna niente musei, niente librerie, poche opportunità di lavoro, poche amicizie; **vantaggi della città** Ci sono gli asili nido e le scuole ed è più facile organizzare la vita della famiglia; posso andare al cinema e ai musei quando e quanto voglio, fare un sacco di shopping, girare l'angolo e trovare quello che voglio, frequentare il bar del quartiere dove la gente si conosce come in paese; **svantaggi della città** pochi parcheggi; c'è inquinamento e quindi la vita media è più bassa

15

UNITÀ 2 | Era un posto fantastico!

3 **Obiettivo:** parlare dei vantaggi e degli svantaggi del vivere in campagna e in città. Produzione orale libera.
Procedura: l'attività prevede due momenti di lavoro: inizialmente gli AAA discutono in piccoli gruppi sui vantaggi e gli svantaggi della vita in campagna e in città, esprimendo anche le loro opinioni su quanto riportato nel forum e annotando, se necessario, le loro considerazioni. Successivamente l'I agevolerà una discussione in plenaria, favorendo una presa di parola spontanea.

4 **Obiettivo:** focalizzare l'attenzione sull'uso del trapassato prossimo.
Procedura: gli AAA devono completare la tabella utilizzando le frasi tratte dal forum dell'attività 2. Successivamente l'I, attraverso la schematizzazione proposta, sottolineerà l'uso del trapassato prossimo per indicare azioni o fatti avvenuti prima di altre azioni o di altri fatti passati (espressi solitamente con l'imperfetto e il passato prossimo), che a loro volta si sono verificati prima del tempo presente. Se necessario, l'I darà ulteriore esemplificazione alla lavagna.

Soluzioni: miriam Già da bambina avevo vissuto con i miei nonni in questo splendido casolare. **pikkolo** Avevo già abitato a Cagliari quando frequentavo l'università e poi ero tornato al paese. Mi ero trovato bene. **jose** I miei compagni di università mi avevano detto che in città si sta benissimo. **sara2012** Avevo fissato un appuntamento dal dentista. **denis83** Avevo avuto tutte le malattie del mondo.

5 **Obiettivo:** focalizzare l'attenzione sulla forma del trapassato prossimo.
Procedura: per agevolare gli AAA nel completamento della regola sulla formazione del trapassato prossimo, l'I può scrivere un paio di frasi alla lavagna sottolineando con colori diversi gli ausiliari *essere* e *avere* e i rispettivi participi passati.

Soluzioni: *essere, avere,* participio passato

6 **Obiettivo:** esercitare l'uso del passato prossimo e del trapassato prossimo.
Procedura: l'I invita gli AAA a completare individualmente le frasi con la forma verbale appropriata (passato prossimo o trapassato prossimo). Il momento del *feedback* costituirà un'ulteriore occasione per ribadire le regole sottese all'uso alternato dei due tempi verbali e per intervenire su eventuali incomprensioni e difficoltà degli AAA.

Soluzioni: Abbiamo preso, avevi consigliato; Abbiamo venduto, avevi detto; Abbiamo scelto, avevate suggerito; Abbiamo comprato; avevi detto; avevamo pensato

7 **Obiettivo:** parlare delle proprie esperienze di vita. Produzione orale libera.
Procedura: attraverso la domanda suggerita nella consegna dell'attività e, se necessario, ulteriori domande mirate, l'I agevola un confronto in plenaria (o in piccoli gruppi) sulle esperienze di vita della classe. Se occorre, l'I riporterà alla lavagna il lessico emerso durante la discussione.

Progettiamolo insieme

1 **Obiettivo:** parlare di una città e presentarla attraverso i suoi luoghi caratteristici.
Procedura: l'attività, finalizzata alla presentazione di una città attraverso i suoi luoghi, può essere declinata in vari modi dall'I, a seconda del contesto in cui si trova a operare. Infatti, nel caso in cui il compito venga proposto a una classe che studia l'italiano come lingua straniera, la città da presentare sarà verosimilmente la stessa per tutti gli studenti (la propria); al contrario, qualora si lavori in Italia con studenti di varia provenienza, potrebbe non essere attuabile la suddivisione in gruppi omogenei quanto a città d'origine. In questo caso l'I potrà suggerire: a) a gruppi compatti per nazionalità, di scegliere una città del proprio Paese ritenuta caratteristica e/o importante; b) a gruppi disomogenei, di scegliere una città italiana o straniera che tutti hanno visitato e di cui conservano qualche ricordo.

SAPERE LA LINGUA
Pronuncia e grafia

1 **Obiettivo:** percepire e riconoscere alcune interiezioni ed esclamazioni.
Procedura: l'I ripropone l'ascolto di alcune parti dei dialoghi dell'attività C1, invitando gli AAA a prestare particolare attenzione alle interiezioni e alle esclamazioni elencate nell'esercizio. Dovranno infatti essere riconosciute nell'ascolto e numerate in base alla loro corretta sequenza.

Soluzioni: a1, b3, c4, d2, e5, f9, g6, h8, i7

2 **Obiettivo:** percepire e riconoscere alcune interiezioni ed esclamazioni.
Procedura: l'I si attiene alla consegna del manuale, riproponendo l'ascolto del testo fino al completamento del compito. Nel momento del *feedback* gli AAA proporranno le loro soluzioni e l'I, dopo averne accertata l'esattezza, si soffermerà con particolare attenzione sulla loro corretta intonazione visto che, nel caso di interiezioni neutre (come *eh, beh,* ecc.), la corrispondenza con l'espressione equivalente è garantita soltanto dalla giusta esecuzione intonativa.

Soluzioni: 1g, 2c, 3d, 4e, 5a, 6h, 7b, 8i, 9f

3 **Obiettivo:** reimpiegare l'uso di alcune interiezioni ed esclamazioni.
Procedura: l'I può attenersi alla consegna del manuale.

Soluzioni: Boh!, Accidenti!, Ma scherzi?, Eh?

Leggere

1 **Obiettivo:** descrivere le foto e il *layout* di un testo; fare inferenze sulla sua tipologia e il suo contenuto.
Procedura: l'introduzione alla lettura del testo è costituita da una riflessione in plenaria, nella quale gli AAA verranno stimolati all'osservazione di tutti gli elementi paratestuali presenti (*layout,* corredo fotografico) al fine di ipotizzare la natura e il tenore dell'articolo.

2 **Obiettivo:** comprensione globale di un articolo giornalistico su web.
Procedura: la prima lettura dell'articolo è finalizzata alla sola individuazione dei blocchi informativi in esso contenuti, attraverso l'inserimento di un titolo scelto fra quelli dati. La verifica del compito, effettuata in plenaria dall'I, testerà

ulteriormente, attraverso domande mirate, l'avvenuta comprensione delle informazioni generali del testo, senza tuttavia addentrarsi in specifici chiarimenti lessicali, che andranno affrontati nelle attività successive.

Soluzioni: 1 Le migliori, **2** Vincono le piccole, **3** Un solo settore alla volta, **4** Felicità è diversa da qualità

3 Obiettivo: comprensione analitica di un articolo giornalistico su web.

Procedura: l'attività richiede una disamina del testo alla ricerca delle espressioni corrispondenti a quelle date. Poiché l'articolo è abbastanza lungo e l'individuazione potrebbe essere difficoltosa per alcuni studenti, si consiglia di far svolgere il compito in coppia o in piccoli gruppi, in modo che, collaborativamente, siano affrontati gli ostacoli alla comprensione e al raggiungimento dell'obiettivo.

Soluzioni: 1 Bologna, **2** Roma, **3** Oristano, **4** Palermo, **5** Biella e Alessandria, **6** Rimini, **7** Piacenza

Ascoltare

1 e 2 Obiettivo: richiamare le preconoscenze relative a una città italiana (Bolzano).

Procedura: attraverso la proposta delle due attività l'I introduce gli AAA all'argomento dell'ascolto: alcune caratteristiche della città di Bolzano. Questa fase di preparazione sarà condotta a classe unita e sotto la guida dell'I, che stimolerà gli studenti, ne raccoglierà le informazioni e schematizzerà alla lavagna il materiale linguistico scaturito perché sia condiviso da tutti.

3 Obiettivo: presentare alcune caratteristiche di una città italiana (Bolzano). Comprensione orale analitica.

Procedura: la realizzazione del compito (riassumere i commenti espressi nel testo audio) potrà essere più agevole qualora l'I, fin dal primo ascolto, suggerisca agli AAA di annotare su un foglio il tenore dei singoli interventi. La verifica dell'avvenuta comprensione sarà successiva a ulteriori ascolti e a un confronto a coppie di studenti sulle ipotesi di ciascuno.

4 Obiettivo: presentare alcune caratteristiche di una città italiana (Bolzano). Comprensione orale globale.

Procedura: l'I può attenersi alla consegna del manuale.

Soluzioni: A1, B3, C2

5 Obiettivo: presentare alcune caratteristiche di una città italiana (Bolzano). Produzione scritta guidata.

Procedura: la ricerca delle informazioni richieste dalla scheda su Bolzano non può prescindere dalla consultazione di fonti quali siti Internet, *dépliants*, guide turistiche, ecc. Pertanto l'I dovrà prevedere o lo svolgimento dell'attività in un laboratorio informatico con accesso a Internet o la consegna di materiale prestampato debitamente selezionato. In alternativa, il compito sarà affidato come ricerca a casa, in modo che poi, in classe, possa esserci la restituzione delle informazioni raccolte e un opportuno confronto.

Scrivere

1 e 2 Obiettivo: presentare le caratteristiche di una città. Produzione scritta guidata.

Procedura: le due attività ivi descritte sono strettamente correlate, in quanto la prima costituisce il presupposto della seconda. Infatti gli AAA sono chiamati, in un primo momento, a compilare la scheda sulla propria città, riportando informazioni schematiche; in un secondo momento, utilizzeranno le caratteristiche annotate per redigere un breve testo espositivo. Per rendere più motivante e coinvolgente l'attività, l'I può chiedere agli AAA di scrivere la breve presentazione su un foglio di carta sciolto, senza indicare il nome della città descritta. Terminata la presentazione, ciascuno studente sarà invitato a piegare il foglio e a lasciarlo in un punto di raccolta. Si procederà quindi alla riconsegna casuale dei fogli: ogni studente leggerà l'elaborato di un compagno e cercherà di indovinare a quale città si riferisce. Se l'I lo riterrà opportuno potrà lasciare agli AAA il compito di correggere la produzione scritta dei propri colleghi, favorendo successivamente un momento di confronto.

Parlare

1 Obiettivo: esporre il proprio punto di vista sulle caratteristiche di una città. Produzione orale guidata.

Procedura: la classe lavorerà suddivisa in piccoli gruppi (di 3/4 studenti). All'interno di ciascun *team* gli AAA attiveranno un confronto sui fattori ritenuti fondamentali per la qualità della vita in una città e su quelli ritenuti, al contrario, di secondaria importanza. Le motivazioni relative a ciascuna scelta dovranno essere debitamente sintetizzate in tabella, poiché saranno la base del confronto in plenaria che costituirà, sotto la guida dell'I, il completamento del compito.

2 Obiettivo: fare inferenze sulle caratteristiche di una città a partire dalle foto; esporre il proprio punto di vista sulle caratteristiche di una città (Oristano); esprimere le proprie preferenze circa la città in cui vivere. Produzione orale libera.

Procedura: l'I si attiverà per formare dei gruppi differenti rispetto a quelli che hanno portato a termine l'attività precedente. Nel nuovo assetto organizzativo gli AAA saranno invitati all'osservazione delle foto della città di Oristano, che dovranno anche cercare su una cartina dell'Italia debitamente fornita dall'I. Questo supporto sarà fondamentale non solo per l'individuazione della città sarda, ma anche per far esprimere gli AAA sulla loro città ideale (domanda 4), il cui ambito di scelta potrebbe essere ristretto alla sola Penisola, in modo che si possa poi discutere, in plenaria, di varie città italiane, mettendo in comune i pareri e le conoscenze pregresse degli studenti su ciascun luogo citato.

CIVILTÀ

Per saperne di più

1 e 2 Obiettivo: illustrare l'assetto organizzativo dello Stato italiano; comprendere un testo scritto di carattere informativo; favorire un confronto interculturale attraverso la presentazione dell'assetto organizzativo del proprio Paese d'origine.

Procedura: in un primo momento l'I inviterà la classe a una lettura in plenaria e, in presenza di parole sconosciute o di difficile comprensione, fornirà tutte le spiegazioni necessarie o ricorrerà alle risorse lessicali della classe. Formerà poi le

UNITÀ 2 | Era un posto fantastico!

coppie e chiederà agli AAA di scrivere più nomi possibili di comuni, province e regioni italiane. Vincerà la coppia che ne ha scritto il maggior numero nel tempo stabilito.

Lo svolgimento della seconda l'attività (la discussione riguardo l'assetto organizzativo del proprio Paese d'origine) è strettamente correlata alla composizione della classe: a) in una classe plurilingue, l'I suddividerà gli AAA in piccoli gruppi (3/4 studenti) omogenei per provenienza, invitando gli studenti a rispondere alle domande relative ai loro Paesi di origine, favorendo così il confronto interculturale: b) in una classe linguisticamente omogenea, l'I svolgerà più proficuamente l'attività in plenaria. Al termine della discussione, comunque, l'I raccoglierà le informazioni più importanti emerse durante l'interazione e le riporterà alla lavagna per la messa in comune.

Un luogo

3 Obiettivo: presentare un luogo caratteristico della città italiana: la piazza (piazza Maggiore, Bologna); transcodificare un messaggio scritto in una realizzazione grafica (disegno di piazza Maggiore).

Procedura: per la realizzazione del compito, l'I suggerirà agli AAA una modalità di lavoro individuale in un tempo stabilito, in modo che ciascuno studente fruisca liberamente del testo e ne ricavi la pianta della piazza. Al termine, per il *feedback* in plenaria, si potrà utilizzare la realizzazione di uno studente o si procederà alla creazione collaborativa di una nuova pianta da utilizzare come modello per l'autovalutazione.

4 Obiettivo: presentare, oralmente e attraverso una rappresentazione grafica, una piazza.

Procedura: attraverso il procedimento inverso rispetto a quello dell'attività precedente, gli AAA sono chiamati dapprima a rappresentare graficamente la piazza della propria città o di una città a loro particolarmente gradita e successivamente a descriverla presentandola ai propri compagni. In base alla quantità di tempo da dedicare al lavoro e alla numerosità della classe, l'I opterà per una restituzione dell'elaborato o in piccoli gruppi di discussione o in plenaria.

Un personaggio

5 Obiettivo: comprendere analiticamente la biografia di un italiano famoso (Aldo Rossi).

Procedura: la lettura del testo biografico deve essere proposta agli AAA dopo una breve fase di motivazione, nella quale possa essere svelato il nesso tra gli argomenti precedentemente affrontati (la città italiana e le sue caratteristiche, anche architettoniche) e la presentazione del famoso architetto. Perché la lettura risulti ancor più motivante e produttiva può essere suggerito all'I il ricorso alle foto di alcune celebri opere di Aldo Rossi, in modo che il personaggio possa essere conosciuto in modo più completo.

Soluzioni: Milano, 1931, Architettura, Politecnico di Milano, 1959, Sonia Gessner, 1965, *L'architettura della città*, progetti, Architettura, nome, la geometria e la memoria, passato, innovative e tradizionali, Milano, 1997

6 Obiettivo: presentare la biografia e le opere di un architetto famoso del proprio Paese d'origine.

Procedura: l'I si attiene alla consegna del manuale, valutando il caso di affidare tutto il lavoro preparatorio (reperimento informazioni, eventuali scelte iconografiche, creazione di una presentazione su supporto informatico) a un lavoro a casa, in modo che in classe venga solo attuata la fase finale.

Un'opera

7 Obiettivo: riconoscere un edificio caratteristico della città italiana (la torre).

Procedura: l'I si attiene alla consegna del manuale.

Soluzioni: 1B, 2C, 3A

8 Obiettivo: comprendere analiticamente un testo informativo (*La Torre degli Asinelli*).

Procedura: la lettura del breve testo informativo viene finalizzata all'individuazione delle informazioni utili a rispondere alle domande formulate. Nella fase di verifica delle ipotesi degli AAA l'I provvederà anche allo scioglimento di nodi lessicali rimasti oscuri.

Soluzioni: 1 A Bologna. 2 Ha preso il nome della famiglia che l'ha fatta costruire. 3 Tra il 1109 e il 1119. 4 Aveva una funzione di segnalazione e di difesa. 5 Nel 1684. 6 È alta 97,20 metri. 7 498 scalini.

9 e 10 Obiettivo: descrivere edifici caratteristici del proprio Paese d'origine (le torri).

Procedura: l'attività, di valenza laboratoriale, potrà essere svolta sia in classe (con l'ausilio degli indispensabili strumenti informatici) sia a casa. L'I potrà prevedere una proficua restituzione del compito attraverso una presentazione multimediale, in modo che le conoscenze trasmesse da ciascuno studente siano fruite e condivise da tutta la classe.

Un video

1 Obiettivo: comprendere globalmente un video informativo.

Procedura: l'I si attiene alla consegna indicata.

2 e 3 Obiettivo: comprendere analiticamente un video informativo.

Procedura: le visioni del video sono finalizzate a una sua comprensione sempre più analitica. Se nella prima attività proposta, infatti, gli AAA sono chiamati a una semplice collocazione geografica di alcuni monumenti, con la seconda attività gli studenti dovranno misurarsi con una prova di comprensione specifica, valutando la bontà degli item proposti. L'I valuterà il numero di passaggi del video sufficienti ad assicurare un sereno svolgimento del compito.

Soluzioni: 2 Roma, Milano, Napoli, Napoli, Venezia, Roma, Milano, Venezia, Roma
3 aF, bF, cV, dV, eF, fV, gV, hF, iF, lV, mV, nV

Unità 3 - Io cercherei in Internet!

Campo d'azione	Il lavoro e la presentazione professionale	
Obiettivi comunicativi	- Informarsi sull'attuale occupazione di una persona (A) *Che cosa fai di bello da quando sei tornata in Italia?* - Dire a una persona che non avrà difficoltà a trovare lavoro (A) *Ma una come te non dovrebbe avere problemi!* - Dare consigli a una persona sul modo migliore per trovare lavoro (A) *Dovresti evitare di spedire semplicemente una mail alla sezione "Lavora con noi".* - Dire che cosa faremmo al posto di un'altra persona (A) *Io, almeno, preferirei cercare in maniera più dettagliata.* *Al posto tuo cercherei informazioni sul sito di quelle aziende.* - Incoraggiare una persona (A) *Secondo me non dovresti vedere le cose in questo modo.* *Dovresti convincerti che stai offrendo la tua preziosa collaborazione a qualcuno.* - Dire a che ora dovremmo arrivare in un certo luogo (A) *Dovrei essere in centro verso le due.* - Esprimere un dubbio (A) *Mah, non saprei.* - Esprimere un desiderio (A) *A me piacerebbe lavorare per le grandi compagnie telefoniche.* - Chiedere aiuto (A) *A proposito di curriculum, potresti aiutarmi un po'?* - Dare informazioni anagrafiche (B) *Mi chiamo Nadia Rossi, ho 23 anni.* - Parlare delle nostre competenze e caratteristiche personali (B) *Il mio italiano è di livello B2.* *Sono una persona flessibile e attiva.* - Parlare delle nostre esperienze di lavoro (B) *Ho lavorato per sei anni in un grande negozio di articoli sportivi.* - Dire perché siamo interessati a un lavoro (B) *Sarei molto lieta di accettare il lavoro da Voi proposto perché vorrei cominciare a lavorare prima di terminare gli studi.*	- Iniziare e terminare una email/lettera di offerta di collaborazione (B) *Gentili Signori, mi chiamo / Resto in attesa di un Vostro riscontro e porgo i miei più distinti saluti / Cordiali saluti / Distinti saluti / In attesa di risposta, porgo cordiali saluti.* - Specificare i documenti che alleghiamo a un'email *Allego il mio CV.* *Vi invio il mio curriculum vitae.* - Chiedere a una persona di parlare un po' di sé (C) *Mi vuol raccontare qualcosa di Lei?* - Informarsi sul titolo di studio di una persona e rispondere (C) • *In che cosa si è laureato?* • *In Scienze dell'alimentazione.* - Chiedere a una persona perché vorrebbe svolgere una certa attività e rispondere (C) • *Per quale ragione vorrebbe lavorare in un agriturismo?* • *Perché adoro la vita all'aria aperta.* - Chiedere a una persona se ha svolto una certa attività e rispondere (C) • *Senta, ha mai lavorato nel settore dell'ospitalità?* • *Due anni fa in estate ho lavorato in un ristorante di Roma.* - Chiedere a una persona quali erano le sue mansioni nel precedente posto di lavoro e rispondere (C) • *Di che cosa si occupava?* • *All'inizio ho fatto semplicemente l'aiuto cuoco.* - Raccontare un desiderio del passato che non si è realizzato (C) *In realtà mi sarebbe piaciuto lavorare in un villaggio ma non in montagna.* - Chiedere a una persona quali lingue straniere conosce e rispondere (C) • *Senta, quali lingue straniere conosce?* • *Io parlo molto bene inglese e francese e so anche un po' di tedesco.* - Chiedere a una persona quali sono le sue conoscenze informatiche (C) *Per quanto riguarda le conoscenze informatiche?* - Chiedere a una persona quali desideri ha avuto in passato (C) *Avresti voluto lavorare all'estero?* *Ti sarebbe piaciuto fare il dottore?*	
Obiettivi lessicali	- Le parole utili per la ricerca di lavoro (*l'annuncio, l'inserzione, l'occupazione, la posizione, il settore*) - Le informazioni personali (*il nome, l'indirizzo, il telefono, il fax, l'email, la nazionalità, il luogo e la data di nascita*) - L'esperienza lavorativa (*le date (da – a), il nome del datore di lavoro, il tipo di azienda o settore, il tipo di impiego*) - I datori di lavoro (*le grandi compagnie telefoniche, le aziende di commercio internazionale, le ditte di trasporti, l'agriturismo, il negozio di abbigliamento, la filiale tecnica*) - Il tipo di attività (*l'impiegata, l'operaio, l'ingegnere, la commessa, il responsabile del personale, l'esperto di marketing, il cuoco, il sommelier, il consulente*) - L'orario di lavoro (*turni, flessibile, tempo pieno, part-time*) - Il tipo di contratto e lo stipendio (*contratto a termine di un mese con eventuale successiva assunzione a tempo indeterminato, due mesi più proroghe, stipendio base superiore agli standard italiani, 800 euro più provvigioni*)	

UNITÀ 3 | Io cercherei in Internet!

Obiettivi lessicali	- L'istruzione e la formazione (*le date (da – a), il nome e il tipo di istituto di istruzione o formazione, le materie / abilità professionali oggetto dello studio, la qualifica conseguita*)
	- I titoli di studio (*il diploma di scuola media superiore, il diploma in ragioneria, il diploma del liceo scientifico, la laurea in Economia e commercio, la laurea triennale in Ingegneria, la laurea magistrale, la laurea in Scienze dell'alimentazione*)
	- Le altre conoscenze (*ottima conoscenza della lingua inglese scritta e parlata e del pacchetto Office, capacità di lettura del disegno CAD, conoscenza della lingua tedesca, ottima conoscenza della lingua italiana, ottime conoscenze informatiche*)
	- Gli altri requisiti (*esperienza pluriennale, flessibilità e dinamicità, esperienza precedente, automunita, flessibile e dinamica, con doti comunicative, persone serie e interessate, grandi capacità organizzative, brevetto da bagnino, patente di guida B*)
	- I materiali inviati con l'email (*la fotografia, il CV*)
Obiettivi grammaticali	- Il condizionale semplice
	- Il condizionale composto
Obiettivi fonologici	- I principali segni di interpunzione in uso nella lingua italiana
Obiettivi socioculturali	- Il mondo del lavoro in Italia
	- Un luogo simbolo del lavoro in Italia: il Lingotto di Torino
	- Un'imprenditrice italiana: Immacolata Simioli
	- Un romanzo italiano che parla di lavoro: *Mammut* di Antonio Pennacchi
	- Un video: *Il mondo del lavoro*

VIVERE LA LINGUA

1 Esercizio di produzione orale.

Obiettivo: descrivere alcune immagini cogliendone similitudini e differenze.

Procedura: l'I invita gli AAA a osservare le immagini e, attraverso alcune domande mirate, fa notare loro le principali similitudini e differenze tra due metodi diversi per la ricerca del lavoro: le agenzie interinali (Adecco, Obiettivo lavoro) e i motori di ricerca (Bancalavoro.it, Motore lavoro). Quest'attività e quella successiva, oltre a introdurre il tema dell'unità, costituiscono un utile avvicinamento al dialogo del punto A.

2 Esercizio di produzione orale.

Obiettivo: parlare della ricerca del lavoro.

Procedura: L'I agevola un confronto in plenaria e, attraverso domande mirate, stimola gli AAA a parlare sia dei metodi più efficaci per la ricerca del lavoro sia della loro esperienza a questo proposito.

A Al posto tuo cercherei informazioni

1 **Obiettivo:** descrivere una foto e fare delle ipotesi.

Procedura: l'I si attiene alla consegna del manuale. Quest'attività serve per preparare gli AAA alla comprensione del dialogo dell'esercizio 2. Si tratta di una fase di avvicinamento testuale in cui, attraverso le inferenze degli AAA, viene introdotto l'argomento della registrazione.

2 **Obiettivo:** comprendere globalmente un dialogo tra due amici sulla ricerca del lavoro.

Procedura: l'I propone il primo ascolto attraverso il quale gli AAA verificano le ipotesi avanzate nell'attività precedente.

3 **Obiettivo:** comprendere analiticamente un dialogo tra due amici sulla ricerca del lavoro.

Procedura: l'I fa ascoltare il dialogo per la seconda volta (se necessario propone l'ascolto ulteriormente) e chiede agli AAA di rispondere brevemente a delle domande aperte, con le quali si vuole verificare la comprensione dettagliata dell'intero testo.

La correzione del compito può essere interamente affidata agli AAA in questo modo: con una presa di parola spontanea il primo studente leggerà la domanda iniziale e la rivolgerà a un compagno a sua scelta, invitandolo alla risposta; si procederà così fino al completamento delle domande. L'intromissione dell'I sarà prevista solo nei casi di dubbio o difficoltà e per incentivare la presa di parola, laddove non vi siano studenti pronti a intervenire.

Soluzioni: **1** All'estero. **2** Sta cercando lavoro. **3** Cercare in Internet e avere dei contatti personali. **4** Perché è timida. **5** Perché ha degli appuntamenti di lavoro. **6** Lei gli manda il CV per email, lui lo legge e poi ne parlano.

4 **Obiettivo:** informarsi sull'attuale occupazione di una persona; dire a una persona che non avrà difficoltà a trovare lavoro; dare consigli a una persona sul modo migliore per trovare lavoro; dire che cosa faremmo al posto di un'altra persona; incoraggiare una persona; dire a che ora dovremmo arrivare in un certo luogo; esprimere un dubbio; esprimere un desiderio; chiedere aiuto. Comprensione orale analitica.

Procedura: attraverso un nuovo ascolto, gli studenti sono invitati a comprendere il testo in modo ancora più dettagliato. Il loro compito, infatti, è quello di completare alcuni esponenti linguistici corrispondenti alle funzioni comunicative presenti nel dialogo.

Soluzioni: **Samuele 1** di bello; **2** non dovrebbe avere problemi; **3** Dovresti evitare; preferirei cercare; cercherei; Se possibile, andrei a eventi; li chiamerei; gli direi che cosa sto cercando; chiederei di parlare; **4** non dovresti vedere; dovresti convincerti; **5** Dovrei essere in centro verso le due; **Marilena 1** non saprei; **2** A me piacerebbe lavorare per; **3** potresti aiutarmi; mi daresti una mano

Io cercherei in Internet! **UNITÀ 3**

5 Obiettivo: ricostruire il paradigma del condizionale semplice dei verbi regolari e di alcuni verbi irregolari (*andare, sapere, dovere*).

Procedura: l'I chiede agli AAA di completare la tabella con le forme mancanti dei verbi. Per rendere più stimolante la correzione in plenaria e verificare l'avvenuta memorizzazione del paradigma, l'I, invece di far leggere l'intera coniugazione a un singolo studente, può stimolarne una ricostruzione disordinata e collettiva: l'I dice il soggetto + il verbo all'infinito e gli AAA devono coniugarlo in modo opportuno. Terminata questa fase si può passare alla seconda parte del compito: attraverso una domanda mirata l'I invita gli studenti a riflettere sulla formazione del condizionale semplice e, in particolare, sul cambiamento della vocale tematica "a" nei verbi regolari della prima coniugazione (*chiamare → chiamerei*). Sarà utile sottolineare anche l'irregolarità dei verbi *andare, sapere, dovere*: al condizionale semplice perdono tutti e tre la vocale dell'infinito.

Soluzioni: verbi regolari *chiamare*, chiamerei, chiamerebbe; chiederei, chiederebbe, chiederebbero; preferirei, preferireste; **verbi irregolari** andrei, andrebbe; saprei, sapremmo; dovrei, dovresti, dovrebbe, dovrebbero. Perché al posto della *a* della prima coniugazione troviamo una *e* e quindi non abbiamo *studiarei* ma *studierei*.

6 Obiettivo: ricostruire il paradigma del condizionale semplice di alcuni verbi irregolari (*volere, dare, potere, cercare*).

Procedura: attraverso quest'attività l'I fa notare alla classe le irregolarità di alcuni verbi nella formazione del condizionale semplice: verbi che prendono la doppia *r* (*volere → vorrei*); verbi che non trasformano la *a* dell'infinito in *e*, ma la mantengono (*dare → darei*); verbi che perdono la vocale dell'infinito (*potere → potrei*); verbi che prendono una *h* per mantenere il suono duro della *c* (*cercare → cercherei*). Per la correzione in plenaria dell'attività si può seguire la procedura indicata per l'attività 5.

Soluzioni: *volere* vorrei, vorresti, vorrebbe, vorremmo, vorreste, vorrebbero; ***dare*** darei, daresti, darebbe, daremmo, dareste, darebbero; ***potere*** potrei, potresti, potrebbe, potremmo, potreste, potrebbero; ***cercare*** cercherei, cercheresti, cercherebbe, cercheremmo, cerchereste, cercherebbero

7 Obiettivo: esercitare il condizionale presente e riflettere sul suo utilizzo.

Procedura: attraverso quest'attività da svolgersi in coppia, l'I invita gli AAA a riflettere sui vari usi del condizionale (esprimere un desiderio, dare un consiglio, fare una richiesta gentile, dire a una persona che cosa faremmo nella sua situazione, esprimere insicurezza).

8 Obiettivo: chiedere e dare consigli. Produzione orale guidata.

Procedura: l'I forma dei piccoli gruppi di 3/4 persone, chiede loro di leggere i quattro testi presenti nei riquadri, di sceglierne uno e di assumere a turno il ruolo della persona raffigurata nell'immagine corrispondente. Si darà così avvio a un confronto tra coloro che descrivono una situazione problematica e coloro che danno dei consigli in merito. Per lo svolgimento del compito gli AAA sono invitati a utilizzare gli esponenti linguistici nelle nuvolette.

B Negozio di abbigliamento cerca commessa

1 Obiettivo: individuare una figura professionale sulla base degli annunci di lavoro. Comprensione scritta globale.

Procedura: l'I invita gli AAA a leggere i quattro annunci di lavoro e a individuare in ciascuno di essi la figura professionale richiesta. In questa fase non è necessario che gli studenti comprendano ogni singola parola ma è sufficiente che abbiano una visione globale dei testi presentati.

Soluzioni: A impiegata, B operaio, C ingegnere, D commessa

2 Obiettivo: individuare una figura professionale sulla base degli annunci di lavoro. Comprensione scritta analitica.

Procedura: gli AAA hanno già compreso la situazione attraverso la prima lettura globale, ora l'I li esorta a leggere di nuovo gli annunci di lavoro e a completare la tabella in maniera schematica con le informazioni richieste. È preferibile che l'attività venga svolta in coppia o in piccoli gruppi, in modo che, se ci sono delle parole che gli AAA non conoscono, possano provare a spiegarle insieme.

Soluzioni: impiegata, Castelli Romani, -, diploma in ragioneria o laurea in Economia e commercio, ottima conoscenza della lingua inglese scritta e parlata e del pacchetto Office, flessibilità e dinamicità, contratto a termine di un mese con eventuale successiva assunzione a tempo indeterminato; operaio, Valdelsa, turni, -, capacità di lettura del disegno CAD, esperienza precedente, 2 mesi più proroghe; ingegnere, Milano, flessibile, laurea triennale in Ingegneria, conoscenza della lingua tedesca, -, stipendio base superiore agli standard italiani; commessa, Caserta, tempo pieno o part-time, 10.00-13.00 – 15.30-19.30, -, ottima conoscenza della lingua italiana, automunita, flessibile e dinamica, con doti comunicative, 800 € + provvigioni

3 Obiettivo: abbinare una candidatura (email) all'annuncio di lavoro corrispondente. Comprensione scritta globale.

Procedura: l'I chiede agli AAA di leggere le quattro email, che rappresentano quattro autocandidature, e di abbinarle alle offerte di lavoro dell'attività 1.

Soluzioni: 1A, 2D, 3C, 4B

4 Obiettivo: dare informazioni anagrafiche; parlare delle nostre competenze e caratteristiche personali; parlare delle nostre esperienze di lavoro; dire perché siamo interessati a un lavoro; iniziare e terminare una email/lettera di offerta di collaborazione; specificare i documenti che alleghiamo a una email. Comprensione scritta analitica.

Procedura: gli AAA vengono invitati a leggere di nuovo le email dell'attività 3 e a individuare in ciascuna di esse le informazioni principali, che sono ricollegabili ai sei punti proposti nell'attività (dati anagrafici, competenze e caratteristiche principali, ecc.). Per agevolare il compito, sarà utile chiedere agli AAA di sottolineare le varie informazioni con colori diversi (possibilmente quelli indicati). Attraverso questo compito l'I avrà cura di porre l'accento su tutte le caratteristiche formali di una email di autocandidatura per un'offerta di lavoro.

21

UNITÀ 3 | Io cercherei in Internet!

Soluzioni: 1 1 abito nei dintorni di Roma; Stefania Verdi. **2** Sono rumena, sposata con un italiano, vivo in Italia; Doina Rastinus. **3** Nadia Rossi, ho 23 anni; Sono nata in Germania. **4** Gianni Marroni, abito ad Arezzo. **2 1** Sono in possesso delle qualifiche e delle competenze da Voi richieste, sono una persona flessibile e attiva e abito nei dintorni di Roma. **2** il mio italiano è di livello B2; da sempre sono molto interessata alla moda e al settore dell'abbigliamento; Sono disposta a lavorare a tempo pieno. **3** studio Ingegneria presso l'Università di Torino; ho frequentato la scuola tedesca fino al diploma di scuola media superiore. **4** Sono esperto nella lettura del disegno industriale e disposto a lavorare in orari diversi, compresi i fine settimana. **3 1** -. **2** Ho lavorato per sei anni in un grande negozio di articoli sportivi. **3** -. **4** da tre anni lavoro presso una ditta che produce materiali industriali di varia natura. **4 1** Al momento l'azienda per cui lavoro è in crisi. **2** da sempre sono molto interessata alla moda e al settore dell'abbigliamento. **3** Vorrei cominciare a lavorare prima di terminare gli studi. **4** Vorrei trasferirmi nella provincia di Siena e lavorare in zona. **5 1** Vi invio il mio curriculum vitae. **2** Allego la mia fotografia. **3** Allego il mio CV. **4** Vi invio il mio curriculum vitae. **6 1** Gentili Signori; Resto in attesa di un Vostro riscontro e porgo i miei più distinti saluti. **2** Gentili Signori; resto in attesa di una Vostra risposta; Cordiali saluti. **3** Gentili Signori; rimango a Vostra disposizione per qualsiasi chiarimento; Distinti saluti. **4** Gentili Signori; in attesa di risposta, porgo cordiali saluti.

5 Obiettivo: scrivere una email di autocandidatura per un'offerta di lavoro. Produzione scritta guidata.

Procedura: sul modello delle email analizzate, gli AAA devono scrivere una email di risposta a uno degli annunci dell'attività 1. Per questo tipo di attività è consigliabile concedere agli studenti un tempo definito per terminare il compito e scoraggiare il ricorso al dizionario. L'I può decidere di affidare questa attività come compito da svolgere a casa, chiedendo agli AAA di scrivere la propria email su un foglio per garantire la correzione personale dell'elaborato.

C Ho lavorato in un ristorante di Roma

1 Obiettivo: individuare i requisiti adatti a ricoprire un incarico di lavoro. Comprensione scritta globale.

Procedura: questo breve annuncio serve a contestualizzare e a introdurre il colloquio di lavoro dell'attività 3 tra la proprietaria dell'agriturismo e il candidato Emanuele Mengoni. Gli AAA leggono il testo silenziosamente e, dopo un breve confronto a coppie, fanno delle ipotesi in plenaria sui requisiti ideali che dovrebbe avere la persona adatta a ricoprire l'incarico richiesto.

2 Obiettivo: ipotizzare le possibili domande di un colloquio di lavoro.

Procedura: l'I divide gli AAA a coppie, chiede loro di calarsi nei panni della proprietaria dell'agriturismo e di scrivere alcune possibili domande da rivolgere al candidato che vorrebbe ricoprire l'incarico offerto nell'annuncio. Anticipare le possibili domande del colloquio servirà ad agevolare la comprensione del dialogo dell'attività 3.

3 Obiettivo: comprendere globalmente un colloquio di lavoro.

Procedura: gli AAA ascoltano il colloquio di lavoro per la prima volta e, oltre a verificare la presenza delle domande precedentemente ipotizzate, annotano tutte quelle realmente presenti nel dialogo. Attraverso un breve confronto in plenaria l'I ricostruirà insieme alla classe le domande poste durante il colloquio tra la proprietaria dell'agriturismo e il candidato Emanuele Mengoni.

4 Obiettivo: compilare un curriculum vitae. Comprensione orale analitica.

Procedura: il secondo ascolto del dialogo è finalizzato al completamento del curriculum vitae di Emanuele Mengoni. Prima di dare avvio all'ascolto, può essere utile sciogliere in plenaria eventuali dubbi lessicali relativi alle voci presenti nel curriculum (ad es. *qualifica conseguita*, *competenze relazionali*, *organizzative*, *tecniche*, ecc.)

Soluzioni: informazioni personali Mengoni, Macerata, Urbino; **esperienza lavorativa** Ristorante, cuoco, Villaggio turistico, consulente; **istruzione e formazione** Roma, Chimica, medicina, Laurea, alimentazione; **capacità e competenze personali** inglese, francese, organizzative, informatiche, Photoshop, bagnino

5 Obiettivo: scrivere un curriculum vitae; predisporre delle domande per un colloquio di lavoro; sostenere un colloquio di lavoro. Produzione scritta e orale guidate.

Procedura: quest'attività prevede due momenti di lavoro. All'inizio, dopo aver scelto insieme uno degli annunci dell'attività B1, gli AAA lavorano singolarmente: lo studente A scrive una serie di domande da rivolgere al candidato per l'offerta di lavoro, lo studente B compila il CV con i suoi dati. Successivamente, sulla base dei loro appunti, gli AAA svolgono il colloquio di lavoro. Al termine della prima simulazione scelgono un altro annuncio e si scambiano i ruoli. L'I può verificare il corretto svolgimento del compito girando per la classe e controllando in maniera discreta le brevi conversazioni tra gli studenti.

6 Obiettivo: introdurre il condizionale composto. Comprensione orale analitica.

Procedura: attraverso il terzo ascolto del colloquio di lavoro gli AAA completano le battute nei fumetti, in cui sono presenti alcuni verbi al condizionale composto.

Soluzioni: mi sarebbe piaciuto, avrei abitato

7 Obiettivo: completare la regola di formazione del condizionale composto e focalizzarne l'uso.

Procedura: per agevolare gli AAA nel completamento della regola di formazione del condizionale composto, l'I può riportare alla lavagna le battute dei fumetti, avendo cura di sottolineare con colori diversi il condizionale semplice degli ausiliari *essere* e *avere* e i rispettivi participi passati. Attraverso la domanda proposta, inoltre, l'I porrà l'accento sull'uso del condizionale composto per esprimere desideri o azioni che non si sono realizzati.

Soluzioni: condizionale, *essere*, *avere*, participio passato; No.

8 Obiettivo: parlare dei propri desideri irrealizzati. Produzione orale guidata.

Procedura: l'I forma le coppie e chiede loro di osservare gli esempi riportati nei fumetti. Spiega poi agli studenti lo scopo dell'attività: indovinare il maggior numero di desideri irrealizzati del proprio compagno. Gli studenti devono dapprima scrivere cinque desideri che hanno avuto in passato per quanto riguarda il lavoro o lo studio. Successivamente, a turno, devono indagare sulla vita del proprio compagno, ponendo le giuste domande per scoprire i suoi desideri irrealizzati. Come di consueto, l'I controlla le interazioni tra gli AAA in modo discreto e registra eventuali errori.

Progettiamolo insieme

1 Obiettivo: informarsi sulle offerte di lavoro; elaborare una statistica sui tipi di lavoro più richiesti; presentare i dati raccolti. Produzione orale libera.

Procedura: sulla scorta delle indicazioni fornite nel manuale, l'I opterà per la modalità di lavoro opportuna, modulandone l'esecuzione a seconda del contesto d'insegnamento. La pianificazione dell'intero progetto sarà opportunamente elaborata in classe sotto la guida dell'I, che valuterà, per la modalità A di esecuzione, la completezza della griglia di raccolta dei dati; nel caso della modalità B, invece, aiuterà gli AAA nell'elaborazione di fogli di lavoro idonei e completi in vista del rilevamento delle informazioni da reperire nella rete. La restituzione degli elaborati, a completamento del lavoro, avverrà in plenaria e l'esposizione degli studenti potrà proficuamente avvalersi di una presentazione su supporto informatico.

SAPERE LA LINGUA

Pronuncia e grafia

1 Obiettivo: presentare i principali segni di interpunzione utilizzati nella lingua italiana.

Procedura: l'I si attiene alla consegna del manuale. Poiché l'attività mira all'individuazione della denominazione relativa a ciascun segno e non alla sua discriminazione, in un'eventuale attività propedeutica a quella ivi descritta, l'I potrà proporre un brevissimo testo ricco di segni di punteggiatura, affinché gli AAA possano estrapolarli e presentarli brevemente sulla base delle loro preconoscenze. Il *feedback* successivo all'esecuzione dell'esercizio di abbinamento sarà dunque un ulteriore consolidamento delle informazioni condivise dalla classe.

Soluzioni: 1b, 2e, 3f, 4g, 5h, 6c, 7a, 8d

2 Obiettivo: individuare le norme d'uso dei principali segni di interpunzione utilizzati nella lingua italiana.

Procedura: l'I si attiene alla consegna del manuale. Nella verifica della corretta esecuzione dell'attività l'I valuterà il grado di conoscenza dell'argomento, fornendo, all'occorrenza, eventuali chiarimenti e ulteriori delucidazioni circa il lessico delle definizioni, nelle quali il ricorso a termini metalinguistici potrebbe costituire un ostacolo alla comprensione.

Soluzioni: 1 La virgola (,), **2** Il punto e virgola (;), **3** I due punti (:), **4** Il punto (.), **5** Il punto interrogativo (?), **6** Il punto esclamativo (!), **7** I puntini sospensivi (...), **8** Le virgolette (" ")

3 Obiettivo: applicare le norme d'uso dei principali segni di interpunzione utilizzati nella lingua italiana.

Procedura: l'ascolto di una parte del dialogo dell'attività A2 costituirà lo stimolo per la verifica della corretta applicazione delle norme sulla punteggiatura precedentemente delineate.

L'I guiderà l'ascolto degli AAA suggerendo loro di cogliere le caratteristiche tonali ed espressive del dialogo, come pure le pause e le esitazioni. Solo in questo modo, infatti, si rispetterà il tenore espressivo del testo e l'inserimento della punteggiatura risulterà coerente e corretto. In fase di verifica delle ipotesi degli AAA sarà interessante promuovere un confronto tra le varie soluzioni proposte, la cui convenienza sarà valutata attraverso una lettura espressiva della frase.

Soluzioni: Samuele (,), (?); **Marilena** (,); **Samuele** (?), (!); **Marilena** (,), (,), (;); **Samuele** (,), (,), (,), (,); **Marilena** (,), (,), (,), (,); **Samuele** (,), (,), ("), (,), (,), (,), (,); **Marilena** (,), (!), (,), (,), (...); **Samuele** (,), (,), (,), (,), (,), (,)

Leggere

1 Obiettivo: esprimere il proprio punto di vista sulle caratteristiche più importanti di un lavoro.

Procedura: quest'attività introduce alla lettura del test e ne prepara l'argomento: il lavoro ideale. Gli AAA dovranno infatti stilare una lista con le cinque caratteristiche ritenute più importanti in un ambito lavorativo. L'I può decidere di dedicare a questo lavoro preparatorio un tempo più o meno lungo; nel primo caso lascerà a ogni singolo studente il tempo necessario al completamento dell'attività e procederà poi alla lettura a campione degli elaborati, incentivando una presa di parola spontanea. Nel secondo caso farà stilare la classifica singolarmente e, in una fase successiva, farà costituire dei gruppi sulla base delle affinità delle risposte date. I gruppi elaboreranno un ulteriore elenco, negoziando le caratteristiche scelte e stabilendo le priorità, in modo che poi, in plenaria, vi sia una breve discussione attorno agli aspetti ritenuti più importanti dalla classe.

2 Obiettivo: comprensione analitica di un test psicologico.

Procedura: l'I propone la lettura del test, affidando il compito al singolo studente ed esplicitando le norme per la corretta individuazione delle risposte. Durante lo svolgimento l'I assicurerà la sua presenza vigile e discreta, intervenendo a richiesta in caso di difficoltà. Al momento della verifica del punteggio si chiariranno le modalità per ottenere le somme richieste dal test e si inviterà ciascuno studente a riempire la griglia, riportando in ordine di importanza gli obiettivi individuati, che restituiranno così il suo profilo.

3 Obiettivo: parlare del proprio lavoro ideale. Produzione orale libera.

Procedura: il manuale suggerisce una modalità di lavoro in piccoli gruppi (3/4 studenti). Affinché si crei un clima di scambio e si instauri un dialogo efficace, l'I potrà scegliere fra due declinazioni diverse del compito. Secondo una prima versione, dopo aver costituito i gruppi, l'I inviterà i membri a discutere fra loro al fine di negoziare un profilo professionale ideale condiviso da tutti che, successivamente, verrà descritto al resto della classe. In alternativa, all'interno del gruppo, ciascuno studente presenterà il proprio lavoro ideale con le opportune motivazioni.

Ascoltare

1 Obiettivo: descrivere la situazione occupazionale dei giovani del proprio Paese, il loro punto di vista rispetto al lavoro all'estero e le loro preferenze lavorative.

UNITÀ 3 | Io cercherei in Internet!

Procedura: l'ascolto, proposto nell'attività che segue, è anticipato da questa fase preparatoria svolta *in plenum*. Sarà l'I a guidare la classe con le domande-stimolo delineate nella consegna del manuale, a moderare la conversazione e a tirarne poi le conclusioni prima di dare l'avvio all'ascolto.

2 Obiettivo: comprendere analiticamente una trasmissione radiofonica.

Procedura: la prima attività di comprensione della trasmissione radiofonica testa, attraverso una tabella, le informazioni contenute nella parte iniziale. L'I avrà cura di monitorare, durante l'esecuzione del compito, le difficoltà e le incertezze degli AAA, riproponendo più volte l'ascolto (se necessario) e favorendo un confronto tra pari prima della verifica.

Soluzioni: *lettura verticale:* Marta, Bernasconi, 33 anni, New York, Economia dell'arte, responsabile del dipartimento dei media digitali, MoMa; Giacomo, Pinta, 32 anni, Parigi, laurea e dottorato in Informatica, professore associato, Università Paris Diderot; Andrea, Rizzo, 30 anni, Berlino, laurea in Ingegneria informatica, ingegnere, Google

3 Obiettivo: comprendere analiticamente una trasmissione radiofonica.

Procedura: l'I si attiene alla consegna del manuale. Vista la numerosità delle domande aperte, può essere più proficuo e facilitante optare per una modalità di lavoro in coppia, affinché vi siano maggiori possibilità di captare tutte le informazioni richieste e si possa procedere collaborativamente alla loro rielaborazione. L'I deciderà, sulla base delle difficoltà riscontrate, il numero di passaggi utili al completamento del compito.

Soluzioni: 1 Perché ha vinto una borsa di studio e si è resa conto che con una laurea in Economia sarebbe stato difficile lavorare in un museo italiano. **2** Ha fatto diverse esperienze lavorative: è stata assistente alla ricerca, consulente, fino all'assunzione presso il MoMa di New York. **3** È responsabile dei progetti che riguardano la comunicazione pubblica e dei contenuti on-line del museo. **4** Perché ha avuto un computer fin da piccolo e ha scoperto ben presto la passione per la programmazione. **5** Ha vinto due concorsi all'università. **6** È professore associato. **7** Fin da bambino lo interessava capire come funzionano i computer. **8** Sì, in Italia non riusciva a trovare un lavoro soddisfacente. **9** Ci dovrebbe essere un ambiente più positivo, competitivo e uno stipendio adeguato.

4 Obiettivo: esprimere il proprio punto di vista rispetto al lavoro all'estero; esprimere le proprie preferenze professionali. Produzione orale libera.

Procedura: l'attività può essere organizzata in due fasi di lavoro distinte. In un primo momento, in una dimensione di gruppi ristretti, gli AAA potranno confrontarsi attorno ai temi delineati nelle domande-stimolo, adducendo le proprie argomentazioni a sostegno della posizione espressa. Successivamente, in plenaria, l'I agevolerà una discussione fra le varie argomentazioni avanzate dai singoli gruppi, in modo che si possano enucleare le affinità e le differenze presenti nel gruppo-classe in merito agli aspetti trattati.

Scrivere

1 Obiettivo: compilare il curriculum vitae sulla base del formato europeo.

Procedura: l'I, prima di assegnare il compito, dovrà necessariamente presentare il formato europeo per il curriculum vitae, che consente di avvalersi di un modello standard per la presentazione dei propri dati e del proprio profilo professionale. Affinché la compilazione del *format* risulti agevole, l' I, in un momento di esposizione partecipata, ne illustrerà la suddivisione in: dati personali, esperienze lavorative, istruzione e formazione, capacità e competenze personali, relazionali, organizzative, tecniche, artistiche, ecc., ulteriori informazioni e allegati. Allo stesso tempo l'I provvederà a fornire degli esempi di compilazione dei campi, in modo che vengano anticipati gli espedienti linguistici che dovranno poi essere reimpiegati dagli AAA. Poiché verosimilmente proprio nell'espressione linguistica si concentreranno le maggiori difficoltà degli AAA (dal momento che questo tipo di testualità ricorre alla nominalizzazione, alla forma implicita, all'ellissi del soggetto, ecc.), la presentazione di qualche *specimen* di CV già compilato, oltre a quello di pagina 55, può costituire sicuramente un ausilio cui ricorrere, in modo che si abbia a disposizione un valido modello cui attenersi.

2 Obiettivo: presentare la propria candidatura professionale; compilare il curriculum vitae sulla base del formato europeo. Produzione scritta libera.

Procedura: sulla base del tempo a disposizione nel proprio piano di lezione, l'I potrà stabilire se assegnare questa attività come lavoro da svolgere in classe o, in alternativa, a casa. Quest'ultima soluzione consentirà agli AAA di disporre di un tempo sufficientemente lungo per la pianificazione e l'elaborazione del proprio scritto, che potrebbe così avvalersi di ausili necessari quali Internet, dizionari, eventuale documentazione personale da consultare. La modalità di invio del compito tramite email, suggerita nella consegna del manuale, garantirà una correzione personale e dettagliata dell'elaborato. Tuttavia sarà sicuramente proficuo tornare sull'argomento in classe, a completamento del lavoro. Nello specifico l'I potrebbe predisporre un esempio ulteriore di CV e di candidatura, nel quale avrà debitamente inserito alcuni degli errori e delle imprecisioni rilevati negli elaborati degli AAA. In gruppo gli studenti saranno chiamati ad apportare ai testi le dovute correzioni e modifiche, che saranno poi riprese e ridiscusse *in plenum*.

Parlare

1 Obiettivo: intervistare un candidato in un colloquio di lavoro; rispondere alle domande di un colloquio di lavoro. Produzione orale guidata.

Procedura: l'I si attiene alla consegna del manuale.

2 Obiettivo: raccontare le proprie esperienze lavorative. Produzione orale libera.

Procedura: l'I si attiverà per formare dei gruppi, all'interno dei quali gli AAA racconteranno le proprie esperienze legate al mondo del lavoro. Per rendere l'attività più motivante e assicurare un argomento di confronto per una successiva fase di plenaria, l'I chiederà a ciascun gruppo di stabilire l'esperienza più divertente/originale/strana capitata a un suo membro. In questo modo, nella fase successiva, oltre al racconto della vicenda lavorativa scelta, l'intera classe si potrà esprimere per stabilire quale sia la vincente sotto il profilo selezionato.

CIVILTÀ

Per saperne di più

1 e 2 Obiettivo: illustrare il mondo del lavoro in Italia; comprendere analiticamente un testo scritto di carattere informativo; favorire un confronto interculturale attraverso la presentazione del mondo del lavoro del proprio Paese d'origine.

Procedura: l'I sceglierà, a seconda delle esigenze della classe e del tempo disponibile a lezione, se destinare la lettura del testo a un lavoro in plenaria o a un compito a casa. Nel primo caso, in presenza di parole sconosciute o di difficile comprensione, l'I, prima di verificare il corretto svolgimento dell'attività, fornirà tutte le spiegazioni necessarie o ricorrerà alle risorse lessicali della classe. Lo svolgimento della seconda attività (la discussione riguardo al mondo del lavoro del proprio Paese d'origine) è strettamente correlato alla scelta dell'I circa la collocazione della precedente, in classe o a casa. Nel caso in cui entrambi i momenti si collochino a lezione: a) in una classe plurilingue, l'I suddividerà gli AAA in piccoli gruppi (3/4 studenti) omogenei per provenienza, invitando gli studenti a rispondere alle domande relative ai loro Paesi di origine, favorendo così il confronto interculturale; b) in una classe linguisticamente omogenea, l'I svolgerà più proficuamente l'attività in plenaria. Al termine della discussione, comunque, l'I raccoglierà le informazioni più importanti emerse durante l'interazione e le riporterà alla lavagna per la messa in comune.
Se, al contrario, i materiali di questa sezione vengono destinati a una lettura a casa, la parte relativa alle domande sul confronto interculturale potrà costituire una guida per la stesura di un piccolo elaborato scritto da consegnare all'I, che sceglierà così o di correggerlo come compito personale o di destinarlo a una restituzione in classe attraverso la lettura e il successivo confronto fra studenti di diversa provenienza.

Soluzioni: 1 In Italia ci sono molte persone che non trovano lavoro e molte che lo perdono perché le aziende in cui lavorano chiudono. **2** Si cercano infermieri, ingegneri, commercialisti, agenti commerciali, falegnami, cuochi, parrucchieri, matematici, chimici, fisici, saldatori, operai e fabbri. **3** Medicina, Chirurgia, Igiene dentale, Infermieristica, il cinese e l'arabo. **4** All'estero la retribuzione è discreta o ottima (a seconda del proprio profilo professionale) e ci sono opportunità di crescita. Inoltre un lavoro all'estero "fa curriculum".

Un luogo

3 e 4 Obiettivo: presentare un luogo simbolo del lavoro in Italia (il Lingotto di Torino); favorire un confronto interculturale attraverso la presentazione di luoghi simbolo del lavoro del proprio Paese d'origine.

Procedura: l'I si attiene alla consegna del manuale.

Soluzioni: nome dell'edificio Lingotto, **città** Torino, **inizio della costruzione** 1915, **modello cui è ispirato** gli stabilimenti della Ford, **anno di inaugurazione** 1922, **utilizzo in passato** è stato uno dei principali stabilimenti della Fiat, **utilizzo attuale** è un centro multifunzionale che ospita il centro fiere, la pinacoteca, l'auditorium, il centro congressi, un centro commerciale e una pista automobilistica

Un personaggio

5 Obiettivo: presentare un'imprenditrice italiana (Immacolata Simioli); favorire un confronto interculturale attraverso la presentazione di imprenditori famosi del proprio Paese d'origine.

Procedura: l'I si attiene alla consegna del manuale.

Un'opera

6 Obiettivo: descrivere una fotografia d'epoca relativa al lavoro in fabbrica.

Procedura: la fotografia da proporre agli AAA costituisce un aggancio necessario all'esecuzione dell'attività che segue, poiché ne anticipa efficacemente tanto l'argomento quanto la contestualizzazione storica. L'I dovrà pertanto assicurarsi che l'enciclopedia del sapere necessaria alla decodifica dell'immagine (industrializzazione, catena di montaggio, classi sociali, ecc.) sia condivisa dalla classe. Nel caso in cui vi siano studenti che non conoscono il fenomeno storico, l'I fornirà tutte le spiegazioni necessarie, utilizzando soprattutto le risorse interne alla classe e, all'occorrenza, ulteriori documenti iconici.

7 Obiettivo: comprendere e commentare un brano letterario; favorire un confronto interculturale attraverso la presentazione di un'opera letteraria del proprio Paese d'origine incentrata sul mondo del lavoro.

Procedura: l'argomento della breve lettura, già anticipato nella fase di apertura dell'attività, dovrà essere compreso e commentato dagli AAA, chiamati a esprimere il loro punto di vista in relazione all'argomentazione proposta dall'autore. L'apertura al panorama interculturale sarà assicurata da una fase in plenaria coordinata dall'I, che chiederà agli AAA di riferire circa opere analoghe composte nel loro Paese d'origine.

Un video

1 Obiettivo: riconoscere immagini relative a oggetti rappresentativi di alcuni mestieri e associarle alla didascalia corrispondente.

Procedura: per presentare l'argomento del video, l'I invita gli AAA a osservare le foto relative a oggetti rappresentativi di alcuni mestieri, e a individuarne la didascalia corrispondente tra quelle proposte. Durante il *feedback* l'I, oltre a verificare il *matching* lessicale, potrà stimolare la curiosità degli AAA su quali mestieri potrebbero essere associati a questi oggetti.

Soluzioni: a2, b3, c4, d1

2 Obiettivo: comprendere un video espositivo.
Procedura: l'I si attiene alla consegna dell'attività.

Soluzioni: 1b, 2d, 3a, 4c

3 Obiettivo: comprendere analiticamente un video espositivo.
Procedura: la visione del video, già introdotto tematicamente con le attività precedenti, viene finalizzata all'individuazione delle affermazioni vere o false a esso correlate. Prima della verifica delle ipotesi degli AAA in plenaria, l'I avrà cura di valutare il numero di passaggi necessari al perfezionamento del compito e agevolerà un confronto a coppie per un primo riscontro tra pari.

Soluzioni: Giuseppe: V, V, F, F, V; **Anna:** V, V, V, F, V; **Emilio:** V, V, V, F, F; **Eleonora:** V, F, V, V, V

Unità 4 - Diglielo con un fiore!

Campo d'azione	L'innamoramento e l'amore	
Obiettivi comunicativi	- Parlare di ricordi (A) *Ti ricordi quando sono entrata in casa tua con Alberto?* *Ti ricordi come pioveva quando siamo usciti?* *Com'è andata che non mi ricordo?* *E poi?* *Mi ricordo, certo che mi ricordo...* - Chiedere a una persona perché ha fatto una cosa (A) *Per quale motivo eri passata?* - Esprimere incredulità (A) *Davvero?* *È incredibile!* *Dai...* *Non ci posso credere!* - Esortare una persona ad ammettere un interesse per qualcuno (A) *Di' la verità... ci avevi già fatto un pensierino!* - Negare con convinzione (A) *No, lo giuro.* - Esprimere delle opinioni su una persona (A) *Che esagerato!* *Che imbranato questo qui!* *Che cavaliere!* *Che carino, è così dolce!* *Ed è anche un bel ragazzo!*	- Organizzare un evento (B) *Chi porta...?* *Chi ordina...?* *Chi spedisce...?* *Chi compra...?* - Dare consigli per conquistare qualcuno (C) *Il ristorante più romantico della città: portacela!* *Il Suo interesse per lei: glielo mostri in maniera discreta.* - Esprimere insofferenza (D) *Sono stufo! Non ce la faccio più a sopportare la tua storia con Francesco.* - Dire a una persona che ci manca (D) *Mi manchi tanto.* - Dire a una persona che la amiamo (D) *Ti amo.* - Esprimere rammarico (D) *Mi dispiace.* - Dire che non siamo capaci di fare una cosa (D) *Non ce la faccio.* *Io proprio non me la sento.*
Obiettivi lessicali	- Alcuni verbi per parlare di amore (*farci un pensierino, guardarsi, conoscersi, abbracciarsi, mancare, amare, lasciare/lasciarsi, giurare, credere*) - Parole ed espressioni per parlare di amore (*il primo appuntamento, il primo bacio, la storia d'amore, il matrimonio, l'anniversario, il rapporto di coppia, gli auguri di San Valentino, la festa degli innamorati, il partner*) - I preparativi per il matrimonio (*la lista, il sacerdote, il ristoratore, il fioraio, lo sposo, la sposa, i documenti, i menu, il bouquet, il vestito, le bomboniere, la torta, la partecipazione, le musiche, il fotografo, l'album, le fedi*) - Alcuni stati d'animo (*innamorato, stufo, stressato, triste, impaziente, depresso, imbarazzato*)	
Obiettivi grammaticali	- I verbi reciproci - I pronomi doppi o combinati - L'imperativo (*tu*) con i pronomi doppi o combinati - L'imperativo (*Lei*) con i pronomi doppi o combinati - Alcuni verbi pronominali	
Obiettivi fonologici	- I principali monosillabi italiani - La *d* eufonica	
Obiettivi socioculturali	- Il matrimonio all'italiana - Un luogo simbolo dell'amore in Italia: Verona - Opere e personaggi: amanti celebri - Un video: *Una famiglia numerosa*	

VIVERE LA LINGUA

1 Esercizio di abbinamento.

Obiettivo: riconoscere alcune foto che rappresentano diversi momenti della vita di una coppia e abbinarle alla battuta corrispondente.

Procedura: l'I chiede agli AAA di osservare con attenzione le foto presenti nella pagina e di abbinarle alle relative battute. Segue una correzione in plenaria: l'I dice la lettera e gli AAA, a turno, leggono la battuta corrispondente.

Soluzioni: 1B, 2C, 3D, 4A

2 Esercizio di produzione scritta.

Obiettivo: scrivere battute adatte alle situazioni rappresentate.

Procedura: all'inizio l'I chiede agli AAA di osservare le foto e, attraverso domande mirate, li stimola a individuare sia il tipo di rapporto esistente tra le persone raffigurate sia la situazione e lo stato d'animo in cui queste persone si trovano. Successivamente l'I forma le coppie e le invita a scrivere le bat-

Diglielo con un fiore! **UNITÀ 4**

A Ci siamo guardati un attimo e...

1 Obiettivo: ricostruire la sequenza di una storia a partire da alcuni disegni.

Procedura: l'I si attiene alla consegna del manuale. Quest'attività serve per preparare gli AAA alla comprensione del dialogo al punto 2. Si tratta di una fase di avvicinamento testuale, in cui, attraverso le inferenze degli AAA, viene introdotto l'argomento della registrazione e ne viene agevolata la comprensione.

Soluzioni: A4, B6, C2, D3, E1, F5

2 Obiettivo: ricostruire la sequenza di un dialogo a partire da alcuni disegni. Comprensione orale globale.

Procedura: per lo svolgimento di quest'attività possono essere previsti due ascolti. Con il primo gli AAA verificano le ipotesi avanzate nell'attività precedente e con il secondo, se la loro ricostruzione risulta errata, ordinano i disegni secondo la giusta sequenza.

3 Obiettivo: raccontare un incontro importante e l'inizio di una storia d'amore. Produzione orale guidata.

Procedura: per agevolare gli AAA in quest'attività di produzione orale, l'I invita le coppie a raccontare la storia osservando i disegni dell'attività 1. Durante lo svolgimento del compito l'intromissione dell'I sarà prevista solo nei casi di dubbio o difficoltà. Per la verifica dell'attività l'I può chiedere a una o più coppie di volontari di riportare in plenaria i loro racconti.

4 Obiettivo: introdurre i verbi reciproci.

Procedura: attraverso gli esempi presenti nelle nuvolette l'I introduce i verbi reciproci e fa notare agli AAA come essi descrivano un'azione che si svolge tra due o più persone. Nel completamento delle frasi gli AAA dovranno porre particolare attenzione anche all'accordo del participio passato del verbo con il pronome. Al termine dell'attività seguirà un *feedback* condotto dall'I, che corroborerà attraverso ulteriori esempi la regolarità presentata.

Soluzioni: 1 Ci siamo guardati. **2** Ci siamo conosciuti. **3** Ci siamo abbracciati. **4** Non vi siete più lasciati.

5 Obiettivo: focalizzare l'attenzione sulla forma e l'uso dei verbi reciproci.

Procedura: l'I chiede agli AAA di completare la tabella con le forme mancanti dei pronomi. Li invita poi a rispondere alle domande, attraverso le quali sottolineerà le principali differenze tra i verbi riflessivi e quelli reciproci: i primi descrivono un'azione del soggetto su se stesso o che lo riguarda personalmente (Es.: *Di solito mi alzo alle 7.00*); i secondi, invece, si usano solo con le persone plurali (*noi, voi, loro*) e descrivono un'azione che si svolge tra due o più persone (Es.: *Io e Paolo ci siamo incontrati alle 8*).

Soluzioni: ci, vi

6 Obiettivo: individuare la corrispondenza tra alcuni esponenti linguistici e le rispettive funzioni comunicative.

Procedura: gli esponenti linguistici presenti nella colonna di destra della tabella sono stati estrapolati dal dialogo dell'attività 2. L'I invita gli AAA a leggerli e a riportare nella colonna di sinistra la funzione comunicativa corrispondente. Questo tipo di compito permette agli studenti di fissare meglio alcuni modelli di frase e li rende maggiormente consapevoli del loro possibile utilizzo.

Soluzioni: 1 parlare di ricordi, **2** chiedere a una persona perché ha fatto una cosa, **3** esprimere incredulità, **4** esortare una persona ad ammettere un interesse per qualcuno, **5** negare con convinzione, **6** esprimere delle opinioni su una persona

7 Obiettivo: raccontare un incontro importante. Produzione orale libera.

Procedura: l'I forma le coppie ed esorta gli studenti a raccontare al proprio compagno un incontro importante della loro vita (non necessariamente legato a una storia d'amore). Per la verifica dell'attività l'I girerà tra i banchi supervisionando con discrezione gli scambi dialogici e intervenendo solamente per chiamata o in caso di difficoltà. Se lo riterrà opportuno, l'I può chiedere a uno o più volontari di raccontare in plenaria la propria storia.

B Me lo porta la mattina del matrimonio

1 Obiettivo: riconoscere alcune foto relative al matrimonio e abbinarle alla didascalia corrispondente.

Procedura: attraverso questo esercizio di *matching* lessicale viene introdotto il tema della sezione B: il matrimonio. All'inizio gli AAA abbinano le foto alla didascalia corrispondente e poi, attraverso un confronto in plenaria guidato dall'I, dicono a quali altre cose è importante pensare prima di un matrimonio (Es.: *le scarpe, la macchina, le fotografie, le fedi*, ecc.).

Soluzioni: 1F, 2D, 3C, 4H, 5A, 6G, 7E, 8B

2 Obiettivo: organizzare un evento. Comprensione orale analitica.

Procedura: l'I fa ascoltare il dialogo due volte (per assicurare una migliore comprensione) e chiede agli AAA di completare la tabella con le informazioni richieste. La correzione del compito può essere interamente affidata agli AAA in questo modo: con una presa di parola spontanea il primo studente leggerà la domanda iniziale e la rivolgerà a un compagno a sua scelta, invitandolo alla risposta; si procederà così fino al completamento delle domande. L'intromissione dell'I sarà prevista solo nei casi di dubbio o difficoltà e per incentivare la presa di parola laddove non vi siano studenti pronti a intervenire.

Soluzioni: la mamma di Alberto, il tipografo, il fioraio, Martina, Serena (la sposa), Serena (la sposa), il papà di Serena, Alberto (lo sposo)

3 Obiettivo: introdurre i pronomi combinati.

Procedura: attraverso quest'attività di abbinamento gli AAA sono chiamati ad analizzare il significato dei pronomi combinati, attribuendo a ciascuno di essi il corrispettivo oggetto diretto e indiretto.

Soluzioni: 1c, 2d, 3a, 4e, 5f, 6b

27

UNITÀ 4 | Diglielo con un fiore!

4 Obiettivo: focalizzare l'attenzione sulla forma e l'uso dei pronomi combinati.

Procedura: l'I invita gli AAA a leggere le frasi nella tabella ponendo particolare attenzione alle parole scritte in corsivo (oggetto diretto) e a quelle sottolineate (oggetto indiretto). Questi due espedienti grafici permetteranno agli studenti di individuare con maggiore facilità i pronomi combinati, che dovranno essere riportati accanto alle frasi corrispondenti. Terminata questa prima parte dell'attività, gli AAA sono pronti per il completamento della regola sottostante, che sarà successivamente verificata dall'I in plenaria.

Soluzioni: Me lo, Te lo, Glielo, Glielo, Ce lo, Ve lo, Glielo, Ce lo; diretto; indiretto, diretto; -e; indiretto, diretto; ce lo

5 Obiettivo: organizzare un evento. Produzione orale libera.

Procedura: l'I forma dei piccoli gruppi e chiede a ciascuno di scegliere una festa importante, scrivere una lista di cose da fare e organizzare insieme l'evento. Per la verifica dell'attività l'I girerà tra i banchi supervisionando con discrezione gli scambi dialogici e intervenendo solamente per chiamata o in caso di difficoltà. Se lo riterrà opportuno, l'I può chiedere ai gruppi di descrivere in plenaria il loro evento ed eventualmente premiare il gruppo che l'ha organizzato meglio, curando anche i minimi dettagli.

C La cena: offrigliela!

1 Obiettivo: presentare alcuni dei luoghi più romantici d'Italia.

Procedura: l'I chiede agli AAA se conoscono i luoghi rappresentati nelle immagini, se ci sono mai stati, quale sceglierebbero per il loro primo appuntamento e perché. La condivisione in plenaria delle proprie preferenze e anche di quelle dell'I sarà senz'altro motivante e costituirà un buon cappello introduttivo per l'attività successiva.

2 Obiettivo: dare consigli per conquistare qualcuno. Comprensione scritta analitica.

Procedura: prima di proporre la lettura del testo, l'I può prevedere un'ulteriore fase di avvicinamento chiedendo agli AAA che cosa, secondo loro, si deve o non si deve fare al primo appuntamento. Successivamente gli AAA leggono il testo e abbinano le frasi alle foto corrispondenti.

Soluzioni: 1A, 2E, 3H, 4C, 5F, 6I, 7D, 8G, 9B, 10L

3 Obiettivo: dare consigli per conquistare qualcuno. Produzione orale guidata.

Procedura: l'I si attiene alla consegna del manuale. Al termine del lavoro in coppia può essere previsto un confronto in plenaria guidato dall'I.

4 Obiettivo: focalizzare l'attenzione sulla posizione dei pronomi doppi con l'imperativo informale.

Procedura: l'I invita gli AAA a leggere di nuovo il testo dell'attività 2 e a riportare nella tabella i verbi all'imperativo informale con i pronomi doppi. Al termine del compito l'I farà notare la posizione dei pronomi doppi, che vanno sempre uniti, come suffisso, all'imperativo informale.

Soluzioni: portacela, raccontagliela, offrigliela, non proporglielo, parlagliene, mostraglielo, darglielo, diglielo

5 Obiettivo: focalizzare l'attenzione sulla posizione dei pronomi doppi con l'imperativo formale.

Procedura: sulla base degli esempi forniti, gli studenti devono trasformare all'imperativo formale alcuni consigli dell'attività 2, facendo attenzione alla posizione dei pronomi doppi, che, in questo caso, precedono sempre il verbo.

Soluzioni: gliela offra, glielo, gliene, glielo, glielo

6 Obiettivo: ricostruire la regola d'uso dei pronomi doppi con l'imperativo formale e informale.

Procedura: l'I invita gli studenti a completare singolarmente la regola d'uso, che sarà successivamente verificata in plenaria.

Soluzioni: dopo il, prima del

7 Obiettivo: dare consigli per conquistare qualcuno. Produzione orale e scritta guidate.

Procedura: l'I forma dei piccoli gruppi e, dopo aver chiarito lo svolgimento del compito attraverso l'esempio indicato, dà avvio all'attività di produzione. Come di consueto, l'I controlla le interazioni tra gli AAA in modo discreto e registra eventuali errori. Se lo riterrà opportuno, l'I può chiedere ai gruppi di esporre in plenaria i propri consigli e premiare il gruppo che ha dato i consigli migliori.

8 Obiettivo: raccontare un primo appuntamento importante. Produzione orale libera.

Procedura: l'I forma dei gruppi diversi rispetto a quelli dell'attività precedente, in modo che gli AAA abbiano l'opportunità di confrontarsi con altre persone e si possa mantenere alta la loro motivazione. Per lo svolgimento dell'attività l'I si attiene alla consegna del manuale.

D Non ce la faccio più

1 Obiettivo: comprendere globalmente un articolo e riassumerlo.

Procedura: l'I invita gli AAA a una lettura individuale e silenziosa dell'articolo, poi chiede loro di riassumerlo completando brevemente l'incipit fornito. Si procederà infine a una verifica a campione dell'attività svolta, incentivando una presa di parola spontanea.

Soluzioni: L'articolo parla della possibilità di inviare per San Valentino auguri, immagini e dediche gratuiti attraverso i social network.

2 Obiettivo: esprimere un'opinione sul rapporto tra tecnologia e sentimenti. Produzione orale libera.

Procedura: la lettura del precedente articolo costituisce l'input da cui partire per esprimere un'opinione sull'utilizzo della tecnologia quando si parla di sentimenti. Gli studenti, a partire dagli spunti che il testo offre, si confronteranno in plenaria sotto la guida dell'I.

3 e 4 Obiettivo: leggere alcuni messaggi e individuarne i sentimenti espressi; parlare delle proprie esperienze a proposito di messaggi scritti o ricevuti.

Procedura: l'I può attenersi alla consegna del manuale.

5 Obiettivo: ricostruire il rapporto tra due partner a partire da alcuni scambi dialogici. Comprensione scritta globale.

Diglielo con un fiore! **UNITÀ 4**

Procedura: l'I forma i gruppi e li invita a leggere i messaggi che alcune coppie di innamorati si sono scambiati grazie all'utilizzo della tecnologia (MSN, WhatsApp, cellulari). Attraverso le battute proposte gli studenti devono ricostruire che cosa è successo tra i due partner e condividere in gruppo le loro opinioni a questo riguardo.

6 Obiettivo: individuare il significato di alcuni verbi pronominali.

Procedura: l'I può attenersi alla consegna del manuale.

Soluzioni: 1c, 2a, 3e, 4b, 5d

7 Obiettivo: ricostruire lo schema di coniugazione di alcuni verbi pronominali (*farcela, starsene, andarsene, sentirsela, avercela*).

Procedura: l'I, prima di proporre il completamento della tabella, stimolerà gli studenti a un'attenta osservazione dei verbi pronominali già incontrati nei testi dei messaggi. In particolare, attraverso opportune domande-stimolo, farà in modo che gli AAA individuino la peculiarità di tali verbi nella necessità della doppia flessione della porzione pronominale. Solo successivamente l'I darà il compito di completare lo schema di coniugazione, che sarà poi corretto in plenaria. La fase di verifica sarà l'occasione per evidenziare alcune caratteristiche legate alla coniugazione delle forme date: si evidenzierà infatti come nei verbi con la parte pronominale in *–cela* la flessione del pronome sia invariabile, mentre nei verbi in *-sene/-sela* solamente il primo pronome venga declinato. L'I avrà cura, inoltre, di sottolineare come gli italiani ricorrano frequentemente all'uso delle forme pronominali, che sono di norma preferite soprattutto nell'espressione orale, rispetto alle altre forme verbali di analogo significato.

Soluzioni: *farcela* ce la, ce la, ce la; *starsene* me ne, ce ne; *andarsene* me ne, se ne, ve ne; *sentirsela* me la, te la, se la; *avercela* ce l', ce l', ce l'

8 Obiettivo: scrivere un breve messaggio a partire da una situazione data; rispondere al messaggio di un'altra persona. Produzione scritta guidata.

Procedura: quest'attività prevede due momenti di lavoro. All'inizio gli AAA lavorano singolarmente: ciascuno studente sceglie una delle situazioni proposte e scrive un messaggio su un biglietto. Successivamente scambia quest'ultimo con quello di un compagno e risponde al suo messaggio, fornendo dei consigli o semplicemente commentando quanto letto. L'I supervisionerà il lavoro degli AA, rendendosi disponibile per il chiarimento di eventuali dubbi lessicali.

Progettiamolo insieme

1 Obiettivo: raccontare una storia in base a un argomento (amore) e a una tipologia testuale (fotoromanzo, commedia teatrale) dati.

Procedura: la classe affronterà il compito suddivisa in piccoli gruppi di lavoro (massimo 4 persone). L'I fornirà le indicazioni necessarie al compimento del lavoro e ne detterà le tempistiche. In effetti, data la complessità di formulazione delle tipologie testuali suggerite (fotoromanzo e copione teatrale), potrebbe essere più vantaggioso svolgere una prima fase di lavoro a lezione e perfezionare poi il compito a casa. In questo modo, in classe, verranno scelte le tipologie testuali, delineate le sequenze del racconto, individuati i personaggi; successivamente, a casa, si provvederà alla stesura definitiva del testo e all'elaborazione dell'apparato iconografico o scenografico per l'esposizione. Quest'ultima fase avverrà in classe e, affinché risulti più stimolante, l'I potrà stabilire di assegnare un premio al gruppo che ha elaborato la storia più originale e meglio rappresentata.

SAPERE LA LINGUA

Pronuncia e grafia

1 e 2 Obiettivo: illustrare la pronuncia e la posizione dei principali monosillabi italiani.

Procedura: gli AAA vorranno invitati a trascrivere il materiale linguistico della traccia, costituito sia da monosillabi graficamente disgiunti dal termine adiacente (*la torta*) sia da monosillabi che si inglobano nel termine cui si riferiscono (*chiamala*). Dopo il controllo di questa prima attività l'I, attraverso ulteriori esempi e opportune domande-stimolo, condurrà gli studenti all'esplicitazione della regola relativa alla posizione e alla pronuncia delle parole monosillabiche. Per ribadire ulteriormente tale norma, gli AAA integreranno il testo che la descrive con le parole opportune. Infine, cercheranno nell'unità altri esempi di monosillabi che si uniscono alle parole precedenti e successive e li riporteranno nell'esercizio 2.

Soluzioni: 1 la torta, 2 a cena, 3 ti amo, 4 chiamala, 5 rispettalo, 6 credimi; prima, prima

3 Obiettivo: presentare la norma d'uso della *d* eufonica.

Procedura: l'I riporterà alla lavagna alcuni casi in cui si ricorre alla *d* eufonica (qualora l'incontro vocalico con parole inizianti per vocale ingeneri una cacofonia o una difficoltà di pronuncia). Saranno gli AAA, stimolati a un'osservazione critica delle locuzioni presentate, a esplicitare la regola, che verrà poi letta e completata nel manuale. L'I citerà anche le espressioni cristallizzate più comuni in cui ricorre questo espediente fonetico: *ad eccezione di, tu/lui/lei ed io*, ecc. Si evidenzierà inoltre come, tanto nell'uso della lingua parlata quanto di quella scritta, l'impiego della *d* eufonica sia a discrezione dell'autore o del parlante, che talvolta la introduce anche in casi non descritti dalla regola presentata, cioè il semplice incontro tra vocali.

Soluzioni: davanti, passa ad altro, ed ecco

4 Obiettivo: percepire, riconoscere e trascrivere correttamente alcune parole della lingua italiana.

Procedura: l'I si attiene alla consegna del manuale.

Soluzioni: ti chiamavo, chiederti, ti ho risposto, mi ha lasciato, Non riesco, non ce la faccio, Vorrei andarmene, ad esempio, cercarla, me lo aveva fatto capire, non me la sono sentita, mi ha chiesto, Dimenticala!, ce la fai, Dimmelo tu, me ne sto qui solo

Leggere

1 Obiettivo: individuare alcuni termini-chiave relativi all'amore e motivare la propria scelta.

29

UNITÀ 4 | Diglielo con un fiore!

Procedura: quest'attività introduce alla lettura dell'articolo sull'innamoramento e ne costituisce una necessaria fase preparatoria, tanto per l'individuazione dell'area tematica quanto per il richiamo del lessico a essa relativo. Nel manuale si invita l'I a organizzare questo momento come lavoro in piccoli gruppi (di 3/4 persone) ma potrà essere condotto anche come un compito dapprima individuale (individuazione dei cinque termini) poi a classe unita (fase della condivisione delle scelte, della loro motivazione e del relativo confronto fra gli studenti). Le parole maggiormente ricorrenti potranno essere riportate alla lavagna, corredate da brevi argomentazioni circa la loro importanza, e consentiranno di avere uno schema di riferimento per il compito proposto nell'attività che segue.

2 Obiettivo: comprendere globalmente un testo descrittivo (articolo web divulgativo).
Procedura: l'I si attiene alla consegna del manuale.

3 Obiettivo: comprendere analiticamente un testo descrittivo (articolo web divulgativo).
Procedura: l'attività di analisi lessicale del testo proposto sarà condotta in coppia, in modo che, collaborativamente e mettendo in comune le conoscenze e le competenze di ciascuno studente, si attui una negoziazione di significati relativamente ai termini e alle espressioni sottolineati. In questa fase l'I vigilerà sul corretto svolgimento del compito, assicurando la sua presenza vigile e discreta, intervenendo solo per chiamata o in caso di difficoltà. Al termine dell'attività potrà essere proficuo soffermarsi ulteriormente su alcuni passaggi del testo, chiedendo agli AAA di presentare le spiegazioni avanzate in coppia al gruppo-classe, che interverrà a sua volta per ribadire, modificare o proporre alternative in merito.

4 Obiettivo: esporre il proprio punto di vista sugli aspetti importanti di una relazione sentimentale. Produzione orale libera.
Procedura: mantenendo l'assetto interattivo della plenaria, l'I, attraverso alcune domande-stimolo, darà vita a un dibattito sulle caratteristiche di una buona relazione sentimentale e sui requisiti imprescindibili per un suo funzionamento nel tempo. In questo modo gli studenti avranno occasione di reimpiegare in contesto il lessico appreso e di esprimere il proprio punto di vista attraverso la formulazione di semplici argomentazioni.

Ascoltare

1 Obiettivo: presentare un genere testuale (il radiodramma).
Procedura: la fase preparatoria all'ascolto del brano tratto da un radiodramma dovrà necessariamente presentare questa tipologia testuale (ossia un testo di tipo teatrale scritto espressamente per la radio) e richiamare le preconoscenze degli AAA al riguardo. Nel caso in cui l'attività venga proposta in un laboratorio multimediale, gli studenti potrebbero essere invitati a cercare le informazioni sul radiodramma direttamente in Internet e in questo modo avrebbero la possibilità di ascoltarne una breve porzione testuale.

2 Obiettivo: comprendere globalmente il brano tratto da un radiodramma.
Procedura: la prima attività sul brano radiofonico testa, attraverso una tabella, la comprensione delle informazioni relative ai personaggi del dramma e al loro ruolo. L'I avrà cura di monitorare, durante l'esecuzione del compito, le difficoltà e le incertezze degli AAA, riproponendo più volte l'ascolto (se necessario) e favorendo un confronto tra pari prima della verifica.

Soluzioni: *lettura verticale:* Laura, la futura sposa; Walter, il futuro sposo; il signor De Santis, il papà di Walter; la signora De Santis, la mamma di Walter

3 Obiettivo: comprendere analiticamente il brano tratto da un radiodramma.
Procedura: l'I si attiene alla consegna del manuale. Vista la complessità del compito (finalizzato al reperimento di numerose espressioni puntuali solo attraverso l'ascolto), può essere vantaggioso optare per una modalità di lavoro in coppia, affinché vi siano maggiori possibilità di captare tutte le informazioni richieste e si possa procedere collaborativamente alla loro rielaborazione. L'I deciderà, sulla base delle difficoltà riscontrate, il numero di ascolti utili al completamento del compito.

Soluzioni: 1 Per annunciare il loro matrimonio. **2** Dà a Laura il benvenuto in famiglia ed è contento per il figlio. **3** Non è contenta, è quasi arrabbiata. **4** Propone di sposarsi due settimane dopo. **5** Perché non possono: Laura ha un servizio fotografico e Walter ha un turno all'ospedale.

4 Obiettivo: comprendere analiticamente il brano tratto da un radiodramma.
Procedura: l'I, anche per questa attività di comprensione, potrà agevolmente avvalersi di una modalità d'interazione a coppie, avendo cura di formarne di nuove rispetto a quelle che hanno portato a termine il compito precedente. Nella fase di verifica si provvederà a controllare l'esattezza delle risposte fornite, oltre che a sciogliere eventuali criticità riscontrate.

Soluzioni: 1 Sono all'antica. **2** Brindiamo all'avvenire. **3** Cin cin. **4** Spero che approverete. **5** Benvenuta in famiglia. **6** Possa essere la vostra unione lunga e felice. **7** Avete fissato il giorno? **8** Prima è, meglio è.

5 Obiettivo: raccontare un avvenimento importante. Produzione orale libera.
Procedura: l'I si attiene alla consegna del manuale; tuttavia, poiché potrebbe essere difficoltoso per lo studente prendere la parola senza avere uno stimolo alla comunicazione puntuale e circoscritto, l'I può ovviare a questa difficoltà predisponendo degli spunti comunicativi, per esempio attraverso una tabella simile:

Racconta al compagno di quando hai comunicato/ti hanno comunicato un avvenimento importante riguardo...
... lo studio
... un incontro
... una decisione lavorativa
... un cambiamento di vita
... un viaggio

Scrivere

1 Obiettivo: raccontare una storia d'amore a partire da elementi dati (spunti iconici). Produzione scritta libera.

Diglielo con un fiore! **UNITÀ 4**

Procedura: l'attività di composizione scritta (se svolta in classe) potrà essere proposta a gruppi di lavoro, in modo che sia poi più snella e gestibile la fase di restituzione e verifica in plenaria.

Parlare

1 Obiettivo: esprimere il proprio punto di vista riguardo all'innamoramento e l'amore. Produzione orale libera.

Procedura: l'I si attiverà per formare dei gruppi, all'interno dei quali gli AAA si confronteranno sui vari stimoli proposti dal testo letto precedentemente. Nella fase successiva il tenore della conversazione instaurata all'interno del singolo gruppo verrà riferito alla classe, in modo che vi sia un reale scambio di opinioni sull'argomento. Sarà interessante rimarcare, qualora emergessero, eventuali differenze culturali rispetto al tema amoroso, in modo che ci sia fin da questa fase un'attenzione all'intercultura.

CIVILTÀ

Per saperne di più

1 e 2 Obiettivo: illustrare le caratteristiche del rito del matrimonio in Italia; comprendere un testo scritto di carattere informativo; favorire un confronto interculturale attraverso la presentazione del rito del matrimonio del proprio Paese d'origine.

Procedura: l'I sceglierà, a seconda delle esigenze della classe e del tempo disponibile a lezione, se destinare la lettura del testo a un lavoro in plenaria o a un compito a casa. Nel primo caso l'I affiderà agli AAA l'attività di lettura e abbinamento delle brevi porzioni testuali alle immagini corrispondenti; come d'abitudine, in presenza di parole sconosciute o di difficile comprensione, l'I fornirà tutte le spiegazioni necessarie o ricorrerà alle risorse lessicali della classe. Lo svolgimento della seconda attività (la discussione riguardo il rito matrimoniale del proprio Paese d'origine) è strettamente correlato alla scelta dell'I circa la collocazione della precedente, in classe o a casa. Nel caso in cui entrambi i momenti si collochino a lezione: a) in una classe plurilingue, l'I suddividerà gli AAA in piccoli gruppi (3/4 studenti) omogenei per provenienza, invitando gli studenti a rispondere alle domande relative ai loro Paesi di origine, favorendo così il confronto interculturale; b) in una classe linguisticamente omogenea, l'I svolgerà più proficuamente l'attività in plenaria. Al termine della discussione, comunque, l'I raccoglierà le informazioni più importanti emerse durante l'interazione e le riporterà alla lavagna per la messa in comune. Se, al contrario, i materiali di questa sezione vengono destinati a una lettura a casa, la parte relativa alle domande sul confronto interculturale potrà costituire una guida per la stesura di un piccolo elaborato scritto da consegnare all'I, che sceglierà così o di correggerlo come compito personale o di destinarlo a una restituzione in classe attraverso la lettura e il successivo confronto fra studenti di diversa provenienza.

Soluzioni: 1A, 2D, 3B, 4C, 5F, 6E

Un luogo

3 e 4 Obiettivo: presentare un luogo simbolo dell'amore in Italia (la città di Verona). Comprensione scritta globale.

Procedura: l'I, prima di affidare agli AAA la lettura dell'articolo su Verona, una delle città più romantiche d'Italia, rivolge alla classe le domande-stimolo proposte dal manuale affinché vi sia una messa in comune delle informazioni sulla città veneta già possedute dagli studenti. A questo punto si affiderà il testo agli AAA per una lettura silenziosa, in modo che sia attuabile la successiva attività di comprensione, che prevede alcune domande utili a ripercorrere le principali informazioni dell'articolo. Segue un confronto in plenaria condotto dall'I.

Soluzioni: **1** Nei giorni intorno a San Valentino. **2** Un ciclo di manifestazioni ed eventi. **3** L'ingresso ai luoghi shakespeariani è gratuito e per gli altri monumenti le coppie possono entrare pagando un solo biglietto.

5 Obiettivo: organizzare un breve soggiorno in una città italiana (Verona).

Procedura: questa attività, necessitando della rete Internet, potrà essere svolta o in classe, qualora vi sia la possibilità di connessione, o come compito a casa. La ricerca di informazioni in rete costituisce un ottimo strumento di acquisizione linguistica e pertanto va sempre incoraggiato da parte dell'I. In questo caso la restituzione del compito dovrà prevedere un momento espositivo di plenaria, che renda possibile il confronto e la messa in comune delle informazioni raccolte dagli AAA nella fase di ricerca autonoma.

Opere e personaggi

6 Obiettivo: individuare i protagonisti di una celebre storia d'amore. Comprensione scritta globale.

Procedura: l'I si attiene alla consegna del manuale.

Soluzioni: 1d, 2a, 3b, 4c

7 Obiettivo: favorire un confronto interculturale attraverso la presentazione di coppie di amanti celebri del proprio Paese d'origine. Produzione orale libera.

Procedura: l'I potrà proporre l'attività sia come momento di confronto in plenaria, sotto la propria guida, sia come lavoro di gruppo. Suddividerà quindi la classe in piccoli gruppi di lavoro, valutando l'opportunità di creare gruppi omogenei quanto alla provenienza geografica oppure misti. Nel primo caso gli AAA provvederanno all'individuazione di coppie di amanti celebri del loro Paese e, stilate brevi note che ne ripercorrano la storia d'amore, le presenteranno agli altri gruppi.

Un video

1 Obiettivo: riferire le caratteristiche di una tipica famiglia italiana.

Procedura: in questa prima fase delle attività correlate alla visione del video l'I condurrà un confronto in plenaria teso a introdurre l'argomento affrontato e a richiamare tutte le preconoscenze degli AAA riguardo alla famiglia italiana, alle sue caratteristiche e alla sua forma organizzativa.

2 Obiettivo: individuare le caratteristiche di una tipica famiglia italiana; comprendere analiticamente un video espositivo.

Procedura: le informazioni raccolte nel momento di confronto iniziale saranno in questa fase messe in relazione con il materiale proposto nel video, al fine di valutare quali caratteristiche della famiglia italiana (testé richiamate) siano presenti o non presenti.

UNITÀ 4 | Diglielo con un fiore!

3 e **4 Obiettivo:** comprendere analiticamente un video espositivo.

Procedura: l'I, prima di affidare agli AAA le attività di comprensione del video, avrà cura di riproporne un passaggio, al fine di assicurare una maggiore memorizzazione delle informazioni richieste. I due compiti permetteranno di testare il grado di comprensione del materiale proposto; la fase di *feedback*, gestita dall'I, assicurerà lo scioglimento dei dubbi e il chiarimento di incomprensioni.

Soluzioni: 3 a Michele, 38; **b** mamma; **c** figlia, 6; **d** Anna, 4; **e** figlio, 2; **4 a** alle 6.15; **b** Lorenzo; **c** colazione; **d** all'asilo nido, alla scuola materna e alla scuola elementare; **e** alle 6.30/7.00; **f** guardano i film; **g** girate fuori porta; **h** in Toscana o in Sicilia

5 Obiettivo: riportare l'opinione altrui; esprimere il punto di vista altrui in merito a un fatto culturale.

Procedura: l'I si atterrà alla consegna indicata, avendo cura di svolgere questa attività *in plenum*.

6 Obiettivo: descrivere la propria famiglia ideale.

Procedura: questa fase di ampliamento e di richiesta del punto di vista personale in merito alla famiglia e alla sua struttura organizzativa potrà costituire l'epilogo delle attività svolte in classe (e tradursi, quindi, in un momento di confronto in plenaria sul tema proposto, mediato dall'I e con presa di parola spontanea) oppure configurarsi come un ritorno all'argomento in un momento di lavoro autonomo a casa. In quest'ultimo caso si affiderà il compito alla pagina scritta, chiedendo agli AAA la stesura di un breve elaborato descrittivo sulla loro famiglia ideale e sulle sue caratteristiche.

Unità 5 - Che ne dite di guardare la TV?

Campo d'azione	Un passatempo molto praticato: la TV	
Obiettivi comunicativi	- Proporre un'attività (guardare la TV) (A) *Che ne dite di guardare la TV stasera?* *Stasera guardiamo la partita?* *Stasera c'è l'ultima serata di X Factor: vi va di guardarla insieme?* *Allora lo guardiamo insieme?* - Accettare un invito (guardare la TV) (A) *Per me va bene.* *D'accordo. Allora vengo.* *Sì, dai.* - Rifiutare un invito (guardare la TV) (A) *Mi dispiace, non possiamo.* *Mi dispiace, stasera non posso venire a casa tua.* - Chiedere a una persona il motivo di un rifiuto (A) *Qual è il problema?* - Chiedere a che ora inizia un programma (A) *A che ora inizia il programma?* - Chiedere dove è possibile vedere una trasmissione (A) *Dove la trasmettono?* - Chiedere a una persona se è sicura di qualcosa (A) *Sei sicuro?*	- Dire a una persona che sta dicendo una cosa non giusta (A) *Ti sbagli.* - Chiedere a una persona se ha qualcosa (A) *Ma tu ce l'hai l'abbonamento?* - Dire di avere o non avere qualcosa (A) *Guarda, Skype ce l'ho anch'io.* *No, non ce l'ho.* - Parlare delle proprie abitudini televisive (B) *Passo un terzo della giornata davanti alla TV.* *Io guardo poco la televisione.* *Io sono abbonato a un canale sportivo privato, così posso guardare il calcio, il rugby, il tennis, la Formula 1.* - Esprimere la propria opinione su programmi e personaggi della TV (C) *Le vostre inchieste offrono sempre degli elementi interessanti per capire che cosa succede veramente in questo Paese.* *Fabio Fazio è un conduttore molto intelligente e sa conversare con ospiti italiani e internazionali di ogni tipo.* *Finalmente un programma diverso.* *Per me rimane il talk show più interessante...*
Obiettivi lessicali	- I canali televisivi (*Rai 1, Rai 2, Rai 3, Canale 5, Italia 1, La 7, Cielo, Rai Movie, Rai Premium*) - I programmi (*la puntata, il programma, la replica, la serie televisiva, lo show, il talent show, il telegiornale, la telenovela, il telequiz, il varietà, il cartone animato, il documentario, il telefilm, il reality, le inchieste, l'approfondimento politico, il talk show, la guida ai programmi TV*) - La tecnologia (*la TV, l'alta definizione, il satellite, il digitale terrestre, lo streaming, le cuffie, il tablet, il computer, il cellulare, lo smartphone, l'antenna satellitare, la chiavetta, lo schermo, lo schermo 3D, la social TV*) - Moltiplicativi, distributivi, frazionari (*l'unico, un terzo, una decina, migliaia, una delle poche, una ciascuno, raddoppiare, dimezzare*)	
Obiettivi grammaticali	- Gli avverbi in -*mente* - I nomi alterati - Altri significati dei nomi alterati - La posizione degli aggettivi	
Obiettivi fonologici	- Percepire, discriminare e scrivere correttamente i suoni vocalici /e/ ed /ɛ/ - Percepire, discriminare e scrivere correttamente i suoni vocalici /o/ e /ɔ/	
Obiettivi socioculturali	- La TV pubblica italiana: la Rai - Una città italiana legata a un evento televisivo: Sanremo - Un personaggio televisivo italiano: Fabio Fazio - Un'opera legata al mondo della televisione italiana: *Il cavallo morente* di Francesco Messina - Un video: *Cosa pensi della TV?*	

VIVERE LA LINGUA

1 Esercizio di abbinamento.

Obiettivo: presentare diverse abitudini legate a un momento di vita quotidiana (la sera).

Procedura: l'I chiede agli AAA di osservare con attenzione le immagini presenti nella pagina e di abbinarle ai relativi fumetti. Segue una correzione in plenaria: l'I dice la lettera e gli AAA, a turno, leggono la battuta corrispondente.

Soluzioni: 1B, 2D, 3E, 4A, 5F, 6C

2 Esercizio di produzione orale.

Obiettivo: parlare delle proprie abitudini legate a un momento di vita quotidiana (la sera).

Procedura: l'I agevola un confronto in plenaria e, attraverso domande mirate, stimola gli AAA a parlare delle loro abitudini serali.

UNITÀ 5 | Che ne dite di guardare la TV?

A Skype ce l'ho anch'io

1 Obiettivo: presentare alcune trasmissioni televisive italiane.
Procedura: prima di dare avvio all'attività, l'I, attraverso domande mirate, indaga sulle preferenze televisive degli studenti. Poi chiede agli AAA di osservare le immagini delle trasmissioni televisive presenti nella pagina e di abbinarle alla relativa descrizione del programma. Segue una correzione in plenaria: l'I dice il numero e gli AAA, a turno, leggono la descrizione corrispondente.

Soluzioni: 1D, 2C, 3A, 4B, 5E

2 Obiettivo: comprendere analiticamente un testo informativo (guida dei programmi TV).
Procedura: attraverso quest'attività si agevola la comprensione di alcune parole o espressioni legate all'area lessicale della televisione (tipi di programma, tecnologia, ecc.). L'I invita gli AAA a leggere di nuovo le descrizioni dei programmi TV (attività 1) e ad abbinare le parole sottolineate alle spiegazioni corrispondenti. L'attività può essere svolta tanto singolarmente quanto in coppia.

Soluzioni: 1g, 2f, 3c, 4d, 5b, 6h, 7e, 8a

3 e 4 Obiettivo: comprensione orale globale.
Procedura: con il primo ascolto gli AAA devono semplicemente abbinare i dialoghi ai titoli dei programmi dell'attività 1. Con il secondo, invece, devono associare i dialoghi alle situazioni corrispondenti. L'ascolto verrà ripetuto un numero di volte sufficiente ad assicurare il completo svolgimento dei due compiti.

Soluzioni: A3 dialogo 1 C, dialogo 2 D, dialogo 3 E, dialogo 4 B, dialogo 5 A; **A4** a2, b5, c4, d3, e1

5 Obiettivo: proporre un'attività (guardare la TV); accettare un invito (guardare la TV); rifiutare un invito (guardare la TV); chiedere a una persona il motivo di un rifiuto; chiedere a che ora inizia un programma; chiedere dove è possibile vedere una trasmissione; chiedere a una persona se è sicura di qualcosa; dire a una persona che sta dicendo una cosa non giusta; chiedere a una persona se ha qualcosa; dire di avere o non avere qualcosa. Comprensione orale analitica.
Procedura: l'I invita gli AAA ad ascoltare di nuovo i cinque mini dialoghi e a completare le frasi. Dopo l'ascolto della traccia audio, un confronto a coppie sul completamento effettuato sarà utile per far acquisire maggiore sicurezza agli AAA, in vista della successiva correzione in plenaria. La corrispondenza tra funzioni (nella colonna a sinistra) ed esponenti linguistici (nella colonna a destra) presentata in questa attività permetterà agli studenti di fissare meglio alcuni modelli di frase e li renderà maggiormente consapevoli del loro possibile utilizzo.

Soluzioni: 1 Che ne dite, guardiamo la partita a casa mia, vi va di guardarla assieme, lo guardiamo assieme; **2** va bene, D'accordo, dai; **3** non possiamo, Mi dispiace; **4** Qual è; **5** A che ora inizia; **6** Dove; **7** sicuro; **8** sbagli; **9** tu ce l'hai; **10** ce l'ho, ce l'ho

6 Obiettivo: proporre un'attività (guardare la TV); accettare un invito (guardare la TV); rifiutare un invito (guardare la TV). Produzione orale guidata.
Procedura: l'I forma le coppie e, dopo aver chiarito lo svolgimento del compito, dà avvio all'attività di produzione orale. Le interazioni tra gli AAA verranno controllate in modo discreto e si registreranno eventuali errori. Se lo riterrà opportuno, l'I può chiedere ad alcune coppie di volontari di recitare il proprio dialogo in plenaria.

7 Obiettivo: chiedere a una persona se ha qualcosa; dire di avere o non avere qualcosa. Produzione orale guidata.
Procedura: l'I forma le coppie e, attraverso gli esempi presenti nei fumetti, spiega alla classe lo svolgimento dell'attività. Come di consueto, l'I potrà verificare il compito passando con discrezione fra i banchi, ascoltando le produzioni degli AAA e intervenendo in caso di difficoltà.

8 Obiettivo: organizzare una serata davanti alla TV. Produzione orale libera.
Procedura: in base alle loro preferenze e abitudini televisive, gli AAA, divisi in gruppi, dovranno organizzare una serata davanti alla TV in compagnia di amici. La guida dei programmi presente nella pagina è utile al gruppo per orientare le proprie scelte. Nel caso in cui nessuno dei programmi televisivi proposti fosse gradito agli AAA, questi ultimi potranno sceglierne liberamente altri di loro gradimento.

B Passo un terzo della giornata davanti alla TV

1 Obiettivo: presentare alcune trasmissioni televisive italiane.
Procedura: l'I chiede agli AAA di osservare le immagini delle trasmissioni televisive presenti nella pagina e di abbinarle alla relativa didascalia. Segue una correzione in plenaria: l'I legge il numero e gli AAA, a turno, dicono la lettera corrispondente.

Soluzioni: 1A, 2F, 3B, 4E, 5G, 6C, 7D

2 Obiettivo: comprendere globalmente un sondaggio.
Procedura: la lettura del sondaggio, già introdotta tematicamente con l'attività precedente, viene finalizzata all'abbinamento dei nomi dei telespettatori alle descrizioni corrispondenti. Nella fase di verifica delle ipotesi degli AAA l'I provvederà anche all'eventuale scioglimento di nodi lessicali rimasti oscuri.

Soluzioni: 1 Marina, **2** Giacomo, **3** Marcello, **4** Riccarda, **5** Clara

3 Obiettivo: ricostruire la regola di formazione degli avverbi in -mente.
Procedura: il procedimento induttivo di scoperta della regola rinvia a una nuova lettura del sondaggio, affinché vi siano rintracciati tutti gli avverbi che terminano in –mente. Le riflessioni emerse nella fase di analisi della regolarità vengono poi condensate nella regola espressa nel riquadro, che dovrà essere debitamente completata dagli AAA. L'I, in fase di verifica, ricorrerà a ulteriori esemplificazioni e a domande mirate, per testare la piena comprensione della struttura presentata.

Soluzioni: 1 sicuramente, **2** velocemente, **3** probabilmente, **4** veramente, **5** regolarmente; *probabilmente, regolarmente*

Che ne dite di guardare la TV? | **UNITÀ 5**

4 Obiettivo: esercitare l'uso degli avverbi in –*mente*.
Procedura: prendendo come modello gli esempi riportati nell'attività, gli AAA devono formulare delle frasi sui programmi presenti nel sondaggio (attività 2). La formulazione delle frasi potrà essere svolta come compito personale o in coppia. Durante la verifica in plenaria l'I, oltre a vagliare la correttezza degli enunciati, può fornire ulteriori informazioni sui programmi televisivi in oggetto.

5 Obiettivo: introdurre i nomi alterati.
Procedura: attraverso l'osservazione delle immagini presenti nella pagina e il loro abbinamento alla didascalia corrispondente, si intende agevolare gli AAA nella comprensione del significato di alcuni suffissi alterativi (*-ina, -ona, -accia, -etta*). Dopo la correzione in plenaria del compito e prima di dare avvio all'attività successiva (in cui è prevista una ricostruzione della regola d'uso dei nomi alterati) può essere utile fornire ulteriori esempi alla classe. L'I può suggerire una parola (Es.: *casa*) e gli AAA, a turno, la uniscono a uno dei suffissi succitati, provando a spiegarne il significato (Es.: *casina* = casa piccola, *casona* = casa grande, *casaccia* = casa brutta, ecc.).

Soluzioni: 1C, 2A, 3B, 4F, 5E, 6D

6 Obiettivo: ricostruire la regola d'uso dei nomi alterati.
Procedura: l'I invita gli AAA a completare la regola espressa nel riquadro. Se necessario, al momento della verifica, l'I ricorrerà a ulteriori esemplificazioni.

Soluzioni: -*ino/a*, -*etto/a*, -*one/a*, -*accio/a*

7 Obiettivo: introdurre altri significati dei nomi alterati.
Procedura: una nuova lettura del sondaggio dell'attività 2 è finalizzata a rintracciare nel testo le parole che possono essere associate alle espressioni sinonimiche presenti nell'attività. Questo lavoro di analisi lessicale sarà utile per mostrare agli AAA come uno stesso suffisso può conferire alla parola sfumature di significato diverse (Es.: il suffisso -*ona* può significare sia "grande" nel caso di *ragazzona* sia "molto importante" nel caso di *partitona*).

Soluzioni: 1 una storiella, **2** una partitona, **3** una seratina, **4** una chiavetta

8 Obiettivo: esercitare l'uso dei nomi alterati. Produzione orale guidata.
Procedura: a partire dagli spunti lessicali offerti dall'attività gli AAA, divisi in coppie, devono raccontarsi vicendevolmente le loro esperienze di vita. L'I può valutare le interazioni tra gli AAA girando tra i banchi e intervenire solo in caso di difficoltà. Può essere previsto anche un confronto in plenaria, durante il quale l'I chiede ad alcuni volontari di raccontare le proprie esperienze oppure quelle del proprio compagno.

9 Obiettivo: focalizzare l'attenzione su parole o espressioni che si riferiscono a una quantità.
Procedura: dal testo dell'attività 2 (sondaggio) sono state estrapolate alcune parole o espressioni (Es.: *decina, unico, migliaia, raddoppiano, un terzo, una delle poche*, ecc.) che gli AAA devono abbinare al significato corrispondente. In fase di verifica, se necessario, l'I può ricorrere a ulteriori esemplificazioni.

Soluzioni: 1g, 2d, 3e, 4b, 5c, 6h, 7a, 8f

10 e 11 Obiettivo: esercitare l'uso di parole o espressioni che si riferiscono a una quantità. Produzione scritta e orale guidate.
Procedura: inizialmente gli AAA vengono invitati al completamento di alcune frasi (di cui viene fornito solo l'incipit). È bene stabilire un tempo limite entro il quale svolgere questa prima attività. Successivamente l'I forma dei piccoli gruppi e invita gli AAA a confrontarsi vicendevolmente sui loro progetti, abitudini, opinioni. In fase di verifica si può prevedere un breve confronto in plenaria su quanto emerso dalle discussioni.

12 Obiettivo: parlare delle proprie abitudini televisive. Produzione orale guidata.
Procedura: attraverso le domande suggerite nella consegna dell'attività e ulteriori domande mirate, l'I agevola un confronto in plenaria sulle abitudini televisive della classe. Se necessario, l'I riporterà alla lavagna il lessico emerso durante la discussione.

C È una trasmissione divertente

1 Obiettivo: presentare alcuni mezzi tecnologici per guardare i programmi televisivi.
Procedura: l'I indaga sulle preferenze della classe a proposito di tecnologia e guida una conversazione in plenaria in cui gli AAA dicono quali sono gli strumenti con cui sono soliti guardare i programmi televisivi.

2 Obiettivo: fare una statistica su alcuni mezzi tecnologici per guardare i programmi televisivi.
Procedura: il compito proposto agli AAA li invita a raccogliere in modo esaustivo le preferenze espresse dalla classe in fatto di tecnologie legate alla fruizione dei programmi televisivi, al fine di elaborare una statistica al riguardo. L'I, in base alle tempistiche stabilite per lo svolgimento dell'unità, valuterà quanto spazio dedicare all'attività, che potrà essere svolta sia in plenaria, sotto la sua guida, sia in piccoli gruppi di lavoro.

3 Obiettivo: comprendere analiticamente un testo espositivo (articolo web divulgativo).
Procedura: l'articolo presenta le trasmissioni che riscuotono il più grande successo in rete. Gli AAA sono chiamati a una lettura personale e silenziosa del testo, finalizzata all'individuazione delle parole e delle espressioni di cui si danno le corrispondenze.

Soluzioni: 1 svettano, **2** i faccia a faccia, **3** in tempo reale, **4** avvezze, **5** l'espandersi, **6** il coinvolgimento

4 Obiettivo: comprendere analiticamente un testo espositivo (articolo web divulgativo).
Procedura: l'avvenuta comprensione dell'articolo viene testata attraverso le tre domande aperte. L'I accorderà agli AAA un tempo sufficiente alla loro risoluzione e, in plenaria, verificherà tanto la pertinenza delle risposte fornite dagli AAA quanto la reale comprensione del lessico più tecnico e specialistico.

Soluzioni: 1 È un nuovo modo di fare televisione che permette di vedere i programmi televisivi attraverso la mediazione della rete. **2** Per l'espandersi di soluzioni hardware e software e per le nuove abitudini delle fasce di popolazione avvezze alla tecnologia. **3** Permette di commentare i programmi in tempo reale.

35

UNITÀ 5 | Che ne dite di guardare la TV?

5 Obiettivo: comprendere globalmente una classifica (trasmissioni social più seguite); comprendere analiticamente i commenti a una trasmissione televisiva.

Procedura: la lettura della classifica dei programmi social più seguiti sarà anticipata da un momento di plenaria, in cui l'I inviterà gli AAA alla sola osservazione dei logo delle trasmissioni, in modo da sondare quanto siano conosciute dalla classe e quali siano le preconoscenze al loro riguardo. Solo in un secondo momento si daranno agli AAA le indicazioni necessarie allo svolgimento dell'attività, attraverso la quale i programmi verranno classificati in base al loro genere o contenuto.

Soluzioni: politica Servizio pubblico, Ballarò; **attualità** Report, Che tempo che fa; **cucina** La prova del cuoco, MasterChef; **viaggi** Alle falde del Kilimangiaro; **archeologia** Voyager; **satira** Gli sgommati; **musica e intrattenimento** X Factor

6 e 7 Obiettivo: individuare le coppie aggettivo-nome; ricavare la regola d'uso relativa alla posizione dell'aggettivo rispetto al nome.

Procedura: l'I invita a una nuova lettura del testo, che verrà utilizzato nella veste di contenitore di esempi di coppie aggettivo-nome, utili all'individuazione della regola sulla loro mutua posizione. L'I potrà proficuamente avvalersi di una modalità di lavoro in coppia, in modo che gli studenti cooperino nel completamento della tabella. In fase di verifica verranno ripresi tutti i casi descritti, che saranno illustrati da ulteriori esempi forniti dalla classe. Ogni eventuale dubbio o curiosità a proposito della posizione dell'aggettivo (su cui solitamente gli studenti fanno molte domande) verrà dapprima girato ai compagni e successivamente ripreso dall'I.

Soluzioni: C6 degli elementi interessanti; un conduttore molto intelligente, ospiti italiani e internazionali, ogni tipo; L'approfondimento politico; un enorme talento, una voce stupenda, faccia rotonda; le vostre inchieste; misteri archeologici e scientifici, un programma diverso; pomodoro rosso; un programma ricco; un bravo cuoco, a casa mia; diversi programmi, il talk show più interessante; maschere bruttine; **C7** la TV satellitare, il pomodoro rosso, la faccia rotonda, gli ospiti italiani e internazionali; le maschere bruttine, un conduttore molto intelligente; questo Paese, le vostre richieste; una voce stupenda, un bravo cuoco; un programma diverso

8 e 9 Obiettivo: scrivere un breve commento su una trasmissione televisiva del proprio Paese d'origine. Produzione scritta e orale libere.

Procedura: completando la schermata proposta, gli AAA potranno esprimere il proprio punto di vista su tre programmi televisivi in voga nel proprio Paese d'origine. Grazie all'attività successiva, il compito cui gli studenti sono chiamati diventa una vera e propria occasione di scambio interculturale. Per far sì che tutti gli AAA possano leggere tutti gli elaborati è consigliabile invitarli a scrivere i programmi (e i commenti relativi) su fogli singoli, che poi saranno affissi in due/tre punti dell'aula. In questo modo, completata la composizione, gli AAA saranno incoraggiati ad alzarsi, a leggere i vari foglietti e a rintracciare le trasmissioni presenti anche nel proprio Paese, commentando ulteriormente i giudizi riportati sui fogli.

Progettiamolo insieme

1 Obiettivo: progettare la puntata di una trasmissione televisiva; drammatizzare una trasmissione televisiva.

Procedura: la classe affronterà il compito suddivisa in piccoli gruppi di lavoro (massimo 4 persone) sulla base degli interessi comuni in fatto di trasmissioni televisive. Gli AAA progetteranno la puntata del loro programma stabilendone tanto i contenuti quanto le caratteristiche accessorie (*location*, colonna sonora, ecc.). Sulla base del tempo previsto per l'adempimento del compito l'I stabilirà se far svolgere l'attività interamente a lezione o se, al contrario, affidare la progettazione come compito a casa. In entrambi i casi la fase di verifica degli elaborati avverrà in classe e, affinché risulti più stimolante, l'I potrà stabilire di assegnare un premio al gruppo che ha confezionato la puntata migliore.

SAPERE LA LINGUA

Pronuncia e grafia

1 Obiettivo: percepire e discriminare i suoni vocalici /e/ ed /ɛ/.

Procedura: l'I, prima di dare avvio all'esercizio, avrà cura di presentare la corretta pronuncia dei suoni in oggetto. Si terrà poi alla consegna del manuale e, in fase di *feedback*, per testare l'avvenuta comprensione, potrà chiedere agli AAA se conoscono altre parole contenenti i suoni succitati. A conclusione del lavoro l'I potrà proporre nuovamente la traccia e invitare gli AAA all'imitazione del modello. Se quest'esercizio e i seguenti verranno svolti in un laboratorio linguistico, l'I potrà delegare la gestione dell'imitazione agli AAA, che così registreranno, ascolteranno e miglioreranno le loro prove linguistiche, contando all'occorrenza sull'intervento mirato e personalizzato dell'I.

Soluzioni: /e/ 1, 4, 5, 8, 10; /ɛ/ 2, 3, 6, 7, 9

2 Obiettivo: percepire e discriminare i suoni vocalici /o/ e /ɔ/.

Procedura: per le modalità di svolgimento dell'attività si consulti la descrizione precedente.

Soluzioni: /o/ 1, 3, 6, 8, 9; /ɔ/ 2, 4, 5, 7, 10

3 Obiettivo: percepire, discriminare e scrivere correttamente i suoni vocalici /e/, /ɛ/, /o/ e /ɔ/.

Procedura: l'esercizio di completamento vuole testare l'avvenuta comprensione della differente pronuncia e grafia dei suoni vocalici esaminati precedentemente. L'I avrà cura di riproporre l'ascolto fino al completamento del compito. Prima di procedere alla verifica sarà fruttuoso invitare gli AAA a un confronto fra pari.

Soluzioni: 1 c'era; **2** cera; **3** te, tè; **4** legge; **5** legge; **6** e, è; **7** pesca; **8** pesca; **9** ho, o; **10** colto; **11** colto; **12** loro; **13** l'oro; **14** volto; **15** volto; **16** botte; **17** botte

Leggere

1 Obiettivo: inferire la tipologia di un programma televisivo sulla base di articoli a esso relativi.

Procedura: attraverso la lettura dei brevi estratti da articoli di

Che ne dite di guardare la TV? **UNITÀ 5**

cronaca relativi al Festival di Sanremo, la celeberrima manifestazione canora italiana, gli AAA dovranno inferire la tipologia di programma televisivo. Questa fase di avvicinamento alla lettura del testo che segue sarà anche l'occasione per far emergere le preconoscenze degli studenti riguardo al noto evento musicale.

2 Obiettivo: comprendere analiticamente un testo descrittivo (articolo web divulgativo).

Procedura: l'attività di analisi lessicale del testo proposto può essere condotta in coppia, in modo che, mettendo in comune le conoscenze e le competenze di ciascuno studente, si attui una negoziazione di significati relativamente ai termini e alle espressioni da cercare nel testo. In questa fase l'I vigilerà sul corretto svolgimento del compito, assicurando la sua presenza discreta e intervenendo solo per chiamata o in caso di difficoltà. Al termine dell'attività potrà essere proficuo soffermarsi ulteriormente su alcuni passaggi del testo, chiedendo agli AAA di presentare le spiegazioni avanzate in coppia o individualmente al gruppo-classe, che interverrà a sua volta per ribadire, modificare o proporre alternative in merito.

Soluzioni: 1 evento mediatico, **2** gara canora, **3** inedite, **4** giurie scelte, **5** ribattezzata, **6** volti non ancora noti, **7** punti di riferimento, **8** vallette

3 Obiettivo: comprendere analiticamente un testo descrittivo (articolo web divulgativo).

Procedura: la comprensione del testo viene verificata attraverso questo esercizio del tipo *vero/falso*. Gli AAA saranno chiamati a rispondere alle domande individualmente, affinché sia possibile per ciascuno misurarsi col testo ed elaborare personali strategie per l'individuazione delle affermazioni vere.

Soluzioni: 1F, 2F, 3V, 4V, 5F, 6V

Ascoltare

1 Obiettivo: esprimere il proprio punto di vista sulla televisione.
Procedura: le brevi opinioni riportate nell'attività costituiranno lo stimolo iniziale per intavolare un confronto fra gli AAA sulla televisione e sul loro rapporto con questo *medium*. Sarà l'I a moderare la discussione, assicurando una presa di parola spontanea e dando a ciascuno la possibilità di esprimere il proprio punto di vista.

2 e 3 Obiettivo: comprendere analiticamente un'intervista; esprimere il proprio punto di vista sulla televisione.
Procedura: l'I si attiene alle consegne del manuale. L'I deciderà, sulla base delle difficoltà riscontrate, il numero di passaggi utili al completamento del compito. Successivamente chiederà alla classe di commentare brevemente le affermazioni espresse dagli intervistati, in modo che gli AAA possano individuarne le analogie e le differenze rispetto al loro punto di vista sulla televisione italiana di oggi.

Soluzioni: 1, 3, 6, 7, 9

Scrivere

1 Obiettivo: illustrare una trasmissione televisiva in voga nel proprio Paese d'origine. Produzione scritta libera.

Procedura: nel caso in cui questa attività venga svolta in classe durante la lezione, sarà certamente più stimolante far scrivere agli AAA la composizione su singoli fogli, in modo che possa esserci poi una messa in comune degli elaborati in vista di una correzione tra pari. In alternativa l'I procederà al ritiro dei fogli per una correzione analitica del compito a casa.

Parlare

1 Obiettivo: esprimere il proprio punto di vista sulla televisione; convincere qualcuno a modificare il proprio punto di vista sulla televisione. Produzione orale libera.

Procedura: l'I si attiverà per formare dei gruppi, all'interno dei quali gli AAA si suddivideranno in due sottogruppi, l'uno favorevole, l'altro contrario alla TV. In un primo momento, all'interno di ciascun sottogruppo, gli AAA elaboreranno argomentazioni che sostengano la propria posizione, per poi esporla agli altri componenti. In questo modo ciascun *team* di lavoro intavolerà un confronto serrato tra sostenitori e detrattori del mezzo televisivo. L'I verificherà il corretto svolgimento del compito muovendosi nell'aula, ascoltando le produzioni orali e intervenendo in caso di difficoltà. Per raccogliere i risultati del lavoro, in modo che possa essere condiviso, sarà sicuramente proficuo allargare la discussione all'intera classe, in modo che si riuniscano i microgruppi che hanno condiviso il medesimo compito, analizzino le argomentazioni prodotte, ne stilino un elenco esaustivo e si confrontino ulteriormente in plenaria.

CIVILTÀ

Per saperne di più

1 e 2 Obiettivo: illustrare la TV pubblica italiana (la Rai); comprendere un testo scritto di carattere informativo; favorire un confronto interculturale attraverso la presentazione della TV pubblica del proprio Paese d'origine.

Procedura: l'I sceglierà, a seconda delle esigenze della classe e del tempo disponibile a lezione, se destinare la lettura del testo e l'attività di comprensione a un lavoro in plenaria o a un compito a casa. Nel primo caso, in presenza di parole sconosciute o di difficile comprensione, l'I fornirà tutte le spiegazioni necessarie o ricorrerà alle risorse lessicali della classe. Lo svolgimento della seconda attività (la discussione riguardo alla TV pubblica del proprio Paese d'origine) è strettamente correlato alla scelta dell'I circa la collocazione della precedente, in classe o a casa. Nel caso in cui entrambi i momenti si collochino a lezione: a) in una classe plurilingue, l'I suddividerà gli AAA in piccoli gruppi (3/4 studenti) omogenei per provenienza, invitando gli studenti a rispondere alle domande relative ai loro Paesi di origine, favorendo così il confronto interculturale; b) in una classe linguisticamente omogenea, l'I svolgerà più proficuamente l'attività in plenaria. Al termine della discussione, comunque, l'I raccoglierà le informazioni più importanti emerse durante l'interazione e le riporterà alla lavagna per la messa in comune. Se, al contrario, i materiali di questa sezione vengono destinati a una lettura a casa, la parte relativa alle domande sul confronto interculturale potrà costituire una guida per la stesura di un piccolo elaborato scritto da consegnare all'I, che sceglierà così o di correggerlo

37

UNITÀ 5 | Che ne dite di guardare la TV?

come compito personale o di destinarlo a una restituzione in classe attraverso la lettura e il successivo confronto fra studenti di diversa provenienza.

Soluzioni: 1 È l'abbreviazione di Radiotelevisione italiana. **2** Il 3 gennaio del 1954. **3** Sono aumentati i canali e la Rai è passata al digitale terrestre.

Un luogo

3 e **4 Obiettivo:** presentare una città italiana legata a un evento televisivo (Sanremo). Comprensione scritta globale. Favorire un confronto interculturale attraverso la presentazione di una città o di un luogo legati a un evento televisivo nel proprio Paese d'origine.

Procedura: per le modalità di svolgimento dell'attività si consulti la descrizione precedente.

Soluzioni: 1 Si trova in provincia di Imperia, in Liguria. **2** Perché è una località famosa per la coltivazione dei fiori. **3** Perché ha un clima mite. **4** Il Festival della Canzone italiana.

Un personaggio

5 e **6 Obiettivo:** presentare un personaggio televisivo (Fabio Fazio). Comprensione scritta globale. Favorire un confronto interculturale attraverso la presentazione di un personaggio legato a un evento televisivo nel proprio Paese d'origine.

Procedura: per le modalità di svolgimento dell'attività si consulti la descrizione delle attività 1 e 2.

Soluzioni: nome Fabio Fazio; **data e luogo di nascita** 30 novembre 1964, Savona; **professione** conduttore televisivo; **inizio carriera** 1983, con *Pronto Raffaella*; **programmi di maggior successo** *Quelli che il calcio...*, *Sanremo Giovani*, *Vieni via con me*

Un'opera

7 e **8 Obiettivo:** presentare un'opera d'arte legata al mondo della televisione (*Il cavallo morente* di Francesco Messina). Comprensione scritta globale. Favorire un confronto interculturale attraverso la presentazione di un'opera d'arte legata al mondo della televisione del proprio Paese d'origine.

Procedura: per le modalità di svolgimento dell'attività si consulti la descrizione delle attività 1 e 2.

Soluzioni: Francesco Messina, davanti alla Rai a Roma, 4,60 metri, 5,50 metri, 25 quintali, ferito nella lotta con altri cavalli, un modo di comunicare che muore per lasciare spazio alla modernità

Un video

1 Obiettivo: formulare le domande di un'intervista.

Procedura: prima di guardare il video gli AAA devono immaginare di intervistare delle persone riguardo al loro rapporto con la televisione e scrivere almeno cinque domande a questo proposito. Si tratta di un'attività individuale che mette in gioco la fantasia degli studenti e stimola la loro curiosità. Per questo compito non è previsto un *feedback* da parte dell'I.

2 Obiettivo: comprendere analiticamente un video espositivo.

Procedura: con la prima visione del video gli AAA verificano se le domande precedentemente formulate corrispondono in qualche misura a quelle realmente presenti nel video.

3 Obiettivo: comprendere analiticamente un video espositivo; formulare le domande di un'intervista a partire da risposte date.

Procedura: l'I può attenersi alla consegna del manuale, valutando il numero di passaggi necessario al completamento del compito.

Soluzioni: a Quanto tempo in un giorno (guardi la TV)? **b** Che cos'è il canone? **c** Qual è il tuo canale preferito straniero? **d** Chi è che per te ha fatto la storia della TV italiana? **e** C'è qualcosa che rimproveri alla TV?

4 Obiettivo: rispondere alle domande di un'intervista. Produzione scritta e orale guidate.

Procedura: gli AAA rispondono individualmente e per iscritto alle domande dell'intervista, poi si confrontano a coppie. L'I, se lo riterrà opportuno, potrà prevedere anche un momento di condivisione in plenaria delle risposte date.

Unità 6 - Si può fare di più!

Campo d'azione	Io e l'ambiente	
Obiettivi comunicativi	- Esporre un problema (A) *In Italia ogni anno dobbiamo affrontare il problema della siccità.* *Sono in particolare le regioni del Sud a soffrire della mancanza di acqua.* - Esprimere il proprio modo di affrontare un problema (A) *Secondo me non basta usare le borse di cotone per la spesa.* *Bisogna ridurre il consumo di plastica e preferire legno, vetro e materiali riutilizzabili.* - Dire come bisogna comportarsi (A) *È necessario comprare prodotti locali.* *È vietato riscaldare troppo.* *È sufficiente spegnere elettrodomestici e computer.* *È meglio usare fonti di energia alternativa.* *Basta utilizzare la tecnologia digitale.* *Bisogna stare attenti al consumo dell'acqua.*	- Dire come ci si comporta (B) *Si cerca di diminuire la produzione di rifiuti.* *Si è deciso di far pagare i sacchetti.* *Si fa attenzione al contenitore.* *Si è più sensibili ai problemi dell'ambiente.* - Informarsi su come si fa qualcosa (C) *Scusa Francesca, ma qui da voi come si fa la raccolta differenziata?* *Per esempio, dove butti i piatti di plastica?* - Dare istruzioni (C) *Devi buttare nel residuo tutto ciò su cui hai dei dubbi.* - Chiedere conferma (C) *Poi porto le medicine nei raccoglitori delle farmacie, vero?* - Informarsi sui costi (C) *A proposito, quanto costa il contenitore?* *E quanto devo pagare quando riconsegno il contenitore pieno?*
Obiettivi lessicali	- Gli ambienti naturali (*il parco, l'area protetta, le isole, il mare, i boschi, le montagne, le colline, l'area vulcanica, il lago, il fiume, il delta del Po*) - Gli elementi e i fenomeni naturali (*l'acqua, il sole, la terra, la pioggia, la neve, la temperatura, l'effetto serra*) - L'energia e le fonti per produrla (*la risorsa energetica, l'elettricità, l'energia alternativa, l'energia rinnovabile, i pannelli solari, il petrolio, il metano, il gpl*) - I materiali (*la plastica, il legno, il vetro, la carta, l'alluminio, il ferro, il polistirolo, la ceramica, il Tetrapak, gli imballaggi, il tessuto, il cotone*) - La raccolta differenziata (*l'organico, la plastica, la carta e il cartone, il vetro e i metalli, il residuo, l'olio vegetale esausto, le pile esauste, i farmaci scaduti, i rifiuti ingombranti, gli sfalci, il sacco, i contenitori, i barattoli, le scatolette, le lattine*) - Alcuni verbi legati alle problematiche ambientali (*riciclare, riusare, consumare, riscaldare, inquinare, differenziare, buttare, smaltire, tutelare*)	
Obiettivi grammaticali	- Alcuni verbi usati alla forma impersonale - Il *si* impersonale - Il pronome relativo *cui* - I dimostrativi *quello* e *ciò*	
Obiettivi fonologici	- Percepire, discriminare, scrivere correttamente e imitare i suoni consonantici /kw/, /l/ e /n/ - Percepire, discriminare e scrivere correttamente alcune parole della lingua italiana - Completare la regola relativa all'ortografia del suono consonantico /kw/ - Completare le regole relative alla pronuncia dei suoni consonantici /l/ e /n/	
Obiettivi socioculturali	- Le principali organizzazioni ambientaliste italiane - Un luogo simbolo della tutela dell'ambiente italiano: le Oasi Wwf - Un noto ambientalista italiano: Fulco Pratesi - Un'opera raffigurante il paesaggio italiano: l'*Adorazione dei Magi* del Perugino - Un video: *Legambiente*	

VIVERE LA LINGUA

1 Esercizio di abbinamento.

Obiettivo: presentare alcune bellezze naturali italiane.

Procedura: L'I chiede agli AAA di osservare la cartina d'Italia e le foto di alcune bellezze naturali, che sono già utilmente collocate in corrispondenza della regione di appartenenza. Successivamente esorta la classe ad abbinare le foto alla relativa didascalia. Segue una correzione in plenaria che può essere eseguita secondo due modalità: 1) l'I legge il numero e gli AAA, a turno, dicono la lettera corrispondente; 2) l'I invita gli AAA a leggere ciascuna descrizione ad alta voce e, dopo aver accertato l'avvenuta comprensione del lessico, chiede di indicare la foto corrispondente.

Soluzioni: 1E, 2C, 3A, 4B, 5D

2 Esercizio di produzione orale.

Obiettivo: parlare di ambienti naturali.

Procedura: L'I agevola un confronto in plenaria e, attraverso

UNITÀ 6 | Si può fare di più!

domande mirate, stimola gli AAA a esprimere le loro preferenze su alcuni ambienti naturali (mare, montagna, vulcano, lago, fiume), motivando le loro risposte.

A Bisogna stare attenti al consumo dell'acqua

1 Obiettivo: introdurre il tema della tutela dell'ambiente.

Procedura: prima di dare avvio all'attività, attraverso un *brainstorming* introduttivo l'I può chiedere agli AAA quali modi conoscono per tutelare l'ambiente e se loro si impegnano in prima persona per la salvaguardia del territorio. Successivamente l'I esorterà gli AAA a leggere con attenzione i titoli di alcuni articoli di giornale. È preferibile una lettura ad alta voce, durante la quale l'I provvederà a sciogliere eventuali nodi lessicali. A questo punto l'I può invitare la classe a una lettura globale e silenziosa degli articoli, al fine di ricavare il giusto abbinamento con i tre titoli corrispondenti. Seguirà una correzione in plenaria che, in base alle esigenze della classe, potrà essere svolta secondo due modalità: attraverso una semplice e veloce correzione dell'abbinamento numero/lettera; oppure attraverso una lettura ad alta voce dei tre testi, durante la quale l'I chiarirà il significato dei termini sconosciuti alla classe.

Soluzioni: 1b, 2a, 3c

2 Obiettivo: comprensione orale globale.

Procedura: si tratta di un ascolto globale durante il quale gli AAA devono semplicemente abbinare le otto risposte del sondaggio alle immagini corrispondenti. Prima di far partire la registrazione audio, per agevolare gli AAA nello svolgimento del compito, può essere utile chiedere loro di descrivere le foto e i diversi modi di tutelare l'ambiente in esse rappresentati.

Soluzioni: A8, B3, C7, D5, E2, F4, G6, H1

3 Obiettivo: focalizzare l'attenzione su alcuni verbi usati alla forma impersonale (*bastare* e *bisognare*) e sull'espressione impersonale è + aggettivo/avverbio. Comprensione orale analitica.

Procedura: l'I spiega agli AAA che verrà proposto un nuovo ascolto del sondaggio, finalizzato al completamento di alcune frasi parzialmente incomplete. Al termine del compito l'I verificherà la sua correttezza esortando diversi volontari alla lettura delle frasi.

Soluzioni: 1 Non basta usare, **2** Bisogna ridurre, **3** È necessario comprare, **4** È vietato, **5** basta utilizzare, **6** Bisogna stare attenti, **7** è sufficiente spegnere, **8** Non bisogna prendere, **9** È meglio usare

4 Obiettivo: ricostruire la regola d'uso dei verbi impersonali (*bastare* e *bisognare*) e dell'espressione impersonale è + aggettivo/avverbio.

Procedura: il procedimento induttivo di scoperta della regola viene guidato dall'I che, attraverso l'analisi delle frasi dell'attività precedente, agevola gli AAA nel completamento dell'affermazione presente nel riquadro. Successivamente l'I stimola la classe a ricordare altri verbi impersonali (ad es. quelli legati al tempo atmosferico).

Soluzioni: È necessario comprare prodotti locali. È vietato riscaldare troppo. Per risparmiare un po' di elettricità è sufficiente spegnere elettrodomestici e computer. È meglio usare fonti di energia alternativa. soggetto, terza, singolare. Sì.

5 Obiettivo: parlare della tutela dell'ambiente nella vita quotidiana. Produzione orale guidata.

Procedura: dopo aver richiamato l'attenzione degli AAA sugli esponenti linguistici presenti nelle nuvolette, l'I forma dei piccoli gruppi e li esorta a confrontarsi sulla tutela dell'ambiente. Al termine del compito sarà interessante condividere in plenaria le idee emerse durante le varie discussioni.

B Oggi finalmente si va al supermercato con il carrellino

1 Obiettivo: parlare delle proprie abitudini quando si fa la spesa.

Procedura: l'I agevola un confronto in plenaria e, avvalendosi del supporto iconico, anticipa parte del lessico presente nel testo dell'attività 2, rendendone così più immediata la successiva comprensione.

2 Obiettivo: comprendere analiticamente un testo scritto di carattere informativo.

Procedura: la lettura dell'articolo, già introdotto tematicamente con l'attività precedente, viene finalizzata all'individuazione delle affermazioni vere o false a esso correlate. In fase di *feedback* gli AAA dovranno motivare le loro risposte in plenaria.

Soluzioni: 1V, 2F, 3V, 4F, 5V, 6V, 7F

3 Obiettivo: focalizzare l'attenzione sul *si* impersonale e ricavarne la regola d'uso.

Procedura: l'I si attiene alla consegna del manuale e sfrutta le frasi tratte dal testo dell'attività 2 per condurre una riflessione analitica sull'uso del *si* impersonale. In questo modo guiderà gli AAA nel completamento delle affermazioni sottostanti.

Soluzioni: In Italia si cerca di diminuire la produzione di rifiuti. In passato si usciva di casa con il borsellino in mano. Si andava al supermercato a fare la spesa. Un giorno si è deciso di far pagare i sacchetti disponibili nei supermercati. Oggi finalmente si va al supermercato con il carrellino o la borsa di tessuto. Da poco nei supermercati si è iniziato a mettere i primi erogatori di prodotti sfusi. Si fa attenzione al contenitore. Questo significa che si è più sensibili ai problemi dell'ambiente. Si può fare di più. **1**b, **2**a, **3**b, **4**a, **5**a

4 Obiettivo: esercitare l'uso del *si* impersonale.

Procedura: attraverso un semplice abbinamento dell'incipit di ciascuna frase alla sua parte conclusiva, gli AAA esercitano l'uso del *si* impersonale. In fase di *feedback* la lettura di ogni frase verrà affidata a uno studente diverso, prediligendo una presa di parola spontanea.

Soluzioni: 1c, 2a, 3e, 4b, 5d

5 Obiettivo: parlare della tutela dell'ambiente nel proprio Paese d'origine. Produzione orale guidata.

Procedura: attraverso l'utilizzo degli esponenti linguistici presenti nelle nuvolette gli AAA si confronteranno sulla tutela dell'ambiente nel loro Paese d'origine. Quest'attività può essere svolta in plenaria o in piccoli gruppi. In quest'ultimo caso sarà cura dell'I raggruppare studenti con diverse provenienze geografiche, in modo che il confronto tra loro sia più stimolante.

C Ma qui come funziona la raccolta differenziata?

1 Obiettivo: comprendere globalmente un testo informativo (guida rapida alla raccolta differenziata).

Procedura: l'I introduce il tema della raccolta differenziata chiedendo agli AAA se esiste anche nei loro Paesi d'origine e se è un'usanza consolidata. Successivamente l'I favorisce una lettura individuale e silenziosa finalizzata all'inserimento nella guida delle parole mancanti. Per svolgere l'attività, gli AAA potranno avvalersi dell'apparato iconografico presente nel testo, che sarà senz'altro utile ad agevolarne la comprensione.

Soluzioni: organico, plastica, carta e cartone, vetro e metalli, residuo

2 Obiettivo: comprendere analiticamente un testo informativo (guida rapida alla raccolta differenziata).

Procedura: la lettura è volta all'individuazione nel testo delle informazioni utili a completare le frasi proposte. A seconda del grado di difficoltà riscontrato dall'I nell'attività precedente, la modalità di svolgimento del lavoro potrà prevedere il ricorso al singolo studente o a una coppia. Nella fase di *feedback* l'I provvederà alla verifica dei completamenti e allo scioglimento di eventuali nodi lessicali.

Soluzioni: 1 sacco trasparente giallo ben chiuso, **2** il vetro e i metalli, **3** l'organico, **4** le pile esauste, **5** la plastica, **6** la carta e il cartone, **7** il residuo, **8** servizio gratuito a domicilio, **9** 5.00 alle ore 8.00, **10** sede del SIA

3 Obiettivo: comprensione orale analitica.

Procedura: l'I introduce l'ascolto avvalendosi dell'immagine presente sul lato destro della pagina. La comprensione della porzione testuale sarà misurata sulla scorta delle affermazioni da valutare attraverso il *vero/falso*, la cui correzione avverrà in plenaria, sotto la guida dell'I.

Soluzioni: 1V, 2F, 3V, 4V, 5F, 6V, 7F, 8F

4 Obiettivo: informarsi su come si fa qualcosa; dare istruzioni; chiedere conferma; informarsi sui costi. Comprensione orale analitica.

Procedura: attraverso il secondo ascolto e il completamento di alcune frasi gli AAA focalizzano l'attenzione sulle funzioni comunicative presenti nel dialogo. Durante la correzione in plenaria l'I si sincererà che i completamenti siano corretti e sottolineerà alla lavagna gli esponenti linguistici emersi.

Soluzioni: 1 come si fa, dove butti; **2** Devi buttare; **3** vero; **4** quanto costa, quanto devo pagare

5 Obiettivo: informarsi su come si fa la raccolta differenziata; dare istruzioni sulla raccolta differenziata. Produzione orale guidata.

Procedura: l'I forma le coppie e si attiene alla consegna del manuale. Per dare istruzioni sulla raccolta differenziata gli AAA possono avvalersi delle informazioni contenute nella guida dell'attività 1. Per la verifica del compito l'I girerà tra i banchi supervisionando con discrezione gli scambi dialogici e intervenendo solamente per chiamata o in caso di difficoltà.

6 Obiettivo: focalizzare l'attenzione sui pronomi dimostrativi *ciò* e *quello* e sul pronome relativo *cui*.

Procedura: l'I invita gli AAA a leggere le frasi in cui sono esemplificati i diversi usi dei pronomi dimostrativi *ciò* e *quello* e del pronome relativo *cui*. La lettura attenta delle frasi agevolerà gli studenti nella successiva ricostruzione induttiva della regola. L'attività può essere svolta a coppie, in modo che gli AAA abbiano un primo confronto sulle loro ipotesi e successivamente le esprimano, partecipandole al resto della classe.

Soluzioni: 3, 4, 1, 2

7 Obiettivo: esercitare l'uso dei pronomi dimostrativi *ciò* e *quello* e del pronome relativo *cui*.

Procedura: attraverso un esercizio di abbinamento gli AAA devono ricostruire l'ordine di alcune frasi sulla raccolta differenziata, in cui sono contenuti i pronomi introdotti nell'attività 6. Durante la correzione in plenaria, preferibilmente preceduta da un breve confronto a coppie, l'I affiderà la lettura di ciascun item a uno studente diverso.

Soluzioni: 1b, 2a, 3g, 4e, 5h, 6d, 7f, 8c

8 Obiettivo: parlare della raccolta differenziata. Produzione orale libera.

Procedura: in una classe plurilingue l'I suddividerà gli AAA in piccoli gruppi (3/4 studenti) disomogenei per provenienza, invitando gli studenti a parlare della raccolta differenziata relativamente alla loro famiglia e ai loro Paesi di origine, favorendo così il confronto interculturale. In una classe linguisticamente omogenea, invece, l'I svolgerà più proficuamente l'attività in plenaria. Al termine della discussione, comunque, l'I raccoglierà le informazioni più importanti emerse durante l'interazione e le riporterà alla lavagna per la messa in comune.

Progettiamolo insieme

1 Obiettivo: raccogliere materiale informativo e fotografico sul territorio circostante.

Procedura: quest'attività può essere svolta in classe (se si dispone di una connessione Internet o di materiale cartaceo che permetta agli AAA di svolgere agevolmente la ricerca) oppure a casa. In entrambi i casi può essere declinata in vari modi dall'I, a seconda del contesto in cui si trova a operare. Infatti, nel caso in cui il compito venga proposto a una classe che studia l'italiano come lingua straniera, l'ambiente su cui raccogliere materiale informativo e fotografico sarà verosimilmente quello in cui vivono gli studenti; invece, qualora si lavori con studenti di varia provenienza in Italia, quest'ultimi verranno invitati a fare una ricerca sull'ambiente della città/regione italiana in cui si trovano a studiare. Questa ricerca sarà utile per lo svolgimento dell'attività successiva.

2 Obiettivo: realizzare un programma per la tutela dell'ambiente.

Procedura: una volta terminata la ricerca (attività 1), gli AAA metteranno insieme le informazioni raccolte e, in piccoli grup-

UNITÀ 6 | Si può fare di più!

pi, dovranno provare ad amministrare il territorio in cui si trovano, scrivendo un programma utile alla tutela dell'ambiente. Successivamente i vari programmi verranno presentati alla classe e l'esposizione degli studenti potrà proficuamente avvalersi di una presentazione su supporto informatico. Per rendere ancora più stimolante il compito, l'I può decidere di premiare (attraverso una votazione collettiva) il gruppo che ha realizzato il programma migliore.

SAPERE LA LINGUA

Pronuncia e grafia

1 e 2 Obiettivo: percepire, discriminare, scrivere correttamente e imitare il suono consonantico /kw/.

Procedura: l'I, prima di dare avvio all'esercizio, avrà cura di presentare la corretta pronuncia del suono in oggetto. Si atterrà poi alla consegna del manuale e, in fase di *feedback*, per testare l'avvenuta comprensione, può chiedere agli AAA se conoscono altre parole contenenti il suono succitato. A conclusione dell'attività l'I proporrà nuovamente la traccia e inviterà gli AAA all'imitazione del modello. Se questi esercizi e i seguenti verranno svolti in un laboratorio linguistico, l'I potrà delegare la gestione dell'imitazione agli AAA, che così registreranno, ascolteranno e miglioreranno le loro prove linguistiche, contando all'occorrenza sull'intervento mirato e personalizzato dell'I.

Soluzioni: 1 acqua, 2 scuola, 3 cuore, 4 quando, 5 quello, 6 quindi, 7 inquina, 8 ovunque, 9 cuoco, 10 quadro

3 Obiettivo: completare la regola relativa all'ortografia del suono consonantico /kw/.

Procedura: l'I, attenendosi alla consegna del manuale, agevolerà il completamento della regola relativa alla corretta grafia del suono /kw/, reso in italiano sia dalla sequenza grafematica fissa *qu-*, seguita da una vocale, sia dalla sequenza *cu-*, sempre seguita da vocale. In base alle difficoltà riscontrate nella classe l'I deciderà se fornire ulteriori esempi, dal momento che l'identità del valore fonologico di *qu-* e *cu-* nella lingua italiana crea generalmente notevoli difficoltà nella scrittura delle parole interessate dal fenomeno, mancando una regola predittiva che faccia propendere per l'uno o l'altro grafema.

Soluzioni: q, c, u

4 e 5 Obiettivo: percepire, discriminare, scrivere correttamente e imitare il suono consonantico /l/.

Procedura: gli esercizi mirano alla presentazione delle varianti combinatorie relative al suono consonantico /l/, seguito da /tʃ/ e /dʒ/, ossia alla differente realizzazione fonica della consonante, influenzata dai fonemi adiacenti che determinano un cambiamento del punto di articolazione del fonema presentato. L'I avrà cura di enfatizzare il fenomeno attraverso una lettura espressiva e scandita delle parole, poiché la sfumatura linguistica in questione non è facilmente percepibile da un orecchio straniero. In un secondo momento proporrà l'imitazione del modello. Se l'esercizio verrà svolto in un laboratorio linguistico, l'I potrà delegare la gestione dell'imitazione agli AAA, che così registreranno, ascolteranno e miglioreranno le loro prove linguistiche, contando all'occorrenza sull'intervento mirato e personalizzato dell'I.

Soluzioni: 1 Maddalena, 2 Dolomiti, 3 pile, 4 sole, 5 tutela, 6 dolci, 7 sfalci, 8 fulgido, 9 pulcino, 10 calci

6 Obiettivo: completare la regola relativa alla pronuncia del suono consonantico /l/.

Procedura: l'I, attenendosi alla consegna del manuale, agevolerà il completamento della regola relativa alla corretta pronuncia del suono /l/ che, sebbene venga trascritto dal solo grafema *l*, presenta in italiano una differente realizzazione fonica se seguito dai suoni /tʃ/ e /dʒ/.

Soluzioni: dolci, fulgido

7 e 8 Obiettivo: percepire, discriminare, scrivere correttamente e imitare il suono consonantico /n/.

Procedura: l'esercizio vuole presentare il caso più complesso di allofonia nella lingua italiana, rappresentato dal fonema /n/. Come per la procedura precedentemente descritta, l'I punterà all'individuazione della differente realizzazione fonica della consonante, determinata dai fonemi adiacenti che causano il cambiamento del punto di articolazione abituale del fonema /n/. Anche in questo caso sarà utile che l'I enfatizzi il fenomeno attraverso una lettura marcata delle parole, poiché la sfumatura linguistica in questione non è facilmente percepibile da un orecchio straniero. L'esercizio di imitazione verrà svolto più proficuamente in un laboratorio linguistico, in modo che l'I potrà delegare la gestione dell'attività agli AAA, che così registreranno, ascolteranno e miglioreranno le loro prove linguistiche, contando all'occorrenza sull'intervento mirato e personalizzato dell'I.

Soluzioni: 1 natura, 2 numero, 3 necessità, 4 indirizzo, 5 informazioni, 6 inverno, 7 vincere, 8 angelo, 9 ancora, 10 ingombrante

9 Obiettivo: completare la regola relativa alla pronuncia del suono consonantico /n/.

Procedura: l'I, attenendosi alla consegna del manuale, agevolerà il completamento della regola relativa alla corretta pronuncia del suono /n/ che, sebbene venga trascritto dal solo grafema *n*, presenta in italiano una differente realizzazione fonica se seguito dai suoni /f/, /v/, /tʃ/, /dʒ/, /k/ e /g/.

Soluzioni: informazioni, inverno, vincere, angelo, ancora, ingombrante

10 Obiettivo: percepire, discriminare e scrivere correttamente alcune parole della lingua italiana.

Procedura: il completamento del racconto è mirato a consolidare la corretta pronuncia e l'ortografia relativa ai fenomeni precedentemente presentati. L'I avrà cura di riproporre l'ascolto un numero di volte sufficiente alla realizzazione del compito e, nel caso in cui l'attività venga svolta in un laboratorio linguistico, affiderà agli AAA l'intera gestione dell'esercizio. La correzione in plenaria fornirà un'ulteriore occasione di confronto sugli aspetti enfatizzati e permetterà all'I di dare eventuali delucidazioni in merito.

Soluzioni: invernale, niente, bianca, lunga, informazioni, natura, montano, quando, naturali, grande, tutela, quando, quei, possibilità, Dolomiti, fulgidi, acque dolci, ovunque, quasi, inquinamento, alcune, indirizzi, quelle, quello, cuore, convinta, quella

Si può fare di più! **UNITÀ 6**

Leggere

1 Obiettivo: abbinare alcune immagini relative a fiori e animali presenti nell'ambiente naturale italiano alla didascalia corrispondente.
Procedura: l'I, attraverso l'esercizio di abbinamento e la sua correzione, introdurrà gli AAA all'argomento del testo sulla biodiversità in Italia. Questo primo contatto con il tema affrontato permetterà di sondare le eventuali preconoscenze degli studenti in fatto di ambiente naturale italiano e di far emergere il lessico noto dell'ambito naturalistico.

Soluzioni: 1D, 2B, 3E, 4A, 5G, 6H, 7F, 8C

2 Obiettivo: comprendere analiticamente un testo descrittivo sulla biodiversità in Italia (articolo web divulgativo).
Procedura: l'attività di analisi lessicale del testo proposto può essere condotta in coppia, in modo che, collaborativamente e mettendo in comune le conoscenze e le competenze di ciascuno studente, si attui una negoziazione di significati relativamente ai termini e alle espressioni sottolineate. In questa fase l'I supervisionerà il corretto svolgimento del compito, assicurando la sua presenza vigile e discreta, intervenendo solo per chiamata o in caso di difficoltà.
Al termine dell'attività potrà essere proficuo soffermarsi ulteriormente su alcuni passaggi del testo, chiedendo agli AAA di presentare le spiegazioni avanzate in coppia o individualmente al gruppo-classe, che interverrà a sua volta per ribadire, modificare o proporre alternative in merito.

Soluzioni: 1 la biodiversità, 2 custode, 3 una moltitudine, 4 la flora, 5 la fauna, 6 eterogeneo, 7 ponte, 8 in prevalenza

3 Obiettivo: reimpiegare in contesto il lessico relativo all'ambiente naturale.
Procedura: l'I spiegherà agli AAA che dovranno completare le frasi proposte con le parole precedentemente analizzate. In questa fase del lavoro sul lessico sarà utile far lavorare gli studenti singolarmente, in modo da valutare quanto sia stato recepito del testo precedente e quanto sia sviluppata la capacità di riutilizzare produttivamente i termini appresi.

Soluzioni: 1 fauna, flora; 2 custode, moltitudine; 3 eterogeneo

4 Obiettivo: comprendere analiticamente un testo descrittivo sulla biodiversità in Italia (articolo web divulgativo).
Procedura: anche per quest'attività di comprensione testuale l'I opterà per una modalità di lavoro singola. In fase di verifica del compito avrà cura di intervenire sulle eventuali criticità lessicali ancora irrisolte e fornirà agli AAA ulteriori spunti di riflessione e approfondimento.

Soluzioni: 1 L'Italia accoglie più di un terzo dell'intera fauna europea. 2 L'86% della fauna italiana è terrestre o d'acqua dolce. 3 Gli insetti. 4 Perché queste specie si trovano esclusivamente in Italia. 5 Per la posizione geografica. 6 È stretto e lungo, in prevalenza montano-collinare, eterogeneo per clima, forma, composizione ed è per buona parte circondato dal mare. 7 L'Italia fa da ponte tra l'Europa centrale e il Nord dell'Africa.

5 Obiettivo: raccontare le proprie esperienze a contatto con l'ambiente naturale italiano. Produzione orale guidata.
Procedura: il momento di confronto in piccoli gruppi, supervisionato dall'I, sarà utile per riutilizzare in contesto il bagaglio lessicale appreso e per parlare delle proprie esperienze circa gli ambienti naturali italiani.

Ascoltare

1 Obiettivo: commentare un'immagine di sensibilizzazione al problema dei rifiuti.
Procedura: la fase preparatoria all'ascolto dell'intervista sul tema dei rifiuti e del riciclo presenta come stimolo centrale un'immagine di sensibilizzazione al problema. Gli AAA, guidati dall'I, esterneranno una loro personale interpretazione del disegno, facendo emergere le preconoscenze relative a questo ambito.

2 Obiettivo: comprendere analiticamente un'intervista radiofonica.
Procedura: la comprensione dell'intervista viene testata attraverso un esercizio a scelta multipla. Durante l'esecuzione del compito l'I avrà cura di monitorare le difficoltà e le incertezze degli AAA, riproponendo più volte l'ascolto (se necessario) e favorendo un confronto tra pari prima della verifica.

Soluzioni: 1a, 2b, 3a, 4b, 5b, 6a, 7b

Scrivere

1 e 2 Obiettivo: raccogliere informazioni sulla posizione geografica e sull'ambiente naturale del proprio Paese d'origine; presentare la posizione geografica e l'ambiente naturale del proprio Paese d'origine. Produzione scritta guidata.
Procedura: per le caratteristiche dell'attività, volta a reperire dati e informazioni puntuali sul proprio Paese d'origine relativamente al suo ambiente naturale, gli AAA dovrebbero avere la possibilità di accedere alla rete Internet, in modo da rintracciare i contenuti necessari sotto forma di varie tipologie (video, immagini, articoli, fotografie). Nel caso in cui in classe sia possibile formare gruppi di lavoro omogenei quanto a provenienza, l'I opterà per una modalità di lavoro in piccoli gruppi, altrimenti lascerà che gli AAA affrontino singolarmente il compito. Per la sua restituzione l'I potrà organizzare una visione in classe degli elaborati, incentivando una loro presentazione attraverso il computer e assegnando un tempo massimo per ogni singolo intervento.

Parlare

1 Obiettivo: esprimere il proprio punto di vista riguardo all'ambiente naturale e alla sua tutela. Produzione orale libera.
Procedura: l'I farà in modo che si instaurino i presupposti per un confronto in plenaria sui temi offerti dagli spunti del manuale: creazione di un *setting* che faciliti lo scambio di opinioni, presentazione di immagini e/o video che evochino le tematiche da affrontare, ecc. La conversazione dovrà convergere sui gesti quotidiani degli AAA finalizzati al risparmio di risorse e all'attuazione di un minor impatto ambientale. Sarà

UNITÀ 6 | Si può fare di più!

interessante rimarcare, qualora emergessero, eventuali differenze culturali rispetto al tema del rispetto dell'ambiente, in modo che ci sia fin da questa fase un'attenzione all'intercultura.

CIVILTÀ

Per saperne di più

1 e 2 Obiettivo: illustrare le principali fondazioni e associazioni operanti in Italia per la salvaguardia dell'ambiente; comprendere un testo scritto di carattere informativo; favorire un confronto interculturale attraverso la presentazione di organizzazioni ambientaliste operanti nel proprio Paese d'origine.

Procedura: l'I sceglierà, a seconda delle esigenze della classe e del tempo disponibile a lezione, se destinare la lettura del testo e l'attività di abbinamento a un lavoro in plenaria o a un compito a casa. Nel primo caso, in presenza di parole sconosciute o di difficile comprensione, l'I fornirà tutte le spiegazioni necessarie o ricorrerà alle risorse lessicali della classe. Lo svolgimento della seconda attività (la discussione riguardo le organizzazioni ambientaliste operanti nel proprio Paese d'origine) è strettamente correlato alla scelta dell'I circa la collocazione della precedente, in classe o a casa. Nel caso in cui entrambi i momenti si collochino a lezione: a) in una classe plurilingue l'I suddividerà gli AAA in piccoli gruppi (3/4 studenti) omogenei per provenienza, invitando gli studenti a rispondere alle domande relative ai loro Paesi di origine, favorendo così il confronto interculturale; b) in una classe linguisticamente omogenea l'I svolgerà più proficuamente l'attività in plenaria. Al termine della discussione, comunque, l'I raccoglierà le informazioni più importanti emerse durante l'interazione e le riporterà alla lavagna per la messa in comune. Se, al contrario, i materiali di questa sezione vengono destinati a una lettura a casa, la parte relativa alle domande sul confronto interculturale potrà costituire una guida per la stesura di un piccolo elaborato scritto da consegnare all'I, che sceglierà così o di correggerlo come compito personale o di destinarlo a una restituzione in classe attraverso la lettura e il successivo confronto fra studenti di diversa provenienza.

Soluzioni: 1D, 2A, 3B, 4C

Un luogo

3 e 4 Obiettivo: presentare un luogo simbolo della tutela dell'ambiente italiano (le Oasi Wwf); presentare alcuni luoghi simbolo della tutela dell'ambiente nel proprio Paese d'origine (le oasi naturalistiche). Comprensione scritta globale.

Procedura: prima di affidare agli AAA la lettura del breve testo descrittivo sulle Oasi Wwf, l'I inviterà gli AAA alla visione delle foto che corredano la pagina e che costituiscono un valido strumento di avvicinamento all'argomento affrontato. Guidando questa fase di confronto in plenaria, l'I si assicurerà che sia chiaro il significato del termine *oasi* e anticiperà il lessico utile alla comprensione dell'articolo. In un secondo momento l'I darà agli AAA il tempo necessario alla lettura del testo sulle oasi del Wwf presenti nel territorio italiano e successivamente rivolgerà alla classe alcune domande volte a testare l'avvenuta comprensione delle informazioni principali contenute nella descrizione. A questo punto chiederà agli AAA di presentare la situazione ambientale del proprio Paese d'origine, proponendo, in plenaria, le domande-guida riportate nel manuale, che favoriranno senz'altro un valido confronto interculturale.

Un personaggio

5, 6 e 7 Obiettivo: presentare la figura di un noto ambientalista italiano (Fulco Pratesi); comprendere un testo scritto di carattere informativo; favorire un confronto interculturale attraverso la presentazione di ambientalisti operanti nel proprio Paese d'origine.

Procedura: l'I dapprima chiederà agli AAA di commentare la frase di Fulco Pratesi «Sono ecologista, mi lavo ogni sette giorni». In questa fase potranno utilmente essere richiamati anche i comportamenti descritti in precedenza dagli AAA in fatto di risparmio delle risorse, in modo che l'esperienza e il punto di vista di ciascuno studente possa essere ricordato ed enfatizzato, accrescendo la motivazione ad apprendere e consolidando l'autostima. Successivamente l'I testerà l'avvenuta comprensione della presentazione di Fulco Pratesi e sanerà eventuali criticità lessicali avanzate dagli studenti. L'ultima attività sarà consacrata al confronto interculturale, con la breve presentazione di personaggi noti per il loro impegno ambientalista nel proprio Paese d'origine.

Soluzioni: 1 È un giornalista, ambientalista, illustratore e politico italiano. 2 È nato nel 1934 a Roma. 3 Si è laureato nel 1960 in Architettura. 4 Perché si è reso conto che i suoi colleghi architetti danneggiavano l'ambiente con i loro progetti. 5 Ha fondato il Wwf Italia. 6 Numerosi parchi nazionali e riserve naturali in Italia e all'estero.

Un'opera

8 e 9 Obiettivo: presentare un'opera d'arte raffigurante il paesaggio italiano (*L'adorazione dei Magi* del Perugino). Comprensione scritta globale. Favorire un confronto interculturale attraverso la presentazione di un'opera d'arte raffigurante il paesaggio del proprio Paese d'origine.

Procedura: per le modalità di svolgimento delle attività si consulti la descrizione delle attività 1 e 2.

Un video

1 Obiettivo: comprendere analiticamente un video espositivo.

Procedura: l'I propone agli AAA la visione del video, finalizzandola alla comprensione dei dati utili a stabilire se le affermazioni date siano vere o false. Pertanto presenterà il video un numero di volte sufficiente a garantire la formulazione delle ipotesi da parte degli studenti. La verifica in plenaria, guidata dall'I, potrà agevolmente avvalersi dell'intervento diretto degli AAA e di una riproposizione del video "a tappe": nel momento in cui si ascolterà un'informazione utile, gli studenti chiederanno di fermare la visione e verificheranno la correttezza della loro risposta.

Soluzioni: aV, bF, cV, dV, eF, fF

2 Obiettivo: comprendere analiticamente un video espositivo.

Procedura: con una nuova visione del video gli AAA devono raccogliere dati sufficienti a rispondere alla consegna. Un confronto a coppie sulle risposte fornite sarà utile per far acquisire maggiore sicurezza agli studenti, in vista della successiva correzione in plenaria.

Soluzioni: **1** non usando troppe cose inutili, **2** attraverso il riuso e il riciclo, **3** facendo attenzione quando si fa la spesa, **4** usando le buste di stoffa per fare la spesa, **5** comprando cibi non imballati

3 Obiettivo: parlare dei diversi tipi di spesa; descrivere le proprie abitudini riguardo alla spesa.

Procedura: dopo aver lasciato agli AAA il tempo necessario per rispondere alle domande in modo individuale, l'I guida un confronto in plenaria sulle risposte date.

4 Obiettivo: proporre interpretazioni sul significato di una frase del video.

Procedura: in base a quanto riportato nel video gli AAA fanno delle ipotesi sul significato della frase «Allora il mondo è tutto attaccato».
Quest'attività può essere svolta in modo individuale o, se si vuole favorire una negoziazione dei significati, attraverso un confronto in piccoli gruppi. In tal caso l'I può prevedere una restituzione in plenaria durante la quale verrà premiato il gruppo che fornirà la spiegazione migliore.

Unità 7 - Chi sarà stato?

Campo d'azione	Il mondo dell'informazione
Obiettivi comunicativi	- Parlare delle proprie abitudini rispetto a giornali e riviste (A) *Se non leggo ogni giorno almeno un paio di quotidiani, tipo «il Corriere della Sera» e «la Repubblica», e «l'Espresso» una volta a settimana, mi sento fuori dal mondo.* *Io leggo un po' di tutto: «la Repubblica», la «Gazzetta di Parma», «Il Sole 24 ORE», «l'Espresso», «La cucina italiana».* - Parlare di avvenimenti futuri (A) *Tra pochi giorni partiranno i lavori per la costruzione del nuovo palazzetto dello sport.* - Esprimere un'incertezza rispetto al presente o al futuro (A) *Sarà Turrisi il nuovo sindaco di Parma?* *Dove sarà Samuele?* - Formulare una supposizione rispetto al presente o al futuro (A) *Probabilmente sarà in coda da qualche parte e arriverà tra poco.* - Parlare di più azioni future, mettendole in ordine temporale. (C) *Gli agenti non si esprimeranno finché non avranno individuato il responsabile.* - Esprimere un'incertezza rispetto a un avvenimento passato (C) *Chi sarà stato?* *Dove avrà nascosto il bottino?* - Esprimere una supposizione rispetto a un avvenimento passato (C) *Forse sarà stato qualcuno che si trovava già dentro al museo.*
Obiettivi lessicali	- I giornali (*il quotidiano nazionale, il quotidiano locale, il quotidiano sportivo, il quotidiano economico, la rivista di attualità, la rivista femminile, la rivista di auto e moto, la rivista di enigmistica, la rivista di cucina, la rivista di turismo e viaggi, la stampa locale, l'inserto, il settimanale, il mensile*) - Come comprare o consultare il giornale (*l'abbonamento, il giornale on-line, l'edicola*) - Le rubriche del giornale (*Cronaca, Cultura, Economia, Politica, Scienze, Sport*) - La cronaca nera (*il furto, la caccia ai ladri, gli investigatori, il sopralluogo, il bottino, i fumogeni, le indagini, il complice, le persone sospette, la Polizia*) - Le parole delle supposizioni (*forse, magari, chissà, probabilmente*)
Obiettivi grammaticali	- Il futuro semplice - Il futuro anteriore - Le congiunzioni coordinative - Le congiunzioni subordinative
Obiettivi fonologici	- L'accentazione dei monosillabi con doppio valore grammaticale
Obiettivi socioculturali	- I principali giornali italiani - Un luogo simbolo del giornalismo italiano: via Solferino 28 a Milano - Un noto giornalista italiano: Enzo Biagi - I romanzi d'appendice italiani - Un video: *L'edicolante*

VIVERE LA LINGUA

1 Esercizio di abbinamento.

Obiettivo: presentare alcuni quotidiani e riviste italiani.

Procedura: L'I chiede agli AAA di osservare i quotidiani e le riviste italiani presenti nella pagina. Successivamente esorta la classe ad abbinare le foto alla relativa didascalia. Segue una correzione in plenaria: l'I legge il numero e gli AAA, a turno, dicono la lettera corrispondente. In questa fase è utile introdurre la differenza tra quotidiani (pubblicati tutti i giorni) e le riviste (pubblicate periodicamente: una volta a settimana, una volta ogni quindici giorni, una volta al mese, ecc.).

Soluzioni: 1A, 2F, 3G, 4H, 5I, 6C, 7L, 8B, 9D, 10E

2 Esercizio di produzione orale.

Obiettivo: parlare delle proprie preferenze riguardo ai quotidiani e alle riviste italiani.

Procedura: l'I agevola un confronto in plenaria durante il quale gli AAA esprimono, motivandole, le proprie preferenze a proposito dei quotidiani e delle riviste presentati precedentemente. Se possibile, si consiglia di portare in classe i vari tipi di giornale, in modo che gli studenti possano toccarli con mano, rendersi conto da vicino delle loro caratteristiche ed esprimere più agevolmente i propri gusti.

A Dove sarà Samuele?

1 Obiettivo: descrivere un disegno e fare inferenze sui soggetti raffigurati.

Procedura: l'I invita gli AAA a osservare attentamente il disegno, che costituisce l'espediente per introdurre l'argomento del testo che segue; farà dunque in modo che gli studenti inferiscano il rapporto tra i soggetti raffigurati, la loro personalità, i loro gusti in fatto di giornali, ecc. L'ascolto del dialogo consentirà la verifica delle ipotesi scaturite durante la discussione in plenaria.

2 Obiettivo: comprensione orale globale.

Procedura: il primo ascolto del dialogo, già introdotto tematicamente con l'attività precedente, viene finalizzato alla verifica delle ipotesi avanzate dagli studenti.

3 Obiettivo: comprensione orale analitica.

Procedura: attraverso il secondo ascolto gli studenti devono inserire in una tabella i dati richiesti. L'audio verrà riproposto un numero di volte sufficiente al completamento dell'attività.

Soluzioni: il nonno La Settimana Enigmistica, il Corriere della Sera, la Repubblica, l'Espresso; **la mamma** la Repubblica, Donna Moderna; **Lorenzo** Il Sole 24 ORE, Quattroruote, La Gazzetta dello sport, Bell'Italia; **Lisa** la Repubblica, la Gazzetta di Parma, Il Sole 24 ORE, l'Espresso, La cucina italiana

4 Obiettivo: parlare delle proprie abitudini rispetto a giornali e riviste. Produzione orale libera.

Procedura: l'attività può essere organizzata in due fasi di lavoro distinte. In un primo momento, in una dimensione di gruppi ristretti, gli AAA potranno confrontarsi attorno ai temi delineati nelle domande-stimolo, adducendo le proprie argomentazioni a sostegno della posizione espressa. Successivamente, in plenaria, l'I agevolerà una discussione sulle varie argomentazioni avanzate dai singoli gruppi, in modo che si possano enucleare le affinità e le differenze presenti nel gruppo-classe in merito agli aspetti trattati.

5 Obiettivo: focalizzare l'attenzione sul valore temporale e modale del futuro semplice e ricavarne la regola d'uso.

Procedura: in quest'attività di analisi testuale il lavoro degli AAA è agevolato dall'estrapolazione di alcune frasi dal dialogo proposto precedentemente, sulla base della loro prototipicità rispetto al dato linguistico esaminato. Gli enunciati riportati nella tabella andranno assegnati al descrittore valido, che fornisce indicazioni rispetto al valore (temporale o modale) espresso dai verbi. Terminata questa prima parte del compito, gli AAA avranno gli strumenti necessari per completare l'affermazione presente sotto la tabella. L'attività può essere proposta come lavoro singolo, ma si consiglia di promuovere la consultazione di un compagno prima della verifica finale.

Soluzioni: valore temporale Tra pochi giorni partiranno i lavori per la costruzione del nuovo palazzetto dello sport. Quando cominceranno ci sarà un sacco di rumore. Quando sarai una giornalista famosa, ricordati di me. **valore modale** Sarà Turrisi il nuovo sindaco di Parma? Non avrà il cellulare con sé. Forse non ci crederai. Dove sarà Samuele? Chissà che cosa starà facendo in questo momento! Magari starà dormendo! Probabilmente sarà in coda da qualche parte e arriverà tra poco; incertezze o supposizioni al presente o al futuro

6 Obiettivo: formulare una supposizione rispetto al presente o al futuro. Produzione scritta guidata.

Procedura: gli AAA sono chiamati all'applicazione della regolarità presentata attraverso il completamento di alcuni mini dialoghi. Le battute dovranno essere formulate in base alle proprie supposizioni rispetto alle situazioni presentate. Il compito può essere svolto in coppia e, durante il *feedback* in plenaria, l'I verificherà le varie ipotesi avanzate dagli studenti per ciascuna situazione.

7 Obiettivo: formulare una supposizione rispetto al presente o al futuro. Produzione orale libera.

Procedura: l'I forma le coppie e invita gli AAA a fare delle supposizioni su cinque persone che non sono presenti in classe. Durante il *feedback* in plenaria gli AAA dovranno dapprima specificare la persona a cui hanno pensato e poi condividere con il resto della classe le loro ipotesi. Se si tratta di persone che anche gli altri AAA conoscono, sarà utile verificare se condividono le ipotesi avanzate. In caso contrario dovranno formulare una nuova supposizione.

B In arrivo una sfilata di stelle e la prima sarà Panstarrs

1 Obiettivo: abbinare alcuni titoli e sottotitoli alla giusta rubrica del giornale.

Procedura: attraverso quest'attività di *matching* gli AAA sono chiamati a individuare l'argomento generale di cui tratta ciascun articolo. In alcuni casi le foto agevoleranno la comprensione delle mini porzioni testuali. L'attività può essere proposta come lavoro singolo, ma si consiglia di promuovere la consultazione di un compagno prima della verifica in plenaria.

Soluzioni: 1D, 2C, 3E, 4F, 5B, 6A

2 Obiettivo: abbinare alcuni titoli e sottotitoli all'incipit dell'articolo corrispondente. Comprensione scritta globale.

Procedura: l'I inviterà gli AAA a una comprensione globale dei sei testi, agevolandone una lettura individuale e silenziosa (per favorire una maggiore concentrazione) e disincentivando l'uso del dizionario. Una fase di lavoro in coppia può essere prevista nella verifica delle ipotesi, ulteriormente vagliate in plenaria e con la guida dell'I, che potrà chiarire eventuali dubbi.

Soluzioni: 1F, 2A, 3E, 4D, 5C, 6B

3 Obiettivo: comprendere analiticamente alcuni articoli di giornale.

Procedura: dopo un'ulteriore lettura dei testi dell'attività precedente l'I invita gli AAA a completare la tabella con le informazioni richieste. La correzione del compito può essere affidata interamente agli studenti: uno pone la domanda (*chi? che cosa?* ecc.) e l'altro risponde in base all'articolo citato (articolo 1, articolo 2, ecc.). L'intervento dell'I sarà necessario solo per sciogliere eventuali dubbi o nodi lessicali.

Soluzioni: 1 Le industrie cinesi; hanno acquisito ditte europee; in Europa; nel 2012. **2** Il comitato direttivo; ha selezionato i 12 candidati al premio Strega; a Roma; –. **3** Senatori, deputati e delegati regionali; hanno iniziato a votare per eleggere il presidente della Repubblica; alla Camera; alle 10 in punto. **4** Un bambino; è stato dimenticato dai genitori; a un autogrill; durante una sosta notturna. **5** Panstarrs; sarà visibile; nel nostro cielo, il 9 e il 10 marzo.

UNITÀ 7 | Chi sarà stato?

4 Obiettivo: riassumere le idee principali di alcuni articoli di giornale.

Procedura: l'I si attiene alla consegna del manuale, invitando gli AAA a riassumere, a turno, il contenuto degli articoli letti in precedenza. Per lo svolgimento del compito è importante che gli AAA si servano esclusivamente delle informazioni schematiche riportate nella tabella dell'attività 3, senza poter leggere di nuovo i testi dell'attività 2, che si consiglia di far coprire. Se necessario, questi ultimi potranno essere consultati soltanto dallo studente della coppia che avrà il compito di ascoltare il riassunto del proprio compagno, al fine di verificare la correttezza delle informazioni restituite.

5 Obiettivo: focalizzare l'attenzione su alcune congiunzioni coordinative (*ma, o, cioè, né... né, e, anche, sia... sia*) e ricavarne la regola d'uso.

Procedura: attraverso l'analisi di alcune frasi estrapolate dai testi dell'attività 2, gli AAA riflettono sull'uso delle congiunzioni coordinative ivi presenti. Naturalmente, il procedimento induttivo di scoperta della regola verrà guidato dall'I che, all'occorrenza, aiuterà gli studenti nel completamento dell'affermazione presente nel riquadro. Successivamente si consiglia di attivare le conoscenze pregresse degli AAA, stimolandoli a ricordare altre congiunzioni coordinative (ad es. *però, tuttavia, oppure, pure, ossia,* ecc.) simili a quelle analizzate nell'attività.

Soluzioni: 1 ma, **2** o, o, **3** cioè, **4** né, né, **5** e anche, **6** sia, sia; e, ma, o, cioè, né... né, e anche, sia... sia

6 Obiettivo: esercitare l'uso di alcune congiunzioni coordinative (*ma, o, cioè, né... né, e, anche, sia... sia*).

Procedura: gli AAA devono ricostruire alcuni pezzi di articoli collegandoli tra loro con le congiunzioni coordinative proposte. L'attività è da svolgersi singolarmente, ma, prima della verifica in plenaria, si consiglia di favorire un confronto fra pari.

Soluzioni: 1 Il presidente della Repubblica piace agli italiani *e* convince i capi di Stato europei. **2** Le banche ridurranno i tassi di interesse *o* sceglieranno altre strade per far ripartire l'economia? **3** Il vincitore ha dichiarato di essere felice *ma* non è andato alla consegna del Premio Strega. **4** L'Inter cambia *sia* l'attaccante sia il portiere. **5** I poliziotti hanno iniziato le indagini e *anche* i carabinieri si sono messi subito al lavoro per ricostruire i fatti. **6** Questa è una scoperta davvero eccezionale, *cioè* la scoperta che gli scienziati speravano di fare da più di 100 anni. **7** Gli investigatori non hanno ancora scoperto *né* i responsabili del furto né il motivo per cui l'allarme non ha funzionato.

7 Obiettivo: scrivere il titolo e il sottotitolo di un articolo di giornale. Produzione scritta libera.

Procedura: l'I dà avvio all'attività favorendo un assetto interattivo in piccoli gruppi di 3-4 persone: ciascun gruppo dovrà osservare le foto tratte da alcuni articoli di giornale, fare delle supposizioni sul contenuto degli articoli e scrivere per ciascuna foto un titolo e un sottotitolo adatti. Per rendere maggiormente stimolante la messa in comune in plenaria, l'I può riportare le varie proposte degli AAA alla lavagna e promuovere una votazione per ciascun titolo/sottotitolo: vincerà il gruppo che avrà ottenuto il maggior numero di punti, avendo scelto i titoli/sottotitoli più adatti e originali.

C Chi sarà stato?

1 Obiettivo: fare delle ipotesi sul contenuto di un articolo di cronaca.

Procedura: quest'attività introduce alla lettura dell'articolo di cronaca e ne costituisce una necessaria fase preparatoria, tanto per l'individuazione dell'area tematica quanto per il richiamo del lessico a essa relativo. Gli studenti, divisi in coppie, dovranno fare delle ipotesi sul contenuto dell'articolo con l'aiuto degli elementi dati. Per la verifica dell'attività l'I girerà tra i banchi supervisionando con discrezione gli scambi tra gli AAA e intervenendo solamente per chiamata o in caso di difficoltà. Se lo riterrà opportuno, l'I può chiedere ad alcune coppie di volontari di esporre in plenaria le proprie ipotesi.

2 Obiettivo: comprendere globalmente un articolo di cronaca.

Procedura: l'I favorisce una lettura individuale e silenziosa finalizzata alla verifica delle ipotesi precedentemente avanzate.

3 Obiettivo: comprendere analiticamente un articolo di cronaca.

Procedura: gli AAA devono individuare nell'articolo le espressioni corrispondenti per significato alle spiegazioni date nell'attività. L'I sarà disponibile per opportuni chiarimenti lessicali.

Soluzioni: 1 il furto, **2** i fumogeni, **3** gli interrogativi, **4** gli investigatori, **5** sono al vaglio, **6** il complice, **7** le persone sospette, **8** temono, **9** sono offuscati, **10** la caccia ai ladri, **11** il bottino, **12** identificare, **13** hanno effettuato, **14** le indagini, **15** il sopralluogo

4 Obiettivo: comprendere analiticamente un articolo di cronaca.

Procedura: l'I propone, se necessario, una nuova lettura dell'articolo di cronaca, questa volta finalizzata all'individuazione delle informazioni utili a rispondere alle domande formulate. Nella fase di verifica l'I provvederà anche all'eventuale scioglimento di nodi lessicali rimasti oscuri.

Soluzioni: 1 I filmati del museo. **2** Perché probabilmente i ladri sono entrati nel museo qualche giorno prima e hanno effettuato un sopralluogo fingendosi turisti. **3** Perché hanno rubato soltanto alcune collane e hanno lasciato oggetti di valore ben più elevato. **4** Sono offuscate per l'effetto dei fumogeni accesi dai ladri. **5** Cerca chi ha aiutato i ladri.

5 Obiettivo: raccontare una notizia reale o immaginaria. Produzione orale libera.

Procedura: l'I si attiene alla consegna del manuale.

6 Obiettivo: focalizzare l'attenzione sul valore temporale e modale del futuro anteriore e ricavarne la regola d'uso.

Procedura: in quest'attività di analisi testuale il lavoro degli AAA è agevolato dall'estrapolazione di alcune frasi tratte dall'articolo dell'attività 2, sulla base della loro prototipicità rispetto al dato linguistico esaminato. Gli enunciati riportati nella tabella andranno assegnati al descrittore valido, che fornisce indicazioni rispetto al valore (temporale o modale) espresso dai verbi. Terminata questa prima parte del compito, gli AAA avranno gli strumenti necessari per completare le affermazioni presenti sotto la tabella. L'attività può essere proposta come lavoro singolo, ma si consiglia di promuovere la consultazione di un compagno prima della verifica finale.

Soluzioni: valore temporale Forse si troverà qualche elemento interessante per le indagini, non appena il lavoro sarà terminato. Gli agenti non si esprimeranno finché non avranno individuato il responsabile. **valore modale** Chi sarà stato? Dove avrà nascosto il bottino? I ladri saranno stati dei veri professionisti? Chi avrà aiutato i ladri? Forse sarà stato qualcuno che si trovava già dentro al museo. *essere, avere*, participio passato; temporale, modale; precedente; una supposizione

7 Obiettivo: consolidare le forme e l'uso del futuro anteriore nel suo valore temporale.

Procedura: prima di affidare il compito, l'I dovrà fornire alcune delucidazioni sugli enunciati da manipolare. In effetti la tabella riporta, sotto la classificazione "prima" e "poi", due distinte frasi, che andranno assemblate attraverso la congiunzione *dopo che*. Dovrà dunque essere specificato (attraverso l'esempio trascritto e commentato alla lavagna) che la prima informazione da utilizzare è quella contenuta sotto la colonna "poi" (al futuro semplice), mentre la frase contrassegnata dall'indicazione "prima" andrà inserita successivamente; l'anteriorità dell'azione sarà resa col ricorso sia al futuro anteriore sia alla congiunzione *dopo che*. Prima di dare l'avvio al lavoro, affidato al singolo studente, l'I potrà fornire ulteriori esempi e chiederne di nuovi alla classe per verificare il livello di comprensione raggiunto.

Soluzioni: 1 Gli agenti guarderanno con attenzione i filmati dopo che avranno ripulito le immagini. **2** I ladri nasconderanno il bottino dopo che saranno fuggiti. **3** Il direttore del museo parlerà con la Polizia dopo che avrà interrogato i suoi dipendenti. **4** Il complice dei ladri fingerà di collaborare con la Polizia dopo che avrà eliminato le prove. **5** I colpevoli andranno a vivere all'estero dopo che avranno venduto le collane.

8 Obiettivo: consolidare le forme e l'uso del futuro anteriore nel suo valore modale; fare ipotesi sull'accaduto muovendo da un'immagine. Produzione orale libera.

Procedura: l'attività di consolidamento del futuro anteriore nel suo valore modale potrà essere condotta sia *in plenum*, sotto la guida dell'I, sia in piccoli gruppi. In entrambi i casi dovrà essere l'I a dare l'*input* iniziale della conversazione, fornendo una cornice narrativa che dia un contesto alle domande della polizia e dia modo agli AAA di utilizzare le immagini come spunti per fare ipotesi. Tra le varie possibilità di contestualizzazione se ne suggerisce solo una a mo' d'esempio: *Ieri sera la signora Rossini è tornata a casa intorno a mezzanotte, dopo una serata a teatro. Entrando in casa ha trovato la porta aperta e un vero e proprio disastro: tutti i cassetti degli armadi rovesciati sul pavimento, oggetti e vestiti per terra. Controllando bene si è accorta che i ladri le hanno portato via moltissime cose: tutti i suoi gioielli, denaro, argenteria, ecc. A quel punto non le è rimasto altro che denunciare tutto alla polizia...*. Nel caso in cui l'attività venga condotta in piccoli gruppi di lavoro sarà sicuramente più stimolante affidare a ciascun componente un ruolo definito: il poliziotto, la signora Rossini, i vicini, un testimone, ecc.

9 Obiettivo: riconoscere le proposizioni principali e subordinate in una frase complessa.

Procedura: l'analisi del periodo prevede esclusivamente l'individuazione della proposizione principale e della proposizione subordinata da cui sono composte le frasi complesse. Affinché risulti chiaro il compito e si sciolgano eventuali dubbi sulle denominazioni inerenti alla metalingua, l'I introdurrà l'attività attraverso una serie di esempi. Fra i molti che possono essere utilizzati, si consiglia la citazione delle frasi prodotte dagli AAA nell'attività 7, in quanto verosimilmente vicine nella memoria e già analizzate.

Soluzioni: 1 (*principale*) Si analizzeranno le immagini dei giorni precedenti al furto, (*subordinata*) perché probabilmente i ladri sono entrati nel museo qualche giorno prima. **2** (*principale*) Pare di no, (*subordinata*) visto che hanno lasciato nel museo oggetti di valore ben più elevato. **3** (*subordinata*) Dopo che si saranno analizzati i filmati del museo, (*principale*) si riuscirà a dare una risposta a tutti questi interrogativi. **4** (*subordinata*) Siccome i video sono offuscati per l'effetto dei fumogeni accesi dai ladri, (*principale*) gli esperti stanno lavorando per ripulirli. **5** (*principale*) Forse si troverà qualche elemento interessante per le indagini, (*subordinata*) non appena il lavoro sarà terminato. **6** (*subordinata*) Mentre è in corso questa operazione, (*principale*) la Polizia indaga in direzioni diverse. **7** (*principale*) Gli agenti non si esprimeranno (*subordinata*) finché non avranno individuato il responsabile.

10 Obiettivo: riconoscere le congiunzioni subordinative in una frase complessa.

Procedura: l'I si attiene alla consegna del manuale; nella fase di *feedback* avrà cura di valutare l'esattezza delle ipotesi degli AAA e li stimolerà a ricordare altre congiunzioni subordinative a loro note. Eventualmente, in base al livello della classe, un momento di lezione partecipata potrà far emergere i valori delle congiunzioni citate.

Soluzioni: perché, visto che, dopo che, siccome, non appena, mentre, finché

11 Obiettivo: consolidare le forme e l'uso del futuro anteriore nel suo valore modale; fare ipotesi sull'accaduto muovendo da un'immagine. Produzione orale libera.

Procedura: seguendo le indicazioni del manuale, l'I affiderà il compito a piccoli gruppi (3/4 studenti). Per rendere più vario e motivante il lavoro di formulazione di ipotesi sull'accaduto, potranno essere forniti dall'I ulteriori spunti iconici.

Progettiamolo insieme

1 Obiettivo: progettare un giornale di classe; scrivere un breve articolo giornalistico.

Procedura: la prima parte del lavoro andrà affrontata a classe unita; l'I fornirà le indicazioni necessarie al suo compimento e ne detterà le tempistiche. Poiché la progettazione della testata giornalistica richiede sicuramente tempi lunghi, potrebbe essere più vantaggioso svolgere una prima fase di lavoro in classe e perfezionare poi il compito al di fuori dell'orario di lezione, sfruttando anche le potenzialità della rete Internet per creare progetti condivisi (forum, chat e wiki).

UNITÀ 7 | Chi sarà stato?

Anche la seconda fase del progetto (creazione di gruppi che curino una sezione, stesura di brevi articoli) potrà prevedere le due declinazioni lavorative descritte: quella tradizionale, svolta in classe, e quella affidata a un tempo successivo alla lezione, con l'ausilio delle TIC. Certamente la pervasività delle nuove tecnologie dell'informazione e della comunicazione, unitamente alla loro efficacia nell'agevolare questa tipologia di compito, dovrebbe indurre l'I a incentivare l'uso delle TIC in progetti analoghi, avvalendosene anche in prima persona per la fase di valutazione e di *feedback*.

SAPERE LA LINGUA

Pronuncia e grafia

1 e **2 Obiettivo:** presentare alcuni monosillabi italiani con doppio valore grammaticale; esplicitare la regola d'uso relativa all'accentazione dei monosillabi con doppio valore grammaticale.

Procedura: gli AAA verranno invitati a completare le frasi con i monosillabi mancanti. Attraverso ulteriori esempi forniti dagli AAA e opportune domande-stimolo l'I condurrà gli studenti all'esplicitazione della regola relativa all'accentazione delle parole monosillabiche con doppio valore grammaticale. Per ribadire ulteriormente tale norma, gli AAA leggeranno il testo che la descrive (esercizio 2), completandolo con i monosillabi della tabella, in modo da fornire un quadro più esaustivo della regola esplicitata.

Soluzioni: 1 1 Se, **2** sé, **3** Si, **4** Sì, **5** Ne, **6** né, né, **7** e, **8** è, **9** la, **10** là; **2** *e, là, né, sé, si, tè*

3 Obiettivo: consolidare la regola d'uso relativa all'accentazione dei monosillabi con doppio valore grammaticale.
Procedura: l'I si attiene alla consegna del manuale.

Soluzioni: 1 dà, **2** da, **3** e, **4** è, **5** lì, **6** li, **7** ne, **8** né, **9** sé, **10** Se, **11** si, **12** sì, **13** tè, **14** te

Leggere

1 Obiettivo: inferire dal titolo il contenuto di un articolo di cronaca.
Procedura: quest'attività introduce alla lettura dell'articolo e ne costituisce una necessaria fase preparatoria, tanto per l'individuazione dell'area tematica quanto per il richiamo del lessico a essa relativo. L'I affiderà questa fase a un momento di plenaria, incentivando gli AAA a esternare le loro ipotesi.

2 Obiettivo: comprendere globalmente un articolo di cronaca.
Procedura: l'I si attiene alla consegna del manuale.

3 Obiettivo: comprendere analiticamente un articolo di cronaca.
Procedura: l'I si attiene alla consegna del manuale.

Soluzioni: 1 Il signor Marcello è andato a rubare in un residence sorvegliato dal signor Paolo. **2** Il signor Marcello è stato arrestato dai carabinieri. **3** Perché era disoccupato. **4** Il signor Paolo ha scritto una lettera e l'ha fatta pubblicare su «Il Tirreno» per offrire un lavoro al signor Marcello. **5** Era felice e ha accettato l'offerta del signor Paolo.

Ascoltare

1 Obiettivo: esprimere il proprio punto di vista sul rapporto tra Internet e la stampa.
Procedura: la fase preparatoria all'ascolto dell'intervista è una domanda-stimolo da rivolgere alla classe in plenaria. L'I organizzerà pertanto un piccolo dibattito sul rapporto tra Internet e informazione, facendo delle domande specifiche, rispecchiando le risposte degli studenti, proponendo delle rielaborazioni e rilanciando l'argomento sotto differenti angolazioni. In questo modo gli AAA potranno confrontarsi e anticipare il lessico e i temi dell'intervista, senza tuttavia esserne condizionati.

2 Obiettivo: comprendere analiticamente un'intervista radiofonica.
Procedura: l'I si attiene alla consegna del manuale.

Soluzioni: 1 Ci sono colleghi che hanno capito che i lettori sono diventati dei collaboratori, dei commentatori e ci sono colleghi che sono terrorizzati. **2** Perché Internet permette di conoscere il numero delle persone che hanno letto un articolo. **3** Legge i blog, i forum e «il Corriere della Sera». **4** Quando aveva trent'anni leggeva dieci quotidiani di carta al giorno, adesso ne legge molto pochi. **5** Sono i lettori che trovano le notizie e gliele propongono.

3 Obiettivo: descrivere il proprio rapporto con il mondo dell'informazione. Produzione orale libera.
Procedura: l'I farà in modo che si instaurino i presupposti per un confronto in plenaria sullo spunto di conversazione offerto dal manuale: la propria posizione rispetto al mondo dell'informazione. Sarà interessante rimarcare, qualora emergessero, eventuali differenze culturali rispetto al tema dell'informazione e della sua diffusione, in modo che ci sia fin da questa fase un'attenzione rivolta all'intercultura.

Scrivere

1 Obiettivo: riassumere un articolo di cronaca. Produzione scritta guidata.
Procedura: nel caso in cui questa attività venga svolta in classe durante la lezione, sarà certamente più stimolante far scrivere agli AAA la composizione su singoli fogli, in modo che possa esserci poi una messa in comune degli elaborati in vista di una correzione tra pari. In alternativa l'I procederà al ritiro dei fogli per una correzione analitica del compito. In entrambi i casi un momento di *feedback* in plenaria sarà l'occasione per ribadire le tecniche di stesura di un riassunto e per valutare la bontà dei differenti elaborati prodotti.

Parlare

1 e **2 Obiettivo:** descrivere il proprio rapporto con il mondo dell'informazione e le proprie abitudini al riguardo. Produzione orale libera.
Procedura: in un primo momento l'I inviterà i singoli studenti a leggere gli spunti offerti dal manuale che stimolano una riflessione sul proprio rapporto col mondo dell'informazione e sulle abitudini riguardo i *media* utilizzati per reperire notizie.

Successivamente la classe lavorerà suddivisa in piccoli gruppi (di 3/4 studenti), in modo che all'interno di ciascun *team* gli AAA attivino un confronto fra le posizioni di ciascuno e si colgano differenze e affinità negli atteggiamenti legati all'informazione.

CIVILTÀ

Per saperne di più

1 e 2 Obiettivo: illustrare le principali testate giornalistiche italiane; comprendere un testo scritto di carattere informativo; favorire un confronto interculturale attraverso la presentazione delle principali testate giornalistiche presenti nel proprio Paese d'origine.

Procedura: l'I sceglierà, a seconda delle esigenze della classe e del tempo disponibile a lezione, se destinare la lettura del testo e l'attività di abbinamento a un lavoro in plenaria o a un compito a casa. Nel primo caso, in presenza di parole sconosciute o di difficile comprensione, l'I fornirà tutte le spiegazioni necessarie o ricorrerà alle risorse lessicali della classe. Lo svolgimento della seconda attività (la discussione riguardo alle testate giornalistiche del proprio Paese d'origine) è strettamente correlato alla scelta dell'I circa la collocazione della precedente, in classe o a casa. Nel caso in cui entrambi i momenti si collochino a lezione: a) in una classe plurilingue, l'I suddividerà gli AAA in piccoli gruppi (3/4 studenti) omogenei per provenienza, invitando gli studenti a rispondere alle domande relative ai loro Paesi di origine, favorendo così il confronto interculturale; b) in una classe linguisticamente omogenea, l'I svolgerà più proficuamente l'attività in plenaria. Al termine della discussione, comunque, l'I raccoglierà le informazioni più importanti emerse durante l'interazione e le riporterà alla lavagna per la messa in comune.

Se, al contrario, i materiali di questa sezione vengono destinati a una lettura a casa, la parte relativa alle domande sul confronto interculturale potrà costituire una guida per la stesura di un piccolo elaborato scritto da consegnare all'I, che sceglierà così o di correggerlo come compito personale o di destinarlo a una restituzione in classe attraverso la lettura e il successivo confronto fra studenti di diversa provenienza.

Soluzioni: 1A, 2D, 3H, 4C, 5E, 6B, 7F, 8I, 9G

Un luogo

3 e 4 Obiettivo: presentare un luogo simbolo dell'attività giornalistica (via Solferino 28 a Milano). Comprensione scritta globale. Favorire un confronto interculturale attraverso la presentazione delle principali testate giornalistiche presenti nel proprio Paese d'origine.

Procedura: per le modalità di svolgimento delle attività si consulti la descrizione precedente.

Soluzioni: 1V, 2F, 3V, 4F, 5V, 6F

Un personaggio

5 e 6 Obiettivo: presentare un noto giornalista italiano (Enzo Biagi). Comprensione scritta globale. Favorire un confronto interculturale attraverso la presentazione di giornalisti famosi del proprio Paese d'origine.

Procedura: per le modalità di svolgimento delle attività si consulti la descrizione delle attività 1 e 2.

Soluzioni: 3, 2, 1, 5, 4

Un'opera

7 e 8 Obiettivo: presentare un genere letterario (il romanzo d'appendice). Comprensione scritta analitica. Favorire un confronto interculturale attraverso la presentazione di un'opera letteraria del proprio Paese d'origine.

Procedura: per le modalità di svolgimento delle attività si consulti la descrizione delle attività 1 e 2.

Soluzioni: 1 Un romanzo che veniva pubblicato a puntate su un quotidiano o una rivista. **2** Tra la seconda metà dell'Ottocento e i primi decenni del Novecento. **3** Un principe malese protagonista delle opere dello scrittore Emilio Salgari. **4** È stata pubblicata il 7 luglio 1881 sul periodico per l'infanzia «Giornale per i bambini».

Un video

1 Obiettivo: formulare le domande di un'intervista.

Procedura: prima di guardare il video, gli AAA devono immaginare di intervistare un edicolante e scrivere almeno cinque domande sulla sua professione. Si tratta di un'attività individuale che mette in gioco la fantasia degli studenti e stimola la loro curiosità. Per questo compito non è previsto un *feedback* da parte dell'I.

2 Obiettivo: comprendere analiticamente un video espositivo.

Procedura: con la prima visione del video gli AAA verificano se le domande precedentemente formulate corrispondono in qualche misura a quelle realmente presenti nel video.

3 Obiettivo: comprendere analiticamente un video espositivo.

Procedura: l'I propone agli AAA una nuova visione del video, finalizzandola alla comprensione dei dati utili per rispondere alle domande poste. L'I sceglierà se sfruttare l'esercizio di comprensione analitica per una produzione orale in plenaria o se affidare le risposte degli AAA alla pagina scritta, in modo che gli studenti, durante la visione del video, prendano appunti e, successivamente, li rielaborino per formulare le frasi in risposta.

Soluzioni: a 25 anni; **b** Bologna; **c** 50 circa; **d** per i giornali on-line; **e** 4 o 5 anni; **f** il Carlino; **g** il Carlino e la Repubblica; **h** Effe, Diva Donna, Anna, Gioia, Grazia, Tu; **i** no; **l** gadget per le squadre, bibite, souvenir; **m** stare tra la gente; **n** le tante ore di lavoro

4 Obiettivo: parlare dei propri gusti in relazione ai giornali. Produzione orale libera.

Procedura: l'esercizio che conclude l'unità può essere svolto in plenaria e serve a testare quanto gli AAA sappiano riutilizzare produttivamente il lessico appreso in relazione ai giornali.

Unità 8 - Penso che sia necessario!

Campo d'azione	Opinioni, giudizi e valori	
Obiettivi comunicativi	- Esprimere un'opinione (A) *Penso che la conoscenza sia fondamentale per costruire la felicità.* *Credo che la felicità sia dentro di noi.* *Secondo me per essere felici è importante conoscere il mondo.* *Per me, ad esempio, vivere a contatto con la natura è fondamentale per stare bene ed essere felice.* - Esprimere una speranza (A) *Spero che sempre più persone abbiano il desiderio di imparare a conoscere le altre culture.* - Esprimere una paura (A) *Ho paura che questo non sia chiaro a tutti.*	- Esprimere un dubbio (A) *Dubito che sia possibile costruire un mondo di pace.* - Esprimere accordo (B) *Hai ragione!* - Esprimere disaccordo (B) *Ti sbagli!* - Esprimere e difendere il proprio punto di vista (C) *Se aiutiamo i bambini a vivere bene, possiamo sperare che il futuro sia migliore per tutti.* *Sono convinto che dobbiamo aiutare i più piccoli e i giovani a crescere senza paura, nella gioia e nella serenità.*
Obiettivi lessicali	- Le persone intorno a noi (*un amico, un parente, un conoscente, un collega, i cittadini, gli altri, l'umanità, i bambini, i sani, i malati, i ricchi, i poveri, i fortunati, gli sfortunati*) - Alcuni valori e principi morali (*la pace, la conoscenza, la solidarietà, l'equilibrio personale, l'armonia, il coraggio, il bene comune, la tutela dei diritti*) - Le parole del volontariato (*il volontario, il volontariato, il centro di assistenza, le organizzazioni umanitarie, l'associazione, il movimento, il gesto, l'impegno, l'assistenza sanitaria, la raccolta di fondi, il contributo, il progetto, il valore, il sostegno, la vocazione, l'intenzione, il desiderio*) - Alcuni verbi del volontariato (*difendere, costruire, aderire, attivare, informare, contribuire, collaborare, occuparsi di, interessarsi di, impegnarsi*) - Alcune cattive azioni verso gli altri (*sfruttare, ingannare, danneggiare, prendere in giro*) - Alcune organizzazioni di volontariato (*Medici senza frontiere, Cittadinanza attiva, Telefono azzurro*) - Alcuni verbi per esprimere opinioni, insicurezze, speranze, paure (*pensare, credere, immaginare, dubitare, sembrare, augurarsi, sperare, aver paura*)	
Obiettivi grammaticali	- Il congiuntivo presente di *essere* e *avere* - Il congiuntivo presente dei verbi regolari - Il congiuntivo presente di alcuni verbi irregolari - Il congiuntivo passato - Alcuni usi del modo congiuntivo - Frasi in cui non si usa il congiuntivo - La forma comparativa degli avverbi *bene* e *male*	
Obiettivi fonologici	- Le norme relative all'uso della lettera maiuscola nella lingua italiana	
Obiettivi socioculturali	- Il mondo del volontariato in Italia - Un'iniziativa di volontariato italiana legata a una festività: il pranzo di Natale dei poveri - Un pacifista italiano: Ernesto Teodoro Moneta - Una frase di Ernesto Teodoro Moneta ispirata ai temi del pacifismo - Un video: *La città delle donne*	

VIVERE LA LINGUA

1 Esercizio di abbinamento.

Obiettivo: presentare delle buone abitudini di vita.

Procedura: l'I chiede agli AAA di osservare le foto presenti nella pagina e di abbinarle alla relativa didascalia. Segue una correzione in plenaria: l'I legge il numero e gli AAA, a turno, dicono la lettera corrispondente.

Soluzioni: 1E, 2B, 3F, 4A, 5D, 6C

2 Esercizio di produzione orale.

Obiettivo: esprimere preferenze su alcune abitudini di vita e parlare di attività che possono rendere felice una persona.

Procedura: l'I agevola un confronto in plenaria durante il quale gli AAA esprimono, motivandole, le proprie preferenze sia sulle attività precedentemente presentate sia su altre attività che sono di loro interesse e che li rendono felici.

A Credo che la felicità sia dentro di noi

1 Obiettivo: esprimere la propria opinione su alcuni modi di dire (relativi al tema della felicità).

Procedura: quest'attività introduce alla lettura del forum che segue e ne prepara l'argomento: la felicità. L'I, dopo aver chiarito eventuali dubbi lessicali, invita gli AAA a riflettere sulle

Penso che sia necessario! **UNITÀ 8**

affermazioni presentate e a esprimere la propria opinione. Prima del confronto in plenaria può essere previsto un breve confronto a coppie.

2 **Obiettivo:** comprendere globalmente un forum.

Procedura: dopo aver agevolato una prima lettura silenziosa del testo, l'I chiede agli studenti di indicare con quali delle opinioni espresse sono maggiormente d'accordo. La verifica del compito, effettuata in plenaria dall'I, oltre a consentire agli AAA di argomentare la propria posizione, sarà utile per testare ulteriormente, attraverso domande mirate, l'avvenuta comprensione delle informazioni generali del testo.

3 **Obiettivo:** comprendere globalmente un forum.

Procedura: la seconda lettura del testo è finalizzata a un abbinamento tra i nomi delle persone che sono intervenute nel forum e i valori che ognuna di loro considera importanti per essere felici. Poiché l'individuazione del corretto abbinamento potrebbe essere difficoltosa per alcuni studenti, si consiglia di far svolgere il compito in coppia, in modo che, collaborativamente, siano affrontati gli ostacoli alla comprensione e al raggiungimento dell'obiettivo.

Soluzioni: 1 Glaco94, **2** Nina, **3** Artista18, **4** Flore, **5** Coco

4 **Obiettivo:** focalizzare l'attenzione su alcuni usi del modo congiuntivo.

Procedura: in quest'attività di analisi testuale il lavoro degli AAA è agevolato dall'estrapolazione di alcune frasi dal forum proposto precedentemente, sulla base della loro prototipicità rispetto al dato linguistico esaminato. Agli AAA è affidato il compito di completare queste frasi, rintracciando nel forum, se necessario, le parti mancanti. Dopo aver verificato in plenaria il corretto svolgimento dell'esercizio, l'I guiderà una riflessione sulle funzioni espresse dalle frasi analizzate.

Soluzioni: Penso che, Penso che, Credo che, Credo che; Spero che, Ho paura che; Dubito che; Sembra che; È importante che

5 **Obiettivo:** ricostruire la regola d'uso del modo congiuntivo.

Procedura: l'I agevola una lettura attenta e silenziosa delle frasi precedentemente completate e chiede agli AAA di sottolineare tutti i verbi al congiuntivo. Terminata questa prima parte del compito, gli studenti avranno gli strumenti necessari per completare la regola presente nel box. L'attività può essere proposta come lavoro singolo, ma si consiglia di promuovere la consultazione di un compagno prima della verifica finale.

Soluzioni: sia, abbia, sia, sia; abbiano, sia; sia; sia; siano. un'opinione, impersonale, *essere*

6 **Obiettivo:** ricostruire il paradigma dei verbi irregolari (*essere* e *avere*) al congiuntivo presente.

Procedura: l'I invita gli AAA a completare la tabella e, attraverso le due domande presenti nell'esercizio, metterà in evidenza alcune caratteristiche formali del congiuntivo presente: le prime tre persone singolari sono uguali, quindi, per evitare incomprensioni, il soggetto va sempre espresso; la prima persona plurale del congiuntivo presente è uguale alla prima persona plurale dell'indicativo presente.

Soluzioni: *essere* sia, sia; *avere* abbia, abbia, abbiamo. Sono uguali. All'indicativo presente.

7 **Obiettivo:** stabilire una scala di valori importanti per essere felici.

Procedura: quest'attività va svolta singolarmente e non prevede un *feedback* da parte dell'I. Ciascuno studente dovrà dare un ordine di importanza ai valori elencati e, se lo riterrà necessario, ampliare la lista.

8 **Obiettivo:** esporre il proprio punto di vista sui valori ritenuti più importanti per essere felici. Produzione orale guidata.

Procedura: l'I forma dei piccoli gruppi di lavoro e li esorta a confrontare le liste che hanno riordinato e ampliato singolarmente nella precedente attività. Durante il lavoro di gruppo ciascuno studente dovrà esprimere il proprio punto di vista attraverso la formulazione di semplici argomentazioni e, possibilmente, utilizzando gli esponenti linguistici suggeriti all'interno dei fumetti. Al termine del lavoro potrà costituire un piacevole momento di confronto la restituzione in plenaria di quanto emerso dalle discussioni.

B Credo che sia andato in Africa

1 **Obiettivo:** parlare di un amico di cui non si hanno notizie da tempo.

Procedura: predisponendo un assetto interattivo in plenaria l'I, attraverso alcune domande-stimolo, introduce l'argomento del successivo ascolto: la storia di un amico di cui non si hanno notizie e di cui si sono persi i contatti da un po' di tempo.

2 **Obiettivo:** comprendere analiticamente un dialogo.

Procedura: il primo ascolto del dialogo è finalizzato a ricavare le informazioni necessarie per rispondere adeguatamente alle domande poste. L'I sceglierà se sfruttare l'esercizio di comprensione analitica per una produzione orale in plenaria o se affidare le risposte degli AAA alla pagina scritta, in modo che gli studenti prendano appunti durante l'ascolto e successivamente li rielaborino per formulare le frasi in risposta. L'ascolto verrà ripetuto un numero di volte sufficiente ad assicurare il completo svolgimento del compito.

Soluzioni: 1 Un amico di Costantino e Dario. **2** In Africa con Medici senza frontiere. **3** Il medico. **4** L'ex moglie di Leonardo. **5** Perché il suo matrimonio con Enrica non è andato bene. **6** Abita a Viterbo e fa la ricercatrice all'università. **7** Spera che torni. **8** Perché vuole sapere dov'è e andare a trovarlo.

3 **Obiettivo:** comprendere analiticamente un dialogo; riflettere sull'uso del congiuntivo presente, del congiuntivo passato, dell'indicativo (quando la frase principale esprime una certezza) e dell'infinito (quando i due verbi che compaiono nella frase principale e in quella secondaria hanno lo stesso soggetto).

Procedura: il secondo ascolto del dialogo è finalizzato al completamento delle frasi presenti nella tabella. Dopo aver verificato in plenaria il corretto svolgimento del compito, l'I guiderà una riflessione sull'uso del congiuntivo (corroborandola se necessario con ulteriori esempi) ed esorterà gli AAA a completare le affermazioni sottostanti. Questa seconda parte dell'attività può essere proposta come lavoro singolo, ma si consiglia di promuovere la consultazione di un compagno prima della verifica finale.

53

UNITÀ 8 | Penso che sia necessario!

Soluzioni: lavori, sia, faccia, dorma, legga, risponda; sia andato, sia partito, abbia funzionato, abbia preso, abbia desiderato, sia tornata; Sono sicuro, è, andare.
Credo che sia andato in Africa. Sono sicuro che per lui la professione del medico è sempre stata una sua vocazione. Comunque spero di andare a trovarlo.

4 Obiettivo: ricostruire il paradigma dei verbi regolari (*lavorare, leggere, dormire*) al congiuntivo presente.

Procedura: l'I invita gli AAA a completare la tabella e, come per l'attività 6 al punto A, durante la correzione in plenaria metterà in evidenza alcune caratteristiche formali del congiuntivo presente: le prime tre persone singolari sono uguali, quindi, per evitare incomprensioni, il soggetto va sempre espresso; la prima persona plurale del congiuntivo presente è uguale alla prima persona plurale dell'indicativo presente.

Soluzioni: *lavorare* lavori, lavori, lavoriamo; *leggere* legga; *dormire* dorma, dormiamo.

5 Obiettivo: ricostruire il paradigma del congiuntivo presente di alcuni verbi irregolari di uso frequente (*fare, dare, andare, stare, potere, dovere, volere*).

Procedura: l'I si attiene alla consegna del manuale. Per rendere più stimolante la correzione in plenaria e verificare l'avvenuta memorizzazione dei paradigmi, l'I, invece di far leggere l'intera coniugazione a un singolo studente, può stimolarne una ricostruzione disordinata e collettiva: l'I dice il soggetto + il verbo all'infinito e gli AAA devono coniugarlo in modo opportuno.

Soluzioni: 1 *fare:* faccia, faccia, facciamo. **2** *dare:* dia, dia, diamo. **3** *andare:* vada, vada, andiamo. **4** *stare:* stia, stia, stiamo. **5** *potere:* possa, possa, possiamo. **6** *dovere:* debba, debba, dobbiamo. **7** *volere:* voglia, voglia, vogliamo.

6 Obiettivo: esprimere un'opinione, una certezza o una speranza a partire da alcune foto. Produzione scritta guidata.

Procedura: per quest'attività è previsto un lavoro individuale, non seguito dal *feedback* dell'I. Ciascuno studente dovrà semplicemente esprimere le proprie idee sulle persone raffigurate nelle foto, completando opportunamente le frasi elencate.

7 Obiettivo: esprimere un'opinione, una certezza o una speranza a partire da alcune foto. Produzione orale guidata.

Procedura: l'I forma le coppie ed esorta ciascuno studente a confrontare con il proprio compagno le idee espresse nell'attività precedente sulle persone raffigurate nelle foto. Per lo svolgimento del compito gli AAA potranno avvalersi degli esponenti linguistici presenti nei fumetti. L'I può verificare l'attività girando tra i banchi, supervisionando con discrezione gli scambi dialogici e intervenendo solamente per chiamata o in caso di difficoltà.

8 Obiettivo: ricostruire il paradigma di alcuni verbi (*partire* e *prendere*) al congiuntivo passato.

Procedura: l'I si attiene alla consegna del manuale. Per la correzione in plenaria può avvalersi delle indicazioni offerte nell'attività 5 (punto B).

Soluzioni: *partire* sia partito, sia, partito, siate partiti, siano partiti; *prendere* abbia preso, abbia preso, abbiate preso, abbiano preso

9 Obiettivo: esprimere un'opinione sul passato di una persona a partire da alcune foto. Produzione scritta e orale guidate.

Procedura: per la prima fase dell'attività l'I agevolerà un lavoro individuale, durante il quale ciascuno studente dovrà esprimere delle opinioni sul passato dell'uomo raffigurato nella foto, completando opportunamente le frasi elencate e avvalendosi del supporto iconico presente nella pagina. Successivamente l'I forma le coppie e le esorta a mettere a confronto le proprie opinioni. Se lo riterrà opportuno, l'I può prevedere anche un momento di restituzione in plenaria delle idee emerse durante le discussioni.

10 Obiettivo: parlare di un amico di cui non si hanno notizie da tempo. Produzione orale guidata.

Procedura: l'I forma dei piccoli gruppi, poi chiede a ciascuno studente di scegliere uno degli amici lontani già presentati sommariamente durante l'attività 1 (punto B) e di condividere con i compagni le proprie opinioni su questa persona, seguendo la traccia offerta dall'attività. L'I supervisionerà discretamente il lavoro degli AAA, rendendosi disponibile per un eventuale supporto lessicale.

C Spero che il prossimo anno vada ancora meglio

1 Obiettivo: comprendere globalmente alcuni testi informativi.

Procedura: la lettura individuale e silenziosa dei testi proposti, oltre a introdurre l'argomento del successivo ascolto, è finalizzata all'individuazione del corretto abbinamento al logo dell'associazione corrispondente. Per questo tipo di attività sarà sufficiente che gli AAA si soffermino a una comprensione globale dei testi senza bisogno di ulteriori approfondimenti.

Soluzioni: 1A, 2C, 3B

2 Obiettivo: comprendere globalmente una trasmissione radiofonica.

Procedura: il primo ascolto è finalizzato a ricavare le informazioni necessarie per rispondere adeguatamente alla domanda posta. L'ascolto verrà ripetuto un numero di volte sufficiente ad assicurare il completo svolgimento del compito, che verrà verificato in plenaria dall'I.

Soluzioni: 1B, 2A, 3C

3 Obiettivo: comprendere analiticamente una trasmissione radiofonica.

Procedura: il brano tratto dalla trasmissione radiofonica verrà nuovamente ascoltato affinché gli AAA ne possano comprendere le informazioni più dettagliate, ricostruendo così il tenore di ciascun intervento attraverso il completamento della scheda. Anche in questo caso l'ascolto verrà ripetuto un numero di volte sufficiente ad assicurare il completo svolgimento del lavoro; prima della verifica in plenaria, l'I incentiverà un confronto tra pari per la valutazione delle ipotesi di ciascuno studente.

Soluzioni: Giacomo 1 Si occupa di bambini. **2** Crede che se aiutiamo i bambini a vivere bene, possiamo sperare che il futuro sia migliore per tutti. **3** Collabora con associazioni che si interessano della difesa dei diritti dell'infanzia e dell'adolescenza.

Penso che sia necessario! **UNITÀ 8**

4 L'anno scorso ha partecipato a una raccolta di fondi per la costruzione di un centro sportivo per adolescenti in difficoltà. **5** Spera che il prossimo anno vada ancora meglio con qualche altro progetto.
Nadia 1 Le interessa la difesa dei consumatori e la tutela dei diritti dei cittadini. **2** Collabora con associazioni che si occupano di queste problematiche. **3** Secondo lei nella nostra società alcune cose vanno male. **4** Crede che la cosa più importante sia l'informazione. **5** Pensa che sia difficile prendere in giro un cittadino informato. **6** Si impegna a informare le persone riguardo ai rischi che possono correre quando fanno acquisti, firmano contratti, ecc.
Sara 1 Vive in Brasile. **2** Si occupa di fornire assistenza sanitaria agli abitanti di alcune zone molto povere. **3** Secondo lei le persone si lamentano anche se stanno bene. **4** Dove abita lei si impara a vedere il mondo con altri occhi. **5** Si augura che aumenti il numero di persone disposte ad aiutare gli altri. **6** Crede che la solidarietà sia un valore molto importante.

4 Obiettivo: riassumere il punto di vista di una persona rispetto a un problema sociale. Produzione scritta libera.
Procedura: le differenti posizioni avanzate dagli intervistati, ricostruite attraverso lo schema precedente, dovranno ora essere riassunte e ridotte all'essenziale. Gli AAA avranno così modo di condensare in una sola frase il tenore degli interventi ascoltati. Il lavoro, condotto individualmente, sarà verificato *in plenum* dall'I, che avrà cura di vagliare un gran numero di elaborati, in modo che si dia a un buon numero di studenti l'occasione di partecipare al *feedback* e risulti evidente la possibilità di differenti esponenti linguistici nel riportare il pensiero altrui.

Soluzioni: 1 Dal punto di vista di Giacomo se aiutiamo i bambini, possiamo sperare che il futuro sia migliore per tutti. **2** Secondo Nadia la cosa più importante è l'informazione. **3** Per Sara la solidarietà è un valore molto importante.

5 Obiettivo: esprimere il proprio punto di vista rispetto a un'attività di volontariato. Produzione orale libera.
Procedura: lo spunto comunicativo proposto invita gli AAA a esprimere il proprio punto di vista attorno ai temi del volontariato e alle sue possibili attività. L'I avrà il compito di moderare la discussione che scaturirà dagli stimoli dati e vigilerà affinché ciascuno studente abbia la possibilità di esternare la propria posizione e/o di riportare le proprie esperienze in merito.

6 Obiettivo: individuare la forma comparativa degli avverbi *bene* e *male*.
Procedura: l'I può seguire le indicazioni del manuale.

Soluzioni: meglio, peggio

7 Obiettivo: esprimere il proprio giudizio sulla società contemporanea; esprimere il proprio punto di vista rispetto agli interventi che possono migliorare la società. Produzione orale libera.
Procedura: l'I si attiverà per formare dei gruppi, all'interno dei quali gli AAA si confronteranno sui vari stimoli proposti dall'intervista radiofonica. Nella fase successiva il tenore della conversazione instaurata all'interno del singolo gruppo verrà riferito alla classe, in modo che vi sia un reale scambio di opinioni sull'argomento. Sarà interessante rimarcare, qualora emergessero, eventuali differenze culturali rispetto al rapporto tra individuo e società, in modo che ci sia fin da questa fase un'attenzione all'intercultura.

Progettiamolo insieme

1 Obiettivo: esprimere il proprio giudizio sulla società contemporanea; esprimere il proprio punto di vista rispetto agli interventi che possono migliorare la società; creare un'associazione di volontariato.
Procedura: la classe affronterà il compito suddivisa in piccoli gruppi di lavoro (massimo 4 persone) sulla base dei giudizi condivisi in fatto di azioni utili a migliorare la società. Gli AAA progetteranno così un'associazione, stabilendone finalità, organizzazione, programma e interventi. La restituzione dell'intero progetto di lavoro avverrà in plenaria.

SAPERE LA LINGUA

Pronuncia e grafia

1 Obiettivo: abbinare all'esempio corrispondente le norme descrittive sull'uso della lettera maiuscola nella lingua italiana.
Procedura: per lo svolgimento dell'esercizio l'I si attiene alla consegna del manuale. Dopo la fase di verifica delle ipotesi degli AAA sarà interessante intavolare una piccola discussione che permetta un confronto fra l'uso della lettera maiuscola nell'italiano e nella propria lingua madre.

Soluzioni: 1h, 2m, 3a, 4g, 5l, 6i, 7b, 8d, 9e, 10f, 11c

2 Obiettivo: reimpiegare le norme relative all'uso della lettera maiuscola nella lingua italiana.
Procedura: l'I inviterà gli AAA a osservare il testo che andrà completato delle sole lettere iniziali di alcune parole; l'opzione di scelta fra la lettera minuscola o maiuscola permetterà così di verificare l'avvenuta comprensione delle norme relative all'uso di quest'ultima. Prima di procedere alla correzione del compito l'I incentiverà un confronto fra pari delle soluzioni proposte.

Soluzioni: Caro, Leonardo, come, Sono, due, Da, settimana, tempo, Dove, Mi, Africa, Australia, Argentina, Che, Lavori, Medici, Poco, Costantino, Lui, Appia, spesso, Qualche, successo, In, realtà, lui, Ne, felicità, Si, La, Lo, libreria, centro, Pasqua, Sono, presentazione, interessante, Non, Enrica, Te, Però, lei, Adesso, ricercatrice, pittori, Cinquecento, Ma, Come, tempi, mente, questo, Se, letto, parti, Scrivimi, Un, Dario

Leggere

1 Obiettivo: esprimere un'opinione riguardo all'idea di felicità degli italiani.
Procedura: le immagini proposte costituiscono solo alcuni spunti per far esprimere agli AAA la loro opinione sull'idea che hanno gli italiani della felicità. Questa fase sarà condotta dall'I che, in vista della lettura che segue, avrà cura di anticipare in parte il contenuto dell'articolo, facendo agli AAA domande del tipo: *Secondo voi dove vivono gli italiani più felici?*, ecc.

2 Obiettivo: comprendere globalmente un testo descrittivo (articolo web divulgativo).

55

UNITÀ 8 | Penso che sia necessario!

Procedura: la prima lettura dell'articolo, personale e silenziosa, vuole solamente essere un modo per confermare o smentire le ipotesi avanzate fino a questo punto dagli AAA. Dopo un primo confronto, *in plenum* e sotto la guida dell'I, questi chiederà agli studenti se gli italiani sono felici o meno, testando così la comprensione globale. Successivamente l'I sonderà le eventuali difficoltà lessicali, risolvendole attraverso una partecipazione attiva di tutti gli AAA.

3 **Obiettivo:** comprendere analiticamente un testo descrittivo (articolo web divulgativo).
Procedura: la comprensione del testo viene verificata attraverso il completamento della tabella con le informazioni desunte dall'articolo. Durante il controllo in plenaria l'I inviterà gli AAA alla lettura dei semplici dati appuntati all'interno della griglia, per poi stimolarli alla formulazione di frasi in cui vi sia una rielaborazione dei contenuti appresi, del tipo: *Il tempo atmosferico influenza la felicità...*, ecc.

> **Soluzioni: felicità e tempo atmosferico** Chi vive al Nord è più felice quando fa molto freddo. **felicità e giorni della settimana** Gli italiani sono più felici da venerdì a domenica. **felicità e soldi/economia** Per gli italiani i soldi non comprano la felicità ma l'andamento dell'economia è importante. **felicità e aree geografiche** La Sardegna, Torino e Bologna sono le zone più felici.

Ascoltare

1 **Obiettivo:** esprimere il proprio punto di vista sul rapporto tra felicità e amore.
Procedura: in un momento di plenaria l'I girerà alla classe la domanda dell'esercizio e avrà cura di moderare la discussione che ne seguirà, assicurando una presa di parola spontanea e dando a ciascuno studente la possibilità di esprimere il proprio punto di vista.

2 **Obiettivo:** inferire una storia partendo da uno stimolo iconico.
Procedura: l'I si attiene alla consegna del manuale decidendo, in base alle esigenze della classe e al tempo disponibile, se destinare l'attività a un lavoro singolo (con una restituzione in plenaria sotto forma di discussione guidata) o a un lavoro in piccoli gruppi. In quest'ultimo caso gli AAA, suddivisi in piccoli *team*, elaboreranno per iscritto una storia muovendo dalle immagini date; successivamente la esporranno alla classe e si apriranno al confronto con le altre ipotesi avanzate.

3 e 4 **Obiettivo:** comprendere globalmente una canzone (*La felicità*).
Procedura: il compito di ricerca della canzone per verificare le ipotesi degli AAA dovrebbe costituire la naturale prosecuzione delle attività proposte fino a questo momento. Pertanto l'I dovrebbe assicurarsi un collegamento alla rete e, nel caso in cui ciò non fosse possibile, dovrebbe portare in classe la canzone per l'ascolto. Il testo di quest'ultima può costituire l'occasione per eventuali attività lessicali da predisporre e lo spunto per ulteriori esercitazioni linguistiche, come quella suggerita dal manuale al punto 4.

Scrivere

1 **Obiettivo:** scrivere il post in risposta alla domanda di un forum. Produzione scritta libera.

Procedura: nel caso in cui questa attività venga svolta in classe durante la lezione, sarebbe più stimolante far scrivere agli AAA la composizione su singoli fogli, in modo che poi la messa in comune degli elaborati possa essere effettuata predisponendo materialmente il *layout* tipico del forum, attaccando i foglietti uno di seguito a l'altro sotto la domanda-stimolo. In questo modo la lettura di tutti gli interventi costituirà una naturale occasione di confronto. In alternativa l'I procederà al ritiro dei fogli per una correzione analitica del compito a casa.

Parlare

1 **Obiettivo:** esprimere il proprio punto di vista circa l'idea di felicità nel proprio Paese d'origine. Produzione orale libera.
Procedura: l'I si attiene alla consegna del manuale.

CIVILTÀ

Per saperne di più

1 e 2 **Obiettivo:** illustrare il mondo del volontariato in Italia; comprendere un testo scritto di carattere informativo; favorire un confronto interculturale attraverso la presentazione del mondo del volontariato nel proprio Paese d'origine.
Procedura: l'I sceglierà, a seconda delle esigenze della classe e del tempo disponibile a lezione, se destinare la lettura del testo e l'attività di comprensione a un lavoro in plenaria o a un compito a casa. Nel primo caso, in presenza di parole sconosciute o di difficile comprensione, l'I fornirà tutte le spiegazioni necessarie o ricorrerà alle risorse lessicali della classe. Lo svolgimento della seconda attività (la discussione riguardo il mondo del volontariato nel proprio Paese d'origine) è strettamente correlato alla scelta dell'I circa la collocazione della precedente, in classe o a casa. Nel caso in cui entrambi i momenti si collochino a lezione: a) in una classe plurilingue, l'I suddividerà gli AAA in piccoli gruppi (3/4 studenti) omogenei per provenienza, invitando gli studenti a rispondere alle domande relative ai loro Paesi di origine, favorendo così il confronto interculturale; b) in una classe linguisticamente omogenea, l'I svolgerà più proficuamente l'attività in plenaria. Al termine della discussione, comunque, l'I raccoglierà le informazioni più importanti emerse durante l'interazione e le riporterà alla lavagna per la messa in comune.
Se, al contrario, i materiali di questa sezione vengono destinati a una lettura a casa, la parte relativa alle domande sul confronto interculturale potrà costituire una guida per la stesura di un piccolo elaborato scritto da consegnare all'I, che sceglierà così o di correggerlo come compito personale o di destinarlo a una restituzione in classe attraverso la lettura e il successivo confronto fra studenti di diversa provenienza.

> **Soluzioni: 1** I volontari attivi nelle associazioni sono più di un milione, mentre quelli che fanno volontariato in modo individuale sono più di quattro milioni. **2** I ragazzi tra i 18 e i 19 anni e soprattutto le ragazze. **3** Nel Nord. **4** Si occupano di salute, di assistenza sociale, di protezione civile, di tutela dell'ambiente e del patrimonio storico-artistico e di difesa dei diritti civili.

Penso che sia necessario! **UNITÀ 8**

Un luogo

3 e 4 Obiettivo: presentare un'iniziativa di volontariato italiana legata a una festività (il pranzo di Natale dei poveri). Comprensione scritta globale. Favorire un confronto interculturale attraverso la presentazione di un'iniziativa di volontariato legata a una festività del proprio Paese d'origine.

Procedura: per le modalità di svolgimento delle attività si consulti la descrizione precedente.

Soluzioni: C

Un personaggio

5 e 6 Obiettivo: presentare un personaggio impegnato nel sociale (il pacifista Ernesto Teodoro Moneta). Comprensione scritta analitica. Favorire un confronto interculturale attraverso la presentazione di un personaggio impegnato nel sociale nel proprio Paese d'origine.

Procedura: per le modalità di svolgimento delle attività si consulti la descrizione delle attività 1 e 2.

Soluzioni: 1 Un pacifista italiano. **2** Tra l'Ottocento e l'inizio del Novecento. **3** Ha contribuito a creare un movimento pacifista internazionale. **4** Nei giardini pubblici di Porta Venezia a Milano.

Un'opera

7 e 8 Obiettivo: comprendere globalmente e commentare una frase di Ernesto Teodoro Moneta; favorire un confronto interculturale attraverso la presentazione di un'opera ispirata ai temi del pacifismo nel proprio Paese d'origine.

Procedura: la lettura e il commento della frase di Ernesto Teodoro Moneta costituiranno lo stimolo centrale di una discussione *in plenum* guidata dall'I. La seconda attività (il confronto interculturale) sarà condotta in questo modo: a) in una classe plurilingue, l'I suddividerà gli AAA in piccoli gruppi (3/4 studenti) omogenei per provenienza, invitando gli studenti a rispondere alla domanda relativa ai loro Paesi di origine; b) in una classe linguisticamente omogenea, l'I svolgerà più proficuamente l'attività in plenaria. Al termine della discussione, comunque, l'I raccoglierà le informazioni più importanti emerse durante l'interazione e le riporterà alla lavagna per la messa in comune.

Un video

1 Obiettivo: descrivere una foto; fare delle inferenze su un importante centro anti-violenza in Italia.

Procedura: l'I invita gli AAA a osservare attentamente la foto proposta, che costituisce l'espediente per introdurre l'argomento del video che segue. Per facilitare il compito e favorire un clima collaborativo, l'attività potrà essere svolta come lavoro in coppia o in piccoli gruppi. Successivamente l'I esorterà la classe a riportare in plenaria le ipotesi avanzate.

2 e 3 Obiettivo: comprendere analiticamente un video espositivo.

Procedura: la seconda e la terza visione del video saranno finalizzate alla comprensione dei dati utili a stabilire se le affermazioni date siano vere o false e a rispondere alle domande aperte. Pertanto l'I presenterà il video un numero di volte sufficiente a garantire le risposte da parte degli studenti. La verifica in plenaria, guidata dall'I, potrà agevolmente avvalersi dell'intervento diretto degli AAA e di una riproposizione del video "a tappe": nel momento in cui si ascolterà un'informazione utile, gli studenti chiederanno di fermare la visione e verificheranno la correttezza della loro risposta.

Soluzioni: 2 aF, bV, cV, dF, eV, fV
3 a Perché ha un problema con il suo compagno. **b** Da 5 anni. **c** Perché il compagno si rivolge a lei con tono offensivo, è diventato possessivo e non la lascia uscire. **d** Può mettere a punto un piano di protezione per non farla trovare. **e** Perché ha paura.

4 Obiettivo: parlare della violenza contro le donne.

Procedura: dopo aver lasciato agli AAA il tempo necessario per rispondere alle domande in modo individuale, l'I guida un confronto in plenaria sulle risposte date.

Soluzioni Facciamo il punto

Unità 1-4

Comprensione orale
1. 1b, 2a, 3c, 4b
2. 1b, 2a, 3c, 4b
3. 1, 3, 6, 8, 9, 10, 13, 14
4. 2, 3, 5, 7

Comprensione scritta
1. 1c, 2b, 3a, 4b, 5c, 6c, 7b
2. 1, 2, 4, 5, 6, 10
3. 1c, 2b, 3a, 4c, 5b, 6c, 7c, 8d, 9a, 10c
4. 1b, 2a, 3b, 4c, 5a, 6c, 7b, 8b
5. **1** si, **2** mi, **3** glielo, **4** le, **5** me

Produzione scritta
1. risposta libera
2. risposta libera
3. risposta libera

Produzione orale
1. risposta libera
2. risposta libera

Soluzioni Facciamo il punto

Unità 5-8

Comprensione orale
1. 1b, 2c, 3b, 4a
2. 1b, 2a, 3c, 4b
3. 1, 2, 5, 8, 9, 12, 14, 15
4. 2, 3, 4, 5, 7

Comprensione scritta
1. 1c, 2b, 3c, 4a, 5a, 6c, 7c
2. 2, 3, 4, 6, 8, 9, 10
3. 1b, 2b, 3c, 4d, 5b, 6c, 7c, 8a, 9b, 10a
4. 1a, 2b, 3b, 4a, 5a, 6c, 7c, 8b
5. **1** hai, **2** basta, **3** starà, **4** avrò letto, **5** sia

Produzione scritta
1. risposta libera
2. risposta libera
3. risposta libera

Produzione orale
1. risposta libera
2. risposta libera

Soluzioni Eserciziario

Unità 1

A1 *soluzione possibile:*
calvo, non bello, simpatico, esuberante, riservato, pacato, serio, timido, brillante, divertente; giovane, atletica, sportiva, determinata, semplice, elegante, timida, fragile

A2 *si veda traccia 2 a pagina 77*

A3 **Claudio Bisio** calvo, non bello, simpatico, esuberante, riservato, pacato, serio, timido, brillante, divertente; **Federica Pellegrini** giovane, atletica, sportiva, determinata, semplice, elegante, timida, fragile

A4 **1** simpatici, **2** estroversa, **3** romantici, **4** divertente, **5** socievole, **6** brutto, **7** gentile, **8** coraggiosa, **9** pessimista, **10** attiva

A5 indipendenti; N 10, I 12, E 9, D 8, I 4, T 11, I 1, N 2, P 5, N 7, D 3, E 6

A6 **1** ossa / ossi, **2** muri / mura, **3** fusa / fusi, **4** braccia / bracci

A7 **1** le fusa, **2** le ciglia, **3** le braccia, **4** le ossa, **5** sui bracci, **6** Le mura

A8 città, cinema, bar, caffè, auto, moto, radio, bici, libertà, boom, computer

A9 **parole di origine straniera** bar, boom, computer; **parole con l'accento sull'ultima sillaba** città, caffè, libertà

A10 risposta libera

A11 risposta libera

A12 **1** c'è, **2** viene, **3** è, **4** scelgono, **5** ha, **6** sceglie, **7** preferisce, **8** Si occupa, **9** fa, **10** cucina, **11** passa, **12** propone, **13** piace, **14** piacciono, **15** muore, **16** rispetta, **17** vuole, **18** dice, **19** Riesce, **20** tiene, **21** piace, **22** fa, **23** guadagnano, **24** sanno, **25** occupano, **26** dicono, **27** vogliono

B1 *soluzione possibile:*
A Prego, si accomodi.
B • Dottor Dini, piacere di conoscerLa! • Piacere mio!
C Posso presentarti la mia amica Clara?

B2 **Dottor E. Salvemini** Buongiorno signor Boccioni. **Signor S. Boccioni** Buongiorno dottor Salvemini. **Dottor E. Salvemini** Come sta? **Signor S. Boccioni** Bene, grazie, e Lei? **Dottor E. Salvemini** Abbastanza bene, grazie. Le posso presentare la dottoressa Giannelli? È una mia collega. **Signor S. Boccioni** Buongiorno dottoressa, piacere di conoscerLa. **Dott.ssa A. Giannelli** Buongiorno, piacere.

B3 **1** ti; **2** Le; **3** ti, ti; **4** si; **5** Le; **6** ti; **7** La; **8** ti; **9** Le, La; **10** ti

B4 **Katia** Le, Le, Ci, le, si, la, mi, le, Le, la, ci, ci, Mi, le, mi; **Anna** ti, ti, le, la, vi, ti, ti

C1 risposta libera

C2 accendere - acceso, aprire - aperto, chiudere - chiuso, morire - morto, decidere - deciso, fare - fatto, chiedere - chiesto, correre - corso, iscriversi - iscritto, essere - stato, convincere - convinto, dire - detto, venire - venuto, conoscersi - conosciuto, scegliere - scelto, spegnere - spento, smettere - smesso, nascere - nato, rimanere - rimasto, perdere - perso, vincere - vinto

C3 **1** ho lavorato; **2** è, piaciuto; **3** ho deciso; **4** Mi sono iscritta; **5** mi sono accorta; **6** ho smesso; **7** ci siamo conosciute; **8** abbiamo deciso; **9** abbiamo lasciato; **10** abbiamo iniziato; **11** ha cambiato; **12** è venuto; **13** ha fatto; **14** ha convinto; **15** ci siamo, preparate; **16** siamo rimaste; **17** abbiamo vinto; **18** abbiamo aperto; **19** è cambiata

D1 1D, 2C, 3B, 4F, 5A, 6G, 7E, 8H

D2

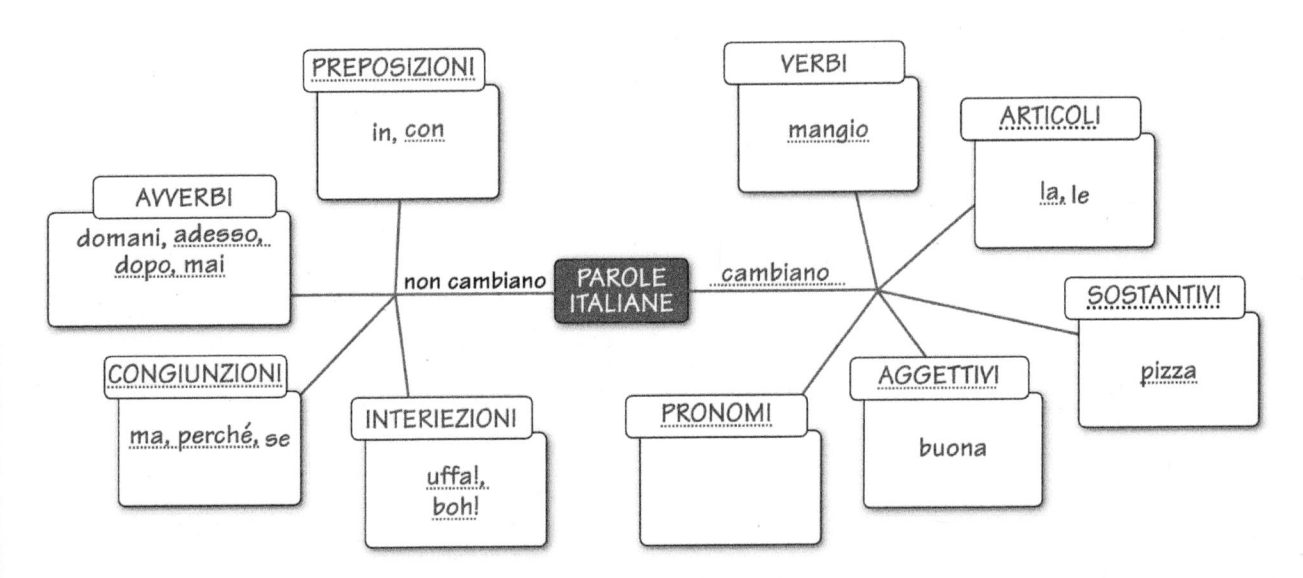

PAROLE ITALIANE

non cambiano:
- PREPOSIZIONI: in, con
- AVVERBI: domani, adesso, dopo, mai
- CONGIUNZIONI: ma, perché, se
- INTERIEZIONI: uffa!, boh!

cambiano:
- VERBI: mangio
- ARTICOLI: la, le
- SOSTANTIVI: pizza
- AGGETTIVI: buona
- PRONOMI

Soluzioni | ESERCIZIARIO

Pronuncia e grafia

1   **1** com', **2** mal, **3** signor, **4** bel, **5** Qual, **6** l', **7** un', **8** nell'

2   L'avevo (Le avevo), la Signor Margarete (la Signora Margarete), Dottore Patrick (Dottor Patrick), un'appuntamento (un appuntamento), un'altro (un altro), qual'è (qual è)

Leggere

1   1b, 2a, 3c, 4c, 5b, 6b, 7a, 8c

Ascoltare

1   A, B, D, F

Scrivere

1 e 2 risposte libere

Parlare

1   risposta libera

Unità 2

A1   2A, 3B, 4D, 5C

A2   **città** Catania; **regione** Sicilia; **abitanti** è la seconda città della Sicilia per numero di abitanti; **popolazioni presenti nel passato** greci, romani, bizantini, arabi, spagnoli; **attrazioni turistiche** piazza del Duomo, la Cattedrale di Sant'Agata, il Palazzo degli Elefanti, la fontana dell'Amenano, via Etnea, la fontana dell'Elefante; **altre caratteristiche importanti della città** nel 2002 il centro storico è stato dichiarato patrimonio dell'umanità dall'Unesco; **specialità gastronomiche** i pistacchi, lo zibibbo, i cannoli di ricotta, la granita, gli agrumi

B1   1b, 2c, 3a, 4a, 5c, 6a

B2   *si veda traccia 6 a pagina 78*

B3   **1** Sono nata, **2** ho frequentato, **3** mi sono diplomata, **4** studiavo, **5** mi interessava, **6** andavo, **7** ho iniziato, **8** ho fatto

B4   **1** mi sono trasferita, **2** mi piaceva, **3** potevo, **4** tornavo, **5** sono rimasta, **6** è cambiata, **7** ho conosciuto, **8** ci piaceva, **9** abbiamo deciso

B5   *si veda traccia 6 a pagina 78*

B6   risposta libera

B7   **1** studiavo, è passato, ha invitata; **2** ero, piaceva, preferivo; **3** vivevo, ho frequentato; **4** ho conosciuto, ero, andava, faceva, Ci siamo sposati, abbiamo finito; **5** ho fatto, ho dovuto; **6** studiavo, ho lavorato; **7** è cambiata, era; **8** c'erano

C1   **1** Prima di, **2** l', **3** in, **4** con il, **5** in, **6** con i, **7** in, **8** con il, **9** per, **10** fra, **11** con i, **12** con gli

C2   1f, 2d, 3b, 4c, 5a, 6e

C3   **1** l', **2** –, **3** la, **4** l', **5** –, **6** la, **7** la, **8** –, **9** gli, **10** il

C4   **1** di; **2** per; **3** con; **4** in, in; **5** da; **6** a; **7** senza; **8** da, per

D1   **1 f** avevo vissuto, **2 a** avevo vista, **3 d** si era trovato, **4 c** Ero andato, **5 e** avevo fissato, **6 b** avevamo preso

D2   **1** ci siamo trasferiti, **2** siamo arrivati, **3** abbiamo vissuto, **4** avevamo scelto, **5** era, **6** sapevamo, **7** avevamo, **8** ci aveva detto, **9** abbiamo preso, **10** abbiamo dovuto, **11** avevamo portato, **12** avevano detto, **13** era successo, **14** ha aggiunto, **15** abbiamo scoperto, **16** avevano portato, **17** avevano assegnato, **18** avevamo mai pensato, **19** avevamo

Pronuncia e grafia

1   **1** Eh?, **2** Boh!, **3** Ah!, **4** Ah!, **5** Cosa?, **6** Boh

Leggere

1   **1** Sul mare Adriatico, in provincia di Forlì-Cesena. **2** 23 000. **3** Nel 1302. **4** Perché in passato il porto ha avuto un ruolo strategico e oggi è diventata una famosa meta turistica. **5** La piazza delle Conserve, il Museo della Marineria, Casa Moretti, i Giardini al Mare.

Ascoltare

1   B, D, E, G, I

Scrivere

1   risposta libera

Parlare

1   risposta libera

Unità 3

A1   1b, 2e, 3a, 4c, 5d

A2   **1** Ricerca avanzata, **2** inserisci, **3** parola chiave, **4** località, **5** area funzionale

A3   risposta libera

A4   1c, 2a, 3c, 4a, 5d, 6b, 7b, 8d

A5   *soluzione possibile:*
1 Fabia vorrebbe studiare il cinese. **2** Tu potresti inviare il cv all'ufficio delle risorse umane. **3** Voi sapreste dirmi dov'è la zona industriale? **4** Noi preferiremmo andare in ferie. **5** Giulio e Davide cercherebbero di aiutarmi con il computer. **6** Io andrei volentieri in vacanza.

A6   **1** vorrei, **2** vorresti, **3** potrei, **4** avrei, **5** piacerebbe, **6** troverei, **7** piacerebbe, **8** potresti, **9** dovresti, **10** sarei, **11** sarebbero, **12** vorrebbe, **13** piacerebbe, **14** vorreste, **15** vorrei, **16** vivrebbe, **17** vedremmo, **18** dispiacerebbe, **19** piacerebbe, **20** vorrei, **21** Sarebbe, **22** sarei, **23** andrebbe

B1   **1** azienda, **2** settore, **3** impiegato, **4** mansioni, **5** requisiti, **6** laurea, **7** durata, **8** sede, **9** filiale, **10** orario, **11** stipendio

B2   **Azienda o ente** Università la Sapienza di Roma; **Posizione o corso offerto** borsa di studio; **Requisiti** laurea in materie scientifiche e umanistiche;

Età sotto i 30 anni; **Scadenza domanda** 22 maggio; **Sito web** www.uniroma1.it. **Azienda o ente** Teatro San Carlo di Napoli; **Posizione offerta 1** responsabile risorse umane; **Posizione offerta 2** violini per l'orchestra; **Requisiti** laurea con competenze in ambito amministrativo ed esperienza nel ruolo, diploma di violino; **Scadenza domanda** 31 maggio; **Sito web** www.teatrosancarlo.it. **Azienda o ente** Regionale Lazio; **Posizione o corso offerto** medico di famiglia; **Requisiti** laurea in Medicina, abilitazione alla professione, iscrizione all'albo; **Scadenza domanda** 20 maggio; **Sito web** www.regione.lazio.it. **Azienda o ente** Centri sportivi della Polizia e delle Fiamme Oro; **Posizione o corso offerto** 27 atleti; **Requisiti** curriculum sportivo, 17/35 anni, diploma di scuola media, doti fisiche; **Scadenza domanda** 23 maggio; **Sito web** www.gazzettaufficiale.it.

C1 risposta libera

C2 **1 d** Avrei lavorato, **2 g** Avrei studiato, **3 a** Avrei voluto, **4 f** sarebbe piaciuto, **5 c** Avrei fatto, **6 e** Avrei voluto, **7 b** Avrei voluto

C3 **Maurizio** scrittore, **Luciana** avvocato, **Tiziano** impiegato di banca/bancario, **Claudia** giornalista

Pronuncia e grafia
1 **Guido** (.), (?), (!); **Silvia** (.), (.), (?), (.), (.); **Guido** (.), (?), (!); **Silvia** (...); **Guido** (?), (?); **Silvia** (.), (.), (.), (.); **Guido** (!), (!); **Silvia** (?), (.), (.), (!); **Guido** (?)

Leggere
1 1C, 2D, 3B, 4A; 1V, 2F, 3V, 4F, 5V

Ascoltare
1 **1** Marcello; **2** nessuno; **3** Maria Giulia; **4** Arminio; **5** Marcello, Arminio; **6** Marcello; **7** Maria Giulia; **8** Marcello; **9** Marcello; **10** nessuno

Scrivere
1 risposta libera

Parlare
1 e **2** risposte libere

Unità 4

A1 **1** si vedono, **2** Si incontrano, **3** si salutano, **4** si conoscono, **5** si baciano, **6** si abbracciano, **7** vi vedete, **8** ci lasciamo, **9** vi sposerete, **10** ci sentiamo

A2 **1** Ci siamo conosciuti; **2** Ci siamo, innamorati; **3** ci incontriamo; **4** ci vediamo

B1 **1** me lo, **2** glielo, **3** gliele, **4** te lo, **5** me lo, **6** me lo, **7** te lo, **8** ve lo, **9** glielo, **10** gliela, **11** gliele, **12** ce li, **13** ve li, **14** ce l', **15** regalarcela, **16** glielo

B2 **1** te lo, **2** te le, **3** te lo, **4** ve li, **5** te lo, **6** gliele, **7** glielo, **8** glieli, **9** te la, **10** glielo

C1 **1** fagliela pagare; **2** non darglieli; **3** regalaglieli; **4** faglieli; **5** portacela; **6** parlagliene, fargliela; **7** presentagliela; **8** annoiala; **9** tosalo; **10** richiedigliele

C2 **1** pagatela, **2** dalli, **3** regalali, **4** portateli, **5** vacci, **6** farmela, **7** salutamela, **8** non annoiarmi, **9** ridammelo, **10** riprenditele

C3 **1** Prego signora, la mano, me la dia che la aiuto. **2** Cara signora, i suoi cagnolini, me li dia che li porto fuori. **3** Gentile signora, le sue foto, le metta in salotto. **4** I suoi problemi sono anche i miei: me ne parli pure. **5** Per il suo compleanno, la barca, se la compri pure. **6** Quando ha bisogno, mi chiami pure a qualsiasi ora. **7** Le vacanze a sua madre, gliele pago io. **8** La sua auto, me la dia che la porto dal meccanico.

C4 **1** se lo, **2** glielo, **3** me le, **4** glielo, **5** gliele, **6** gliele, **7** Me lo

D1 **1** me ne vado, **2** ce la faccio, **3** te ne stai, **4** me la sento, **5** ce l'ho

D2 *soluzione possibile:*
1 Io non ce la faccio ad arrivare in tempo. **2** Voi ce l'avete con tutti in questo periodo. **3** Io e Dario ce ne stiamo a casa, siamo stanchi. **4** Christine non se la sente di dire a Giulio che non lo ama più. **5** Tu e Valeria ve ne andate così presto? La festa è appena cominciata. **6** Tu te ne stai con me.

Pronuncia e grafia
1 attività di lettura

2 Paola vive <u>ad</u> Ancona. Lavora come infermiera. Enrico vive a Empoli. Lavora come meccanico. Si amano. <u>Ed</u> ecco allora che Enrico decide di cercare lavoro vicino <u>ad</u> Ancona. Trova un posto in un'officina a Osimo, <u>ad</u> alcuni chilometri da Ancona. Dopo poche settimane dal trasferimento di Enrico, Paola riceve una lettera. Hanno accettato la sua richiesta di trasferimento. Dopo due settimane deve iniziare a lavorare in un ospedale <u>ad</u> Altopascio, vicino a Empoli. Ora Enrico vive <u>ad</u> Ancona. Paola vive a Empoli. Paola <u>ed</u> Enrico si amano ancora.

Leggere
1 1F, 2V, 3V, 4V, 5V, 6F, 7F

2 risposta libera

Ascoltare
1 A1, B5, C4, D3, E2

2 1F, 2F, 3V, 4V

Scrivere
1 risposta libera

Parlare
1 risposta libera

Unità 5

A1 1C, 2A, 3D, 4B

Soluzioni | ESERCIZIARIO

A2 **1** ti va di guardarla, **2** va bene, **3** Guardiamo, **4** non posso, **5** D'accordo

A3 **1** TV, **2** serie televisiva, **3** prima serata, **4** programma, **5** puntata, **6** digitale terrestre, **7** alta definizione, **8** replica

A4 1d, 2e, 3b, 4f, 5c, 6a

A5 *si veda traccia 12 a pagina 80*

B1 **1** veramente, **2** elegantemente, **3** normalmente, **4** tranquillamente, **5** difficilmente, **6** sicuramente, **7** particolarmente, **8** semplicemente, **9** probabilmente, **10** facilmente

B2 **1** Normalmente, **2** elegante, **3** veramente, **4** tranquillamente, **5** facile, **6** sicura, **7** particolarmente, **8** Probabilmente, **9** semplice, **10** difficile

B3 **1** casetta, **2** serataccia, **3** computerino, **4** partitona, **5** seratina, **6** caratteraccio

B4 **1** un terzo della giornata, **2** una ciascuno, **3** migliaia di, **4** una decina di

C1 **1** città italiane, **2** ogni ora, **3** questi programmi, **4** uomini italiani, **5** consigli gastronomici, **6** siti specializzati, **7** diversi libri, **8** dato diverso

C2 1b, 2b, 3c, 4a, 5a, 6c, 7c, 8b

Pronuncia e grafia

1 É (È), nè (né), Perchè (Perché), É (È), poichè (poiché), sè (sé), é (è)

2 *si veda traccia 14 a pagina 80*

Leggere

1 1F, 2F, 3V, 4V, 5F, 6F, 7F

2 risposta libera

Ascoltare

1 1, 2, 5, 7, 10

Scrivere

1 risposta libera

Parlare

1 risposta libera

Unità 6

A1 **1** bisogna, **2** è vietato, **3** bisogna / è meglio, **4** È meglio, **5** è sufficiente, **6** Non basta, **7** bisogna

A2 *soluzione possibile:*
1 Bisogna consumare meno carta. **2** Non bisogna accendere il riscaldamento in maggio. **3** È necessario ridurre il consumo di plastica. **4** Per risparmiare un po' di energia elettrica è sufficiente usare la lavastoviglie solo quando è piena. **5** È meglio spegnere le luci quando si esce dalla stanza. **6** È meglio comprare frutta e verdura dal contadino vicino a casa. **7** È vietato gettare prodotti chimici nei fiumi. **8** Per inquinare meno basta andare a piedi o usare i mezzi pubblici.

B1 **1** si va, **2** si esce, **3** si fa, **4** si cerca, **5** si vive, **6** si è, **7** si decide, **8** non si può, **9** si sta, **10** si cambia, **11** si va, **12** si può, **13** si deve

B2 risposta libera

B3 **città** si esce in macchina, si vive in modo più frenetico, si inquina di più, si va a teatro e al cinema, si va in palestra; **mare** si nuota, si passeggia sulla spiaggia, si gioca a beach volley, si respira meglio, si va in barca, si pesca; **montagna** si fa trekking, si scia, si passeggia fra gli alberi, si va in mountain bike, si gioca con la neve

C1 **Operatore** 1, 3, 9, 5, 11, 7; **Sandra** 2, 12, 6, 8, 4, 10

C2 **1** raccolta, **2** sacco, **3** organico, **4** residuo, **5** scatole, **6** avanzi, **7** bottiglie, **8** lattine, **9** buste, **10** usa e getta

C3 **1** Tengo i vasetti dello yogurt con cui potrei fare dei contenitori per vernici e colori. **2** Tengo i lacci delle scarpe vecchie che possono sempre servire per legare qualcosa. **3** Tengo i barattoli della marmellata di cui potrei avere bisogno per conservare gli avanzi nel frigo. **4** Tengo i giornali vecchi con cui potrei accendere il fuoco nel camino. **5** Tengo le vaschette di polistirolo del gelato in cui potrei mettere delle piante e dei fiori. **6** Tengo i vestiti vecchi che quasi sicuramente torneranno di moda, prima o poi... **7** Tengo le scatole delle scarpe in cui ci stanno un sacco di cose. **8** Tengo le scatole dei pomodori pelati con cui si possono fare dei vasetti per coltivare il basilico sul balcone. **9** Tengo i vestiti vecchi e rovinati con cui si possono fare degli ottimi stracci per pulire la casa. **10** Tengo le vecchie fotocopie su cui si possono ancora scrivere note e appunti.

C4 *soluzione possibile:*
1 Bisogna spegnere tutte le luci. **2** Si deve fare attenzione a chiudere l'acqua. **3** È meglio comprare prodotti locali. **4** È meglio prendere i mezzi pubblici. **5** Bisogna spegnere gli elettrodomestici. **6** È meglio portarsi le borse di cotone. **7** Bisogna regolare il riscaldamento a una temperatura inferiore ai 25 °C. **8** È vietato mettere le batterie nel sacco della plastica. **9** È vietato buttare un materasso vecchio per la strada. **10** Bisogna pulire le bottiglie e i contenitori prima di metterli nei sacchi della raccolta differenziata.

C5 risposta libera

Pronuncia e grafia

1 A6, B4, C3, D2, E1, F5

2 Vola in alto l'aquilone,
nello zaino è il quadernone,
nel nido aspetta l'aquilotto,
il quadro è appeso nel salotto,
il liquore è nella bottiglia,
il quadrifoglio fortuna a chi lo piglia.

3 **1** scuola, **2** quaderno, **3** qui, **4** cinquanta, **5** quindici, **6** cuoco

ESERCIZIARIO | Soluzioni

Leggere
1   1V, 2F 3V, 4V, 5V, 6F, 7V

Ascoltare
1   A4, B5, C2, D1, E3

Scrivere
1   risposta libera

Parlare
1   risposta libera

Unità 7

A1 1 La Stampa sarà un quotidiano nazionale. 2 Dove sarà una rivista di turismo e viaggi. 3 Il Corriere dello Sport sarà un quotidiano sportivo. 4 Sette sarà una rivista di attualità. 5 Sale e pepe sarà una rivista di cucina. 6 Amica sarà una rivista femminile. 7 Domenica Quiz sarà una rivista di enigmistica. 8 Il Corriere di Siena sarà un quotidiano locale. 9 Milano Finanza sarà un quotidiano economico. 10 Gente Motori sarà una rivista di auto e moto.

A2 **parlare di azioni future** Giulia diventerà una bravissima giornalista. Domani i nostri clienti arriveranno alle 7 e ripartiranno alle 9. Quando tornerai in Italia, vieni a trovarmi subito! Il mese prossimo uscirà il nuovo libro di Camilleri. **esprimere incertezza e fare supposizioni** A quest'ora Dario sarà già a casa. Hai chiamato Clara per il film di stasera? Magari vorrà venire anche lei. Guarda quell'aereo! Ah, chissà dove andrà! Nico non è ancora arrivato. Probabilmente sarà ancora con i suoi colleghi. Non trovo i miei occhiali! Saranno in ufficio! Ma perché Katia non risponde? Forse starà dormendo!

A3 risposta libera

B1 1 sottotitolo, 2 quotidiano, 3 enigmistica, 4 quotidiano locale, 5 rivista di cucina, 6 edicola, 7 cronaca, 8 giornalista, 9 giornalaio, 10 quando

B2 risposta libera

B3 1 sia, 2 sia, 3 ma, 4 ma, 5 né, 6 né, 7 né, 8 o, 9 o, 10 o, 11 Anche, 12 e, 13 Cioè, 14 ma, 15 né, 16 né, 17 né

C1 **azione precedente a un'altra espressa al futuro semplice** Quando avranno scoperto il colpevole, ci sentiremo più tranquilli. Ti raggiungerò, non appena avrò finito questo lavoro. Non appena la polizia avrà terminato le indagini, potranno riaprire il museo. Quando avranno effettuato il sopralluogo, avranno le idee più chiare sull'accaduto. **esprimere incertezza e fare supposizioni rispetto a un avvenimento passato** Chi avrà aperto la porta? Dove avranno nascosto i quadri rubati? Il ladro avrà sicuramente avuto un complice! Chi sarà entrato qui? Guarda che disordine!

C2 1 Polizia, 2 furto, 3 ha rubato, 4 hanno effettuato, 5 sopralluogo, 6 indagini, 7 ladro, 8 soldi, 9 bottino, 10 indagini, 11 investigatori, 12 identificare

C3 risposta libera

C4 1 Entrerete, avranno gridato; 2 toccherete, avrà analizzato; 3 Farete, saranno usciti; 4 Rimarrete, avrà terminato; 5 Chiederete, avrete chiuso; 6 Scriverete, avrete raccolto; 7 Tornerete, sarà finito

Pronuncia e grafia
1   1 Se, 2 È, 3 ne, 4 da, 5 la, 6 si

Leggere
1   1c, 2h, 3d, 4b, 5l, 6f, 7a, 8g, 9i, 10e

Ascoltare
1   **Chi** cittadini di Roma, elettori; Airbus A320; nuova stazione dell'alta velocità; Jovanotti. **Cosa** elezione del sindaco; atterraggio di emergenza; inaugurazione; concerto. **Dove** Roma; aeroporto di Fiumicino; Bologna; Ancona. **Quando** domenica e lunedì; ieri; domenica scorsa; venerdì scorso. **Sezione** politica; cronaca; attualità; spettacolo.

Scrivere
1   risposta libera

Parlare
1   risposta libera

Unità 8

A1 1 sia, 2 sia, 3 abbia, 4 abbia, 5 siano, 6 abbiano, 7 abbiano, 8 abbia, 9 sia, 10 abbiano

A2 risposta libera

A3 Secondo me / Per me invece la salute è la cosa più importante. Penso che / Credo che / Pare che / Ho paura che / È importante che i soldi non facciano la felicità. Secondo me / Per me invece è importante avere tanti amici. Penso che / Credo che / Pare che / Dubito che / È importante che la solidarietà sia fondamentale. Penso che / Credo che / Pare che / Dubito che / È importante che sia necessaria la ricchezza interiore. Secondo me / Per me invece la ricchezza è tutto. Penso che / Credo che / Pare che / Dubito che / Ho paura che tu abbia ragione. Penso che / Credo che / Pare che / Dubito che / Ho paura che non abbiano un equilibrio personale.

B1 1 vada, 2 possano, 3 debbano, 4 possa, 5 torni, 6 legga, 7 risponda, 8 facciano, 9 diano, 10 vadano, 11 stia, 12 lavori, 13 stiano, 14 abiti, 15 voglia, 16 abbia, 17 debba, 18 possa, 19 diano, 20 debbano

B2 soluzione possibile:
1 Immagino che sia una rosa. 2 Penso che sia una chiavetta USB. 3 Credo che sia una chiave. 4 Immagino che sia una caffettiera. 5 Credo che sia una moneta da 1 euro. 6 Penso che sia un telecomando.

B3 1 c abbia suonato, 2 d abbia praticato, 3 b abbia lavorato, 4 e sia stato, 5 a abbia progettato

63

Soluzioni | ESERCIZIARIO

B4 **1** si sia trasferito, **2** abbia trovato, **3** sia diventato, **4** si sia sposato, **5** abbiano trovato, **6** si siano sposati, **7** abbiano avuto, **8** abbia frequentato, **9** abbia provato, **10** abbia studiato, **11** abbia trovato, **12** sia rimasto, **13** sia stato, **14** sia diventato

B5 **Mario** avvocato, Napoli; **Tiziano** chirurgo, Bangkok; **Ilaria** giornalista, Parigi; **Vanessa** casalinga, Pisa; **Giulio** insegnante di italiano e storia, Verona

C1 **1** associazione, **2** solidarietà, **3** volontari, **4** pazienti, **5** centri di assistenza sanitaria

C2 **1** bene, meglio; **2** bene, meglio; **3** peggio; **4** male, male, meglio

Pronuncia e grafia
1 pasquini (Pasquini), le scrivo (Le scrivo), puliamo (Puliamo), sangro (Sangro), Otto (otto), Agosto (agosto), mi piacerebbe (Mi piacerebbe), Agosto (agosto), ferragosto (Ferragosto), la saluto (La saluto), guglielmini (Guglielmini), Purtroppo (purtroppo), toscana (Toscana), se sì (Se sì), samanta (Samanta)

Leggere
1 1F, 2V, 3V, 4F, 5V

Ascoltare
1 1V, 2F, 3V, 4V, 5F, 6F, 7V

Scrivere
1 risposta libera

Parlare
1 risposta libera

TRACCE AUDIO MANUALE

Traccia 1
Maria Gloria Tommasini, Mimma Flavia Diaco, Spazio Italia, © Loescher Editore, Torino, 2013
Volume 3, livello B1

Traccia 2

1

Dott.ssa Silvani: Professor Rossi! Che piacere rivederLa!
Prof. Rossi: Oh, dottoressa Silvani! Come sta?
Dott.ssa Silvani: Bene, grazie. Posso presentarLe l'ingegner Marini?
Prof. Rossi: Certo. Piacere, signor Marini.
Sig. Marini: Piacere di conoscerLa, professore. La dottoressa mi ha parlato molto di Lei.
Prof. Rossi: In positivo spero...
Sig. Marini: Certo. Mi ha detto che Lei è un professore eccezionale...

2

Marta: Ehi Lorenza, dove vai così di corsa?
Lorenza: Oh, scusa Marta, non ti avevo riconosciuta. Ma cosa hai fatto ai capelli?
Marta: Li ho tagliati finalmente! E tu? Come stai? È da tanto che non ci vediamo.
Lorenza: Perché ultimamente esco poco. Ho un sacco da studiare...
Marta: Tu sei troppo studiosa! Io invece anche ieri sono stata a una festa!
Lorenza: Davvero? Alla festa dell'università? Hai conosciuto qualcuno?
Marta: Maria mi ha presentato il suo ragazzo. E poi ho conosciuto un amico di Roberta... un tipo interessante, che aveva fatto un sacco di cose...

3

Carlos: Ciao Michael!
Michael: Ciao Carlos. Ti posso presentare Inka? È una mia compagna di corso al CLA.
Carlos: Certo! Ciao Inka, piacere di conoscerti! Di dove sei?
Inka: Sono austriaca e tu?
Carlos: Io sono di origine argentina ma sono nato in Italia.
Inka: Ah! Per questo parli così bene l'italiano.
Carlos: E tu? Da quanto tempo studi l'italiano?
Inka: Da un paio di anni. Ancora ho molto da imparare...
Carlos: Ma dai! Sei già molto brava...
Inka: Ti ringrazio. Sono una volenterosa...
Carlos: Ma che fai lì in piedi? Accomodati!
Inka: No, scusate ragazzi ma vi devo lasciare. Devo andare a lezione.
Carlos: Vai, non ti preoccupare! Piacere di averti conosciuto.
Inka: Piacere mio.
Michael: Ciao Inka! Ci sentiamo più tardi.

4

Direttore: Prego, entri pure! Lei è la nuova insegnante di italiano, vero?
Professoressa: Sì, buongiorno direttore. Piacere di conoscerLa.
Direttore: Piacere mio. Si accomodi! Mi dica. In cosa posso esserLe utile?
Professoressa: Senta, Le vorrei parlare dell'orario dei corsi. So che Lei è molto comprensivo e vorrei chiederLe un favore...

Traccia 3

Intervistatrice: Gentili ascoltatori, benvenuti nella nostra trasmissione, dove, come ogni giorno, faremo la conoscenza di uno di voi, un ascoltatore che è venuto a raccontarci una sua esperienza. Il nostro ospite di oggi si chiama Renato Rossetti ed è accompagnato da sua moglie Grazia. Buongiorno signora Grazia e buongiorno a Lei, Renato.
Renato e Grazia: Buongiorno.
Intervistatrice: Grazie per aver accettato il nostro invito.
Renato: Grazie a voi per averci invitato.
Intervistatrice: Dunque, Lei hai 55 anni, è sposato e ha due figli, giusto?
Renato: Esatto.
Intervistatrice: Che lavoro fa?
Renato: Sono insegnante di inglese in un liceo scientifico.
Intervistatrice: E ha una grande passione per lo sport, vero?
Renato: Sì, per la corsa.
Intervistatrice: Infatti, due settimane fa, Renato ha corso la maratona di New York. Questa è l'esperienza che è venuto a raccontarci. Com'è iniziato il Suo percorso da maratoneta?
Renato: Dieci anni fa mi sono accorto che ero diventato troppo grasso, pesavo 100 chili e così, per perdere peso, ho iniziato a camminare la domenica mattina con mia moglie. Dopo poco tempo ho smesso di fumare, sono passato dalla camminata alla corsa e ho riscoperto il piacere di essere in forma. Correre è diventato un passatempo divertente e antistress. Sono dimagrito molto: ho perso 25 chili e mi sono sentito diverso. Sono cambiato fisicamente e ho cambiato il mio stile di vita. Ho convinto un paio di amici a venire a correre con me due volte alla settimana oltre la domenica...

Traccia 4

Intervistatrice: Gentili ascoltatori, benvenuti nella nostra trasmissione, dove, come ogni giorno, faremo la conoscenza di uno di voi, un ascoltatore che è venuto a raccontarci una sua esperienza. Il nostro ospite di oggi si chiama Renato Rossetti ed è accompagnato da sua moglie Grazia. Buongiorno signora Grazia e buongiorno a Lei, Renato.
Renato e Grazia: Buongiorno.
Intervistatrice: Grazie per aver accettato il nostro invito.
Renato: Grazie a voi per averci invitato.
Intervistatrice: Dunque, Lei hai 55 anni, è sposato e ha due figli, giusto?
Renato: Esatto.
Intervistatrice: Che lavoro fa?
Renato: Sono insegnante di inglese in un liceo scientifico.
Intervistatrice: E ha una grande passione per lo sport, vero?
Renato: Sì, per la corsa.
Intervistatrice: Infatti, due settimane fa, Renato ha corso la maratona di New York. Questa è l'esperienza che è venuto a raccontarci. Com'è iniziato il Suo percorso da maratoneta?
Renato: Dieci anni fa mi sono accorto che ero diventato troppo grasso, pesavo 100 chili e così, per perdere peso, ho iniziato a camminare la domenica mattina con mia moglie. Dopo poco tempo ho smesso di fumare, sono passato dalla camminata alla corsa e ho riscoperto il piacere di essere in forma. Correre è diventato un passatempo divertente e antistress. Sono dimagrito molto: ho perso 25 chili e mi sono sentito diverso. Sono cambiato fisicamente e ho cambiato il mio stile di vita. Ho convinto un paio di amici a venire a correre con me due volte alla settimana oltre la domenica.
Intervistatrice: E così ha deciso di continuare...

Renato: Infatti. Non solo, ho promesso a me stesso di partecipare a una maratona, prima o poi.
Mi sono iscritto a dei corsi di "perfezionamento della corsa" e poi a un corso di "preparazione alla maratona".
Intervistatrice: Insomma, in poco tempo è esplosa la passione...
Renato: Proprio così... Dopo i corsi di preparazione ho trascorso sempre più tempo in maglietta e scarpe da ginnastica. Nel 2012 ho corso la mia prima maratona. È stata un'esperienza bellissima!
Intervistatrice: Ma correre le maratone è molto faticoso, no?
Renato: Sì, molto! E ha richiesto anche un lungo allenamento. Ma, vede, con la corsa ho sconfitto la pigrizia, sono riuscito a vincere la sfida con me stesso. E ora sono più sereno. E poi la corsa è lo sport più facile da combinare con una vita intensa perché si può praticare in ogni luogo, in ogni momento ed è gratis.
Intervistatrice: Cosa ha pensato quando ha superato la linea del traguardo?
Renato: Beh... è stata una sensazione bellissima. Ho pensato alla mia famiglia e a tante altre cose in un attimo, tipo "ho resistito fino alla fine", "sono sopravvissuto", "non ho deluso chi ha creduto in me"... Sa, quando vedevo i maratoneti in televisione, pensavo: "Ma questi sono dei superuomini!", e adesso anch'io ho completato una maratona, è successo anche a me. La vera forza è nella mente.
Intervistatrice: E a New York è andato con Sua moglie, vero?
Renato: Sì, certo.
Intervistatrice: Allora signora Grazia, vuole raccontarci Lei qualcosa di questa bella esperienza?
Grazia: Con piacere! Siamo arrivati due giorni prima della maratona e poi siamo rimasti per due settimane. Abbiamo noleggiato un camper, siamo andati alle cascate del Niagara e abbiamo viaggiato un po' tra Canada e Stati Uniti. Sa, noi siamo tutti e due insegnanti di lingue: io di francese e lui di inglese. Abbiamo studiato all'estero e ci siamo conosciuti proprio all'università di Toronto: ci piace tornare nei luoghi della nostra gioventù. Naturalmente abbiamo corso, la mattina, lungo i laghi canadesi e per i boschi. Ormai anch'io mi sono appassionata alla corsa e mi sto allenando per partecipare alla maratona con Renato il prossimo anno.
Intervistatrice: Ma che bello! Vi ringrazio per la vostra presenza e in bocca al lupo per la prossima maratona.
Grazia: Crepi!

Traccia 5
Ciao Mariella,
come va? Ti scrivo per chiederti un paio di informazioni su New York. Ti ricordi quel mio amico che hai conosciuto un po' di tempo fa, in estate, quando sei passata a trovarci? Ebbene, qual è la novità? Proprio lui mi ha convinto a partecipare all'evento newyorkese, la vostra maratona. Abbiamo già prenotato l'aereo per la prossima settimana. Com'è il tempo a New York al momento? Fa freddo? Ma soprattutto, c'è ancora quell'albergo dove siamo state dieci anni fa Marta e io? Lo so che potrei cercare in Internet ma con un'amica come te non ho bisogno di perder tempo a navigare alla ricerca di informazioni!!! Ultimamente il computer mi fa venire il mal di testa. Va bene se ti chiamo tra un paio di giorni? Per ora fa' una cosa: da' un gran bacio alla tua bimba.
Un caro abbraccio e a presto.
Cristina

Traccia 6
Ciao a tutti, oggi vorrei fare con voi un esperimento. Vorrei raccontarvi una storia e farvi vedere come si crea una mappa mentale. La storia che vi racconto è quella di un asino. Sapete che cos'è un asino? È quell'animale simile al cavallo che fa "hi-ho". Ecco, ve lo disegno... La storia dell'asino che vi racconto è quella di un asino abbastanza vecchio, quindi la prima cosa che dobbiamo scrivere sulla mappa mentale è che l'asino è vecchio. La proprietaria dell'asino è una contadina. Chi è una contadina? È una persona che lavora in campagna. Scriviamo allora "contadina" e "campagna". La campagna è un posto dove si coltiva per esempio la frutta, come le arance. Disegno quindi delle arance. Ma torniamo al nostro vecchio asino. Un giorno l'asino cade in un pozzo, purtroppo. Quindi possiamo scrivere il verbo "cadere". Dove cade? In un pozzo, quindi disegno un pozzo. Il pozzo è secco, che significa che dentro non c'è acqua. Allora la contadina decide di abbandonare l'asino, di farlo morire. Come fa? Chiama i vicini, i suoi vicini, che cominciano a buttare terra dentro al pozzo. E come buttano la terra? Con una pala. Ecco... questa è la terra, marrone, e loro la buttano qui, nel pozzo. L'asino all'inizio è disperato, è preso dalla "disperazione", e che cosa fa? Raglia. Il verbo è "ragliare". Però poi, in un secondo momento, l'asino capisce che quando buttano la terra lui può "scrollarsi la terra di dosso". Possiamo di nuovo disegnare l'asino con un po' di terra addosso e un po' di terra che cade. A questo punto l'asino piano piano riesce a uscire dal pozzo, salendo sulla terra. Quindi la testa dell'asino esce dal pozzo. Ecco, l'asino si è liberato. Questa storia serve solo a farvi capire come si possono creare le mappe mentali che ci aiutano a ricordare le varie parole in italiano.

Traccia 7
1 ● Ciao Roberto, ho sentito che vai a studiare a Bolzano... come mai così al Nord?
   ● Ma sai, è una città che mi ha sempre affascinato, soprattutto per il fatto di essere bilingue, così diversa dalle altre città italiane...
   ● In quale regione si trova Bolzano, in Friuli o in Trentino?
   ● In Trentino-Alto Adige.
   ● Io non ci sono mai stata ma secondo mio padre l'Alto Adige è una regione molto interessante. Lui adora le montagne, la neve...
   ● Anche a me piacciono molto. E Bolzano, la città, è molto bella. Sai, io mi ricordo la prima volta che ci sono stato: c'era il sole ed era tutto così ordinato... Un vero spettacolo... Ma tu, invece... hai deciso che cosa studiare all'università?
   ● Boh! Non lo so. Per ora ho deciso di tornare nel mio Paese... L'Italia mi piace, ma anche la Spagna ha il suo fascino.
   ● Sicuramente. Questo vale un po' per tutto il nostro vecchio continente... L'Europa è piena di luoghi interessanti.
2 ● Mi accompagni alla stazione con la macchina?
   ● Certo! Aspetta che cerco le chiavi. Hai fretta?

- Sì, il treno per Pescara parte tra poco e non mi sono ricordato di comprare il biglietto.
- Ah! Eccole finalmente! Sali... Sapevi che io ho lavorato a Pescara?
- No, non lo sapevo. Abitavi lì?
- Ci ho abitato solo per due anni.
- Perché?
- Perché il mio appartamento si trovava in periferia e ci mettevo mezz'ora per arrivare in ufficio.
- Con l'auto?
- No, andavo al lavoro senza auto... prendevo i mezzi pubblici. Sai, dopo un po' ho deciso di risparmiare i soldi dell'affitto e sono tornato al mio paese. Mi è dispiaciuto un po', soprattutto per il bel mare di Pescara.
- Lo credo proprio. E hai lasciato il lavoro?
- No, andavo in ufficio con il pullman, tanto non ci mettevo molto tempo in più.
- E quanto ci mettevi?
- Un'ora circa...
- Cavolo!
- Infatti, non è poco... Ma dimmi piuttosto, tu che cosa vai a fare a Pescara?
- È una storia lunga. Ti racconto che cosa è successo a mio fratello a Pescara...

3
- Scusa, ma che strada fai per andare in centro?
- Beh, io passo per la stazione!
- Ma scherzi?
- Perché?
- Perché prima di arrivare alla stazione, c'è una strada, tra un chilometro, che ti fa arrivare in centro in cinque minuti.
- Va bene, proviamo. L'importante è uscire fuori da questo ingorgo.
- Hai proprio ragione. Sai che io non sopporto più tutte queste code?
- Eh?
- Ho detto che non sopporto più tutte queste code!
- Ah! Allora devi andare a vivere in campagna.
- Eh, io ci penso spesso ma mio marito non ha nessuna intenzione di lasciare Firenze...
- Oh oh... Guarda qui che fila!
- Accidenti!

Traccia 8
dal dialogo 1 traccia 7
- Ma tu, invece... hai deciso che cosa studiare all'università?
- Boh! Non lo so. Per ora ho deciso di tornare nel mio Paese...

dal dialogo 2 traccia 7
- Certo! Aspetta che cerco le chiavi. Hai fretta?
- Sì, il treno per Pescara parte tra poco e non mi sono ricordato di comprare il biglietto.
- Ah! Eccole finalmente! Sali...

dal dialogo 2 traccia 7
- E quanto ci mettevi?
- Un'ora circa...
- Cavolo!

dal dialogo 3 traccia 7
- Scusa, ma che strada fai per andare in centro?
- Beh, io passo per la stazione!
- Ma scherzi?

dal dialogo 3 traccia 7
- Hai proprio ragione. Sai che io non sopporto più tutte queste code?
- Eh?
- Ho detto che non sopporto più tutte queste code!
- Ah! Allora devi andare a vivere in campagna.

dal dialogo 3 traccia 7
- Oh oh... Guarda qui che fila!
- Accidenti!

Traccia 9
- Bolzano è una città raccolta, intima, è una piccola cittadina di 100 000 abitanti. Ci sono i portici, i vicoli molto stretti, per cui quando uno arriva, qui si sente avvolto, quasi coccolato. E a Bolzano ci sono i chioschetti dove si mangiano i wurstel, buonissimi!
- È molto vivibile ma un po' cara. Che altro dire? È una città tranquillissima, e il lavoro c'è... È anche una città di grandi sportivi, basta citare Tania Cagnotto, la campionessa olimpica di tuffi.
- Bolzano è la capitale del Natale. È famosa per il mercatino di Natale che viene fatto ogni anno e che richiama tantissimi turisti, molti anche stranieri. Nel periodo natalizio, alla sera la città si trasforma, diventa una fiaba con tutte le sue luci. Un'altra usanza tipica di Bolzano è quella di san Nicolò, che il 6 dicembre porta i regali ai bambini.

Traccia 10
Samuele: Allora Marilena, che cosa fai di bello da quando sei tornata in Italia?
Marilena: Cerco lavoro.
Samuele: Davvero? Ma una come te non dovrebbe avere problemi!
Marilena: E invece, caro Samuele, non è così. Sono stata all'estero tanto tempo e ho perso i contatti con il mondo del lavoro italiano.
Samuele: Questo, guarda, non è un problema, visto che oggi la risorsa migliore per la ricerca di lavoro è Internet.
Marilena: Mah, non saprei. Come vedi sto cercando, ma finora non ho avuto grandi risultati.
Samuele: Perché devi stare attenta a come cerchi. Ad esempio, se sei molto interessata a un'azienda, dovresti evitare di spedire semplicemente una mail alla sezione "Lavora con noi". Io, almeno, preferirei cercare in maniera più dettagliata, magari trovare altre persone che già lavorano in quell'azienda, vedere se ho contatti in comune.
Marilena: Sì, hai ragione! Infatti per il momento ho scoperto che alcuni miei compagni di corso all'università sono entrati in un paio di aziende che mi interesserebbero. A me piacerebbe lavorare per le grandi compagnie telefoniche, le aziende di commercio internazionale, le ditte di trasporti...
Samuele: Allora, al posto tuo, cercherei informazioni sul sito di quelle aziende. Se possibile, andrei a eventi in cui magari puoi incontrare quei tuoi compagni; oppure li chiamerei direttamente e gli direi che cosa sto cercando, magari chiederei di parlare con il responsabile del personale.
Marilena: Non so se ci riuscirei... Io sono un po' timida e mi sembrerebbe di essere invadente.
Samuele: Secondo me non dovresti vedere le cose in questo modo. Al contrario, dovresti convincerti che stai offrendo la tua preziosa collaborazione a qualcuno. È sempre meglio parlare di persona prima di inviare il curriculum...
Marilena: A proposito di curriculum, potresti aiutarmi un po'? Tu che sei un esperto di marketing... Insomma, mi daresti una mano ad aggiornarlo?
Samuele: Ma certo, non c'è problema.
Marilena: Allora passo da te, anche dopo pranzo se è possibile.
Samuele: Mi dispiace, oggi ho degli appuntamenti di lavoro. Anzi, sono già in ritardo... Dovrei essere in centro verso le due, al massimo alle due e mezzo. Senti, facciamo una cosa, se

mi mandi il curriculum per e-mail, io intanto gli do un'occhiata e poi ne parliamo.
Marilena: Perfetto! Sei molto gentile. Ti ringrazio.
Samuele: Ma figurati!

Traccia 11
Selezionatrice: Buongiorno signor Mengoni, si accomodi.
Candidato: Buongiorno, grazie.
Selezionatrice: Grazie a Lei per aver risposto alla nostra inserzione. Senta, Lei abita a Macerata, vero?
Candidato: Sì, a circa 5 km dal vostro agriturismo.
Selezionatrice: Beh, questa sarebbe una cosa positiva per entrambi. Mi vuol raccontare qualcosa di Lei?
Candidato: Certo. Sono nato a Urbino e mi sono trasferito a Macerata con la mia famiglia quando avevo tredici anni. Ho fatto il liceo scientifico e dopo il diploma sono andato a studiare a Roma.
Selezionatrice: In che cosa si è laureato?
Candidato: In Scienze dell'alimentazione. Ho frequentato il Campus bio-medico di Roma.
Selezionatrice: Interessante... E si tratta di una laurea triennale?
Candidato: Si può prendere la laurea triennale e poi continuare con quella magistrale. Io ho continuato e ho la laurea magistrale.
Selezionatrice: Ah sì! Ecco il suo curriculum. Laurea magistrale conseguita il 28 febbraio 2013 con 110 e lode. Complimenti!
Candidato: Grazie. Effettivamente ho avuto la fortuna di studiare le materie che più mi piacciono: chimica, biologia...
Selezionatrice: E per quale ragione vorrebbe lavorare in un agriturismo?
Candidato: Perché adoro la vita all'aria aperta, il contatto con la natura e gli animali ma anche quello con le persone. Ho grandi capacità organizzative e sono un ottimo cuoco: secondo me l'agriturismo è proprio una struttura adatta a me!
Selezionatrice: Un cuoco e un sommelier... vedo che ha fatto dei corsi di cucina e un corso da sommelier.
Candidato: Sì. Mentre studiavo, in estate, ho frequentato alcuni corsi di cucina e anche un corso presso l'Associazione italiana sommelier.

Selezionatrice: Complimenti! Lei è un tipo molto attivo! Senta, ha mai lavorato nel settore dell'ospitalità?
Candidato: Tre anni fa in estate ho lavorato in un ristorante di Roma e lo scorso inverno in un villaggio turistico in montagna.
Selezionatrice: Di che cosa si occupava?
Candidato: All'inizio ho fatto semplicemente l'aiuto cuoco, poi però ho collaborato anche alla creazione di menu particolari per eventi importanti. Ho mantenuto dei buoni contatti con i proprietari del villaggio e ancora oggi collaboro con loro.
Selezionatrice: In che maniera?
Candidato: Sono il loro consulente per quanto riguarda informazioni di vario tipo: sulle coltivazioni biologiche, sui fornitori, sulle combinazioni alimentari ecc.
Selezionatrice: E non le piacerebbe fare il consulente per diverse strutture di questo tipo?
Candidato: In realtà mi sarebbe piaciuto lavorare in un villaggio ma non in montagna.
Selezionatrice: Io invece avrei abitato volentieri in montagna, ma poi ho preferito la campagna e devo dire che sono soddisfatta di questa scelta.
Candidato: Lo credo.
Selezionatrice: Senta, come si immagina la vita di una persona che lavora in una struttura come la nostra?
Candidato: Immagino di alzarmi molto presto, occuparmi un po' degli animali, dell'orto e di quello che riguarda la campagna prima di passare alla preparazione dei pasti.
Selezionatrice: Però c'è anche un po' di lavoro di ufficio.
Candidato: Infatti. Il pomeriggio probabilmente ci sono i contatti da curare con le agenzie di viaggio, i clienti privati, i fornitori ecc. E poi la programmazione delle attività...
Selezionatrice: Sì, insomma, un lavoro da 24 ore al giorno quasi, per sette giorni a settimana. Lei è disponibile a lavorare a questi ritmi?
Candidato: Questo per me non è un problema. Io non ho ancora famiglia e al momento vorrei dedicarmi al lavoro. Sa, il mio sogno nella vita è avere un agriturismo tutto mio, ma per il momento devo fare ancora tanta esperienza.
Selezionatrice: Sicuramente. Inoltre

bisogna dire che il ritmo di lavoro è così intenso in primavera e in estate, ma poi in autunno e in inverno c'è il tempo di rilassarsi un po'.
Candidato: Beh, immagino.
Selezionatrice: Senta, quali lingue straniere conosce?
Candidato: Io parlo molto bene inglese e francese e so anche un po' di tedesco.
Selezionatrice: Benissimo. Per quanto riguarda le conoscenze informatiche?
Candidato: Come tutte le persone della mia età sono appassionato di computer, conosco molti programmi di vario genere e sono molto abile con Photoshop.
Selezionatrice: Per finire, leggo qui che ha il brevetto da bagnino...
Candidato: Sì. Mi piace molto lo sport in generale e per anni ho fatto nuoto a livello agonistico, quindi ho deciso di prendere il brevetto da bagnino perché può essere sempre utile.
Selezionatrice: Ha ragione. Noi abbiamo anche la piscina, ma naturalmente non è un bagnino che stiamo cercando. Senta, devo dire che il Suo curriculum è molto interessante e lo terremo sicuramente in considerazione.
Candidato: La ringrazio.
Selezionatrice: Al termine dei colloqui Le faremo sapere... Diciamo tra tre o quattro giorni perché la stagione sta per cominciare.
Candidato: D'accordo. ArrivederLa.
Selezionatrice: ArrivederLa.

Traccia 12
Candidato: In realtà mi sarebbe piaciuto lavorare in un villaggio ma non in montagna.
Selezionatrice: Io invece avrei abitato volentieri in montagna, ma poi ho preferito la campagna.

Traccia 13
Samuele: Allora Marilena, che cosa fai di bello da quando sei tornata in Italia?
Marilena: Cerco lavoro.
Samuele: Davvero? Ma una come te non dovrebbe avere problemi!
Marilena: E invece caro Samuele, non è così. Sono stata all'estero tanto tempo e ho perso i contatti con il mondo del lavoro italiano.
Samuele: Questo, guarda, non è un problema, visto che oggi la risorsa migliore per la ricerca di lavoro è Internet.

Marilena: Mah, non saprei. Come vedi sto cercando, ma finora non ho avuto grandi risultati.
Samuele: Perché devi stare attenta a come cerchi. Ad esempio, se sei molto interessata a un'azienda, dovresti evitare di spedire semplicemente una mail alla sezione "Lavora con noi". Io, almeno, preferirei cercare in maniera più dettagliata, magari trovare altre persone che già lavorano in quell'azienda, vedere se ho contatti in comune.
Marilena: Sì, hai ragione! Infatti per il momento ho scoperto che alcuni miei compagni di corso all'università sono entrati in un paio di aziende che mi interesserebbero. A me piacerebbe lavorare per le grandi compagnie telefoniche, le aziende di commercio internazionale, le ditte di trasporti…
Samuele: Allora, al posto tuo, cercherei informazioni sul sito di quelle aziende. Se possibile, andrei a eventi in cui magari puoi incontrare quei tuoi compagni; oppure li chiamerei direttamente e gli direi che cosa sto cercando, magari chiederei di parlare con il responsabile del personale.

Traccia 14
Conduttore: Oggi puntata speciale che dedicheremo al tema dei giovani italiani emigrati all'estero.
Marta Bernasconi, trentatreenne a New York, Giacomo Pinta, trentaduenne a Parigi, e Andrea Rizzo, trentenne a Berlino, sono giovani professionisti italiani al lavoro in Europa. Oggi purtroppo la situazione del lavoro per i giovani in Italia è difficile, drammatica: il tasso di disoccupazione è elevatissimo… Vediamo la storia di questi tre giovani talenti. Nome.
Marta: Marta.
Giacomo: Giacomo.
Andrea: Andrea.
Conduttore: Cognome.
Marta: Bernasconi.
Giacomo: Pinta.
Andrea: Rizzo.
Conduttore: Età.
Marta: 33.
Giacomo: 32.
Andrea: 30.
Conduttore: Studi.
Marta: Economia dell'arte.
Giacomo: Laurea e dottorato in Informatica.
Andrea: Laurea in Ingegneria informatica.
Conduttore: Quale lavoro svolgi?
Marta: Responsabile del dipartimento dei media digitali.
Giacomo: Professore associato.
Andrea: Ingegnere.
Conduttore: Dove?
Marta: Al MoMA di New York.
Giacomo: All'Università Paris Diderot.
Andrea: Per Google, a Berlino.
Conduttore: Tornerai in Italia?
Marta: Spero di sì.
Giacomo: Per ora no.
Andrea: Forse per la pensione?

Traccia 15
Conduttore: Marta, che cosa ti ha spinto verso l'Economia?
Marta: Ho pensato a come avrei potuto contribuire alla situazione dei beni culturali in Italia e mi è sembrato che Economia potesse essere un buon punto di partenza.
Conduttore: Perché hai deciso di frequentare un master per approfondire lo studio delle nuove tecnologie a Chicago?
Marta: Sono andata a Chicago perché ho vinto una borsa di studio. Mi sono resa conto ben presto che con una laurea in Economia in Italia sarebbe stato difficile lavorare in un museo.
Conduttore: Negli Stati Uniti, contemporaneamente al master, hai fatto anche diverse esperienze lavorative: assistente alla ricerca, consulente, fino all'assunzione presso il prestigioso Museum of Modern Art di New York. Ma è vero che sei stata assunta al MoMA rispondendo a un annuncio sul web?
Marta: Sì, è proprio così.
Conduttore: E di cosa ti occupi esattamente al MoMA?
Marta: Sono responsabile dei progetti che riguardano la comunicazione pubblica, dei contenuti on-line del museo, insomma di come il MoMA utilizza le nuove tecnologie.
Conduttore: E da New York passiamo a Parigi. Giacomo, tu ti sei laureato in Informatica a Bologna: che cosa ti ha spinto verso questo settore?
Giacomo: Come molti della mia generazione, ho avuto un computer fin da piccolo e ho scoperto ben presto la passione per la programmazione.
Conduttore: Il tuo amore per lo studio ti ha portato a intraprendere un dottorato di ricerca in Informatica con soggiorni all'estero. E alla fine del dottorato è arrivata l'occasione della vita: una posizione all'Università Paris Diderot. Poi all'università hai vinto due concorsi, cosa che ti ha permesso di scegliere la posizione di professore associato proprio all'Università Paris Diderot. Sinceramente, la Francia è un Paese per giovani accademici a differenza dell'Italia?
Giacomo: Sì, assolutamente.
Conduttore: Andiamo ora a Berlino. Andrea, anche tu hai una laurea in Ingegneria informatica: che cosa ti ha spinto verso il mondo dei computer?
Andrea: È una passione che ho fin da bambino, mi interessava capire come funzionano queste macchine.
Conduttore: E questa passione ti ha fatto arrivare a Google, dove lavori come ingegnere: hai trovato quello che cercavi?
Andrea: Direi proprio di sì! In Italia non riuscivo a trovare un lavoro soddisfacente.
Conduttore: E ora una riflessione finale: Marta, nella tua e-mail alla nostra trasmissione descrivi che cosa dovrebbe cambiare affinché tu possa tornare in Italia. Ce lo riassumi?
Marta: Ci dovrebbe essere un ambiente più positivo, competitivo e… uno stipendio adeguato.

Traccia 16
Serena: Sai che oggi sono quattro anni che Alberto e io ci siamo conosciuti?
Martina: Davvero? Proprio oggi? È incredibile! Mi sembra l'altro ieri…
Serena: Anche a me!
Martina: Ti ricordi quando sono entrata in casa tua con Alberto e ti ho spaventata?
Serena: Sì, me lo ricordo benissimo. Mi sono trovata questo tipo davanti, all'improvviso…
Martina: E lui si è scusato mille volte. Era così imbarazzato!
Serena: È vero! Per quale motivo eri passata?
Martina: Ti volevo riportare le chiavi che mi aveva prestato la tua compagna di stanza.
Serena: Ah, sì… Chiara… Comunque mi ero presa un bello spavento.
Martina: Volevo farti uno scherzo. Se ci penso, mi dispiace ancora!
Serena: Ma figurati!
Martina: Tu non ti ricordi ma hai avuto davvero paura e Alberto è andato a

cercare un bicchiere d'acqua e te l'ha portato!
Serena: Che esagerato! Mi ricordo, certo che mi ricordo...
Martina: Ti ricordi anche della cioccolata calda?
Serena: Come no! Vi ho preparato una cioccolata fantastica e l'ho servita nelle tazze di plastica!
Martina: E naturalmente Alberto si è scottato la mano e se l'è rovesciata addosso!
Serena: E io dentro di me ho pensato: "Che imbranato questo qui!". Poi però ci siamo messi a chiacchierare e alle nove di sera eravamo ancora sul divano con le tazze in mano.
Martina: E tu come al solito avevi il frigo vuoto per cui siamo andati in pizzeria. Ti ricordi come pioveva quando siamo usciti dalla pizzeria?
Serena: Certo! E Alberto mi voleva prestare il suo ombrello, ma io non ho voluto perché ne aveva uno solo e gli ho proposto di accompagnarmi a casa...
Martina: Di' la verità... ci avevi già fatto un pensierino!
Serena: No, lo giuro. Il pensierino ce l'ho fatto dieci minuti dopo...
Martina: Dai... Non ci posso credere! Com'è andata che non mi ricordo?
Serena: Io sentivo freddo e lui si è tolto la giacca e me l'ha messa sulle spalle...
Martina: Che cavaliere!
Serena: E io mi sono accorta che gli camminavo sempre più vicino, ho cominciato a guardarlo e pensavo: "Che carino, è così dolce! Ed è anche un bel ragazzo!".
Martina: E poi?
Serena: E poi quando siamo arrivati a casa ci siamo salutati e io mi sentivo un po' triste. Mentre salivo le scale mi sono accorta che avevo ancora la sua giacca sulle spalle, sono scesa di corsa perché gliela volevo restituire e lui era lì che aspettava con un sorriso... Ci siamo guardati un attimo e ci siamo abbracciati...
Martina: Che bella storia! E poi non vi siete lasciati più...
Serena: Appunto...
Martina: Allora ho fatto proprio bene a passare a casa tua quel giorno! Anzi, dato che vi siete conosciuti grazie a me, questa sera vengo a festeggiare il vostro anniversario con voi!
Serena: Ma guarda che se vieni, a noi fa piacere!
Martina: No, no. Stasera vi lascio soli. Non hai detto che dovete parlare degli ultimi preparativi prima del matrimonio?
Serena: Sì, infatti...

Traccia 17
Alberto: Tesoro, diamo un'occhiata alla lista.
Serena: Sì, aspetta, eccola qua...
Alberto: Dunque... I documenti per il sacerdote?
Serena: Ma non glieli abbiamo già consegnati?
Alberto: No. Ci sono andato l'altro ieri ma non c'era. Domani glieli porta mia madre.
Serena: Ah, va bene. E i menu al ristoratore?
Alberto: Ma, quelli glieli porta direttamente il tipografo appena li finisce di stampare. Senti, hai chiamato il pasticcere per la torta?
Serena: Sì, ho un appuntamento per domani pomeriggio. Posso scegliere la torta come voglio io?
Alberto: Certo tesoro! Sai invece che cosa mi preoccupa? Il bouquet. Ho paura di scordarmi del bouquet.
Serena: Ma dai... Questo è compito del fioraio. Quella mattina te lo porta a casa. Almeno questi sono gli accordi.
Alberto: Speriamo! E il tuo vestito?
Serena: Lo ritira Martina e me lo porta la mattina del matrimonio, così non lo vede nessuno!
Alberto: A proposito... alla fine hai spedito la partecipazione a zia Lina?
Serena: Oh oh... Mi sono dimenticata... Povera zia Lina! È nella borsa da due settimane! Domani gliela spedisco. Comunque ci ho parlato al telefono e l'ho già invitata.
Alberto: Allora, i menu, il bouquet, le partecipazioni, le bomboniere... Chi porta le bomboniere al ristorante?
Serena: Ce le porta mio padre.
Alberto: Bene! Quindi non mi resta che salvare le nostre musiche sulla chiavetta? Ce le salvo stasera stessa.
Serena: E se poi ti scordi la chiavetta?
Alberto: No, non ti preoccupare... me la metto nel taschino della giacca!

Traccia 18
1 la torta, 2 a cena, 3 ti amo, 4 chiamala, 5 rispettalo, 6 credimi

Traccia 19
Ciao Veronica, ti chiamavo per chiederti scusa. Negli ultimi giorni non ti ho risposto. Marisa mi ha lasciato e io sto molto male. Non riesco a fare niente e non ce la faccio più. Vorrei andarmene lontano, ad esempio in Australia, ma poi continuo a cercarla! Lei me lo aveva fatto capire che il nostro rapporto non funzionava più ma io non me la sono sentita di parlarne e alla fine lei mi ha chiesto un po' di tempo per riflettere. Tutti mi dicono: "Dimenticala!", "Non farti più sentire!" e "Dimostrale che ce la fai anche senza di lei!" Dimmelo tu come devo comportarmi. So che passerà, ma per il momento me ne sto qui solo e sono disperato. Sentiamoci quando puoi... Ho bisogno di parlare con una vera amica!

Traccia 20
Walter: Ciao papà, ciao mamma.
Signor De Santis: Ciao Walter! Laura, è un piacere vederti.
Laura: Anche per me signor De Santis. Buonasera signora.
Signor De Santis: Allora come va?
Laura: Meglio di così non potrebbe andare.
Signora De Santis: Ti abbiamo vista poco ultimamente.
Walter: Penso che la vedrete spesso d'ora in poi.
Signora De Santis: Rimanete a pranzo?
Walter: No, grazie, mamma ma non possiamo.
Signor De Santis: Bevete qualcosa allora?
Walter: Sì, grazie, un po' di champagne.
Signor De Santis: E per te Laura?
Laura: Champagne anche per me, grazie.
Signor De Santis: Ginevra, per te?
Signora De Santis: Niente, sono all'antica.
Walter: Mamma, ci terrei che bevessi champagne anche tu. Brindiamo all'avvenire! E a tutti i piaceri che ci riserverà la vita!
Tutti: Cin cin!
Walter: Glielo vuoi dire tu?
Laura: Perché non glielo dici tu?
Walter: No, tocca a te!
Laura: Io e Walter... beh, spero che approverete. Vostro figlio mi ha chiesto di sposarlo.
Signora De Santis: Cosa? Vuoi sposare Laura?
Walter: Sì, mamma.
Signora De Santis: Non sapevo che vi conosceste così bene...
Laura: In effetti ci conosciamo da poco, ma io sono talmente innamorata di suo figlio...

Signora De Santis: Di chi è stata l'idea, Walter?
Walter: È stata mia, mamma.
Signor De Santis: Laura, benvenuta in famiglia. Figliolo, sono proprio contento per te.
Walter: Grazie papà.
Signora De Santis: Auguri Laura.
Signor De Santis: Allora possa essere la vostra unione lunga e felice.
Laura: Grazie signor De Santis.
Signora De Santis: Avete fissato il giorno?
Laura: Beh, no.
Walter: Perché aspettare? Prima è, meglio è. Sposiamoci domenica, tra due settimane.
Signora De Santis: Come volete.
Walter: Ce la farai?
Laura: Certo caro, ce la farò.
Signor De Santis: Bisogna festeggiare ragazzi, restate a pranzo.
Walter: Veramente, papà, non possiamo. Laura ha un servizio fotografico in agenzia e io un turno in ospedale. Sarà per la prossima volta.

Traccia 21

1 • Ciao Giulio, quando sei tornato da Parigi?
 • Lunedì.
 • L'altro ieri?
 • No, lunedì della settimana scorsa.
 • Come è andata la corsa?
 • Bene. Sono arrivato terzo.

2 • Senti Enrico, ma quando hai conosciuto Ezio?
 • Mentre facevo l'università.
 • Eravate compagni di corso?
 • No, in realtà lui faceva un'altra facoltà.
 • E allora come vi siete conosciuti?
 • Ci incontravamo sempre in mensa e un giorno ci siamo messi a parlare.

3 • Signor Brini, ha già avuto qualche esperienza di lavoro?
 • Sì, ho lavorato in un negozio di abbigliamento, come commesso.
 • Per quanto tempo?
 • Per un anno circa. Poi ho deciso di riprendere gli studi e per questo ho smesso.
 • Vedo che ha studiato Economia e ha una specializzazione.
 • Sì, infatti...

4 • Quando sono uscita per la prima volta con Agostino ero molto emozionata.
 • Ci credo. Dove ti ha portato?
 • Siamo andati a fare una passeggiata al parco.
 • Era pomeriggio?
 • Sì, poi prima di cena ci siamo fermati a prendere un aperitivo vicino a un laghetto.
 • E dopo dove siete andati a cena?
 • Non ci siamo andati per niente. Siamo rimasti a parlare su una panchina fino alle undici di sera.

Traccia 22

1 Domenica scorsa sono andata a una festa e ho conosciuto il cugino della mia amica Milena: è un ragazzo davvero simpatico. Mi ha detto che studia Architettura a Firenze e per guadagnare un po', lavora in un bar del centro il sabato sera e la domenica pomeriggio. Mi è sembrato un ragazzo in gamba. Un tipo tranquillo, gentile, educato. Ed è anche un gran bel ragazzo. Spero proprio di rivederlo...

2 Quando ero piccola vicino a casa mia c'era un grande parco dove andavo spesso a giocare con i miei amici. Ci stavamo molte ore, soprattutto in estate quando il tempo era bello, perché c'erano molti alberi e non faceva troppo caldo. Ogni tanto veniva la mamma di uno di noi a controllare se tutto era a posto. Era un posto fantastico. Oggi in quella zona c'è un grande albergo. Devo dire che è molto bello e il parco c'è ancora ma è riservato ai clienti dell'hotel.

3 Mio fratello Mario ha lavorato per alcuni anni all'estero. Era responsabile del marketing in una grande multinazionale con sede a Chicago. Si trovava molto bene. Aveva un ottimo stipendio e un lavoro molto interessante. Dice che gli sarebbe piaciuto rimanere a Chicago per sempre. Sua moglie però voleva tornare in Italia e così si sono trasferiti a Milano, dove l'azienda di mio fratello ha comunque una filiale.

4 Mi sono sposata a inizio aprile. Il giorno del mio matrimonio il tempo era molto brutto e gli invitati sentivano proprio freddo. Io invece no, perché ero troppo felice e non mi importava niente della temperatura. Adesso sono passati un po' di anni e i miei amici e i miei familiari ancora parlano di quanto freddo hanno sofferto quel giorno. Io invece ricordo soprattutto la faccia di mio marito che mi aspettava con il bouquet in mano e mi sembrava un'altra persona.

Traccia 23

Roma è il comune più popoloso e più grande d'Italia. Inoltre, è tra le maggiori capitali europee per grandezza del territorio. È la città con la più alta concentrazione di beni storici e architettonici al mondo; il suo centro storico, circondato da mura antiche, offre testimonianze di quasi tremila anni di storia, arte e cultura occidentale.
Roma è il cuore della Chiesa cattolica ed è l'unica città al mondo a ospitare al proprio interno uno Stato straniero, cioè la Città del Vaticano: per questo motivo è spesso definita capitale di due Stati.
La nostra capitale è anche una delle città più verdi d'Europa. Ci sono ville storiche circondate da giardini, parchi cittadini incantevoli e nelle zone più periferiche molti terreni dedicati all'agricoltura.
Il simbolo di Roma è la lupa, l'animale che ha allattato i due gemelli Romolo e Remo, che secondo la leggenda sono i fondatori della città.
Tra i monumenti più famosi ricordiamo il Colosseo, il più grande anfiteatro del mondo romano, riconosciuto come una delle sette meraviglie del mondo moderno, e il Cupolone, la cupola della Basilica di San Pietro in Vaticano, che domina tutta la città e simboleggia il mondo cristiano.
Secondo la tradizione, Roma è stata costruita sopra sette colli. Il nucleo centrale e antico della città è costituito infatti dagli storici sette colli. Il fiume Tevere, che attraversa la città, in passato era considerato un dio biondo e per questo si chiamava il "biondo Tevere". Il fiume divide la riva sinistra, cioè il centro storico, da quella destra, dove inizia quella che una volta era chiamata "la periferia".

Traccia 24

Questi ultimi anni sono stati gli anni del virtuale: il web è entrato nella vita della gente, soprattutto dei giovani. Secondo una ricerca effettuata da meetic.it, la community di on-line dating più conosciuta e frequentata d'Italia, 1 italiano su 4 ha iniziato una relazione partendo da siti on-line. Maurizio Zorzetto, manager di Meetic Italia, ha affermato: «Meetic sa quanto è importante l'inizio. Vogliamo dare ai nostri utenti le migliori opportunità di incontrare e conoscere nuove persone con cui condividere interessi e passioni».
L'on-line dating ha avuto negli ultimi anni

un vero e proprio boom, diventando una normale alternativa al classico incontro casuale che può avvenire in un locale, in un bar, in ufficio o in metropolitana. Se infatti un tempo le famose "chat" erano viste con timore come luoghi un po' strani, ora sono diventate un luogo comune, frequentato da molte persone. Voi cosa ne pensate? Credete sia possibile incontrare la propria anima gemella on-line? Telefonate o mandate un messaggio al nostro numero...

Traccia 25

1 ● Che ne dite di guardare la TV stasera? Venite da noi: pizza, birra e due risate con Crozza e *Italialand*.
  ● Per me va bene. Un attimo che chiedo a Silvana... Va bene anche per lei.
  ● Perfetto. Venite verso le otto?
  ● Sì. Ordiniamo la pizza?
  ● No. Non vi preoccupate. Alla cena ci penso io.
  ● Ok. Allora arriviamo per le otto.

2 ● Stasera guardiamo la partita a casa mia?
  ● Dove la trasmettono? Su Italia1? O su un canale privato? Ma tu ce l'hai l'abbonamento?
  ● No, non ce l'ho, ma guarda che la trasmettono anche su Italia1.
  ● Ti sbagli. È solo sulla TV a pagamento.
  ● Sei sicuro? Allora vengo io da te, ok?
  ● Sì, va bene. Però non prima delle otto e mezzo perché oggi ho molto da fare al lavoro.

3 ● Stasera c'è l'ultima serata di *X Factor*: vi va di guardarla insieme?
  ● Mi dispiace, non possiamo.
  ● Qual è il problema? Non vi piace?
  ● No, non c'è nessun problema. Ci piace. È solo che dobbiamo fare le valigie. Domani partiamo per la settimana bianca.
  ● E allora sarà per un'altra volta.

4 ● Mi dispiace, stasera non posso venire a casa tua.
  ● Perché? Stasera c'è Saviano...
  ● Ma io ho appuntamento con mia sorella su Skype.
  ● Guarda, Skype ce l'ho anch'io.
  ● D'accordo. Allora vengo. A che ora inizia il programma?
  ● Alle nove. Fa' presto...
  ● Sono già le nove?
  ● Mancano cinque minuti.
  ● Beh, in cinque minuti a casa tua ci arrivo sicuramente.

5 ● Che c'è stasera in TV?
  ● Non ne ho idea. Da' un'occhiata ai programmi in Internet.
  ● Un attimo... Oh guarda... C'è l'ultima puntata della serie televisiva di Rai1...
  ● *Questo nostro amore*?
  ● Sì, proprio quello. Io non l'ho visto sempre, ma più o meno ho seguito la trama...
  ● Allora lo guardiamo insieme?
  ● Sì, dai. Ti aspetto. Ci mettiamo davanti alla TV con i popcorn?

Traccia 26

1 e, 2 è, 3 c'era, 4 cera, 5 pesca, 6 pesca, 7 tè, 8 te, 9 legge, 10 legge

Traccia 27

1 o, 2 ho, 3 colto, 4 colto, 5 l'oro, 6 loro, 7 volto, 8 volto, 9 botte, 10 botte

Traccia 28

1 Che cosa c'era ieri sera su Rai1?
2 Questo conduttore mi sembra stanco, ha una brutta cera.
3 Aspetto te per prendere il tè davanti alla TV.
4 Annarita legge sempre e non guarda la TV.
5 La legge italiana dice che dobbiamo pagare una tassa sul possesso di radio e TV.
6 Io e te abbiamo la stessa opinione: la TV è una grande finestra sul mondo.
7 Mio marito continua a fare zapping e pesca dei programmi inguardabili.
8 Amore, prima di guardare i cartoni devi mangiare un po' di frutta: prendi la pesca.
9 Ho io il telecomando: che cosa vuoi guardare, il film o il telequiz?
10 Io non ho la TV, ho colto l'occasione di eliminarla quando ho cambiato casa.
11 Luigi è molto colto e preferisce guardare trasmissioni istruttive.
12 Loro stasera non vengono perché vogliono guardare la partita in TV.
13 Ho visto un documentario su come si lavorava l'oro ai tempi degli etruschi.
14 Guarda che hai volto lo schermo dalla parte sbagliata.
15 Che bel volto che ha quella presentatrice!
16 Ieri ho seguito la boxe in TV: mamma mia quante botte si sono dati!
17 Hai visto il documentario su Gubbio? Sotto il duomo c'è una botte di vino enorme.

Traccia 29

● Che cosa ne pensi della TV di oggi?
● La televisione di oggi è banale, è diventata troppo banale.
● Perché banale?
● Perché copiano dalle televisioni estere, non trasmettono storie originali.
● E tu cosa ne pensi?
■ Secondo me non sanno più che cosa inventare. I programmi sono tutti uguali, le trasmissioni sono diventate sempre le stesse. Non mi entusiasmano. Non mi piace per esempio il fenomeno del *Grande Fratello*, anche se è molto seguito.
● Come dovrebbe essere secondo te la televisione?
■ Penso che dovrebbe riguardare di più i problemi reali, non solo dei giovani ma anche della società. Vorrei innanzi tutto che capisse gli spettatori, quello che interessa a chi la guarda. E poi vorrei più film in prima serata: quelli che ci sono iniziano troppo tardi. In generale, ci vorrebbero dei programmi più positivi, più intelligenti. Io credo che in altri Paesi ci siano. E soprattutto per i ragazzi servirebbero più programmi di cultura.

Traccia 30

1 Secondo me non basta usare le borse di cotone per la spesa. Bisogna ridurre il consumo di plastica e preferire legno, vetro e materiali riutilizzabili.
2 Secondo me è necessario comprare prodotti locali, perché il trasporto delle merci fa consumare petrolio e aumentare l'effetto serra.
3 In casa mia in inverno è vietato riscaldare troppo. Se la temperatura non supera i venti gradi, si sta meglio e si inquina di meno.
4 Per risparmiare carta basta utilizzare la tecnologia digitale ed evitare così di stampare tutto.
5 Bisogna stare attenti al consumo dell'acqua, ad esempio quando si lavano i denti basta aprire l'acqua al momento del risciacquo. Lo insegno anche ai bambini a scuola.
6 Per risparmiare un po' di elettricità è sufficiente spegnere elettrodomestici e computer: lo stand-by consuma e quindi inquina.
7 Io appena posso ho intenzione di comprare un'auto a metano o a gpl, perché è meno inquinante. Inoltre nella vita di tutti i giorni non bisogna prendere sempre la macchina.

Possiamo provare a farne un po' a meno.

8 È meglio usare fonti di energia alternativa. Noi ad esempio abbiamo deciso di installare i pannelli solari. L'energia rinnovabile è un investimento sul nostro futuro.

Traccia 31
Manuel: Scusa Francesca, ma qui da voi come si fa la raccolta differenziata?
Francesca: Beh, come da voi immagino, perché?
Manuel: Perché ogni città ha regole diverse. Ecco il motivo per cui devo imparare tutto di nuovo. Quello che si fa qui è diverso da quello che si fa da noi.
Francesca: Sei sicuro, Manuel? Secondo me la raccolta differenziata ormai è quasi uguale ovunque.
Manuel: Hai detto bene. Quasi uguale, ma non proprio la stessa cosa. Ho dato un'occhiata al volantino che ha mandato il comune, ma ora non lo trovo più. Probabilmente l'ho buttato.
Francesca: Con la carta, spero!
Manuel: Certamente!
Francesca: Comunque si impara alla svelta! Basta vincere la pigrizia: il resto è semplice.
Manuel: Semplice? A me qui sembra un po' complicato. Più complicato che da noi.
Francesca: All'inizio, ma poi è una questione di abitudine. Io metto i sacchi di diversi colori in diversi contenitori...
Manuel: Per esempio, dove butti i piatti di plastica?
Francesca: Nel residuo.
Manuel: Ma sono di plastica!
Francesca: Però appartengono alla categoria usa e getta.
Manuel: E le lampadine?
Francesca: Non mi ricordo bene. Al posto tuo, io le butterei nel residuo.
Manuel: Ma sono di vetro!
Francesca: Certo, però c'è scritto chiaro e tondo: devi buttare nel residuo tutto ciò su cui hai dei dubbi. Questo me lo ricordo bene.
Manuel: Poi porto le medicine nei raccoglitori delle farmacie, vero?
Francesca: Bravo!
Manuel: E l'olio vegetale usato lo metto nell'apposito contenitore. A proposito, quanto costa il contenitore?
Francesca: Niente, è gratuito. Lo devi andare a ritirare durante l'orario di apertura del Servizio di igiene ambientale. E non dimenticare il codice utente.
Manuel: E dove lo trovo?
Francesca: È lo stesso numero con cui si paga la tassa sui rifiuti.
Manuel: E quanto devo pagare quando riconsegno il contenitore pieno?
Francesca: Niente.
Manuel: Ah, che bello! Da noi si paga. Qui invece anche lo smaltimento dei frigoriferi e dei grandi elettrodomestici è gratuito, vero?
Francesca: Sì, basta chiamare il numero verde.
Manuel: Certo che sei proprio ben informata tu. Sei una cittadina modello... Un angelo della natura!
Francesca: Ma sai, io credo nella necessità di rispettare l'ambiente, per cui mi impegno. Faccio tutto ciò che posso e lo faccio con il cuore.
Manuel: Hai ragione. Ci credo anch'io: guarda il mio sacchetto di pile esauste... domani lo porto in tabaccheria...

Traccia 32
1 acqua, **2** scuola, **3** cuore, **4** quando, **5** quello, **6** quindi, **7** inquina, **8** ovunque, **9** cuoco, **10** quadro

Traccia 33
1 Maddalena, **2** Dolomiti, **3** pile, **4** sole, **5** tutela, **6** dolci, **7** sfalci, **8** fulgido, **9** pulcino, **10** calci

Traccia 34
1 natura, **2** numero, **3** necessità, **4** indirizzo, **5** informazioni, **6** inverno, **7** vincere, **8** angelo, **9** ancora, **10** ingombrante

Traccia 35
Sono appena tornata da una vacanza invernale sulle Dolomiti. No, niente settimana bianca, niente sci, solo una lunga gita per raccogliere impressioni e informazioni sulla natura e l'ambiente montano. Da quando mi sono iscritta a Scienze naturali mi è venuta una grande passione per tutto ciò che ha a che fare con la tutela dell'ambiente e quando posso visito quei luoghi che offrono la possibilità di conoscere i tesori della natura. Le Dolomiti sono un luogo fantastico, con cime dai colori fulgidi, con piccoli specchi di acque dolci e limpide ovunque: sembrano quasi un paradiso terrestre al riparo da rumore e inquinamento. Ho visitato alcune riserve naturali e ho conservato gli indirizzi dei responsabili di quelle zone.
Beh, io ho un sogno: quello di diventare una guida escursionistica. È una cosa che mi sta proprio a cuore. Sono convinta che un giorno passeggerò in posti bellissimi e mostrerò quella che per me è la ricchezza più grande che abbiamo al mondo: la natura.

Traccia 36
Conduttrice: Per fortuna negli ultimi anni sempre più persone hanno capito che i rifiuti sono una risorsa e che quindi non devono essere sprecati, ma vanno messi negli appositi contenitori che consentono poi a questi rifiuti di essere recuperati, raccolti e riciclati. A volte, però, abbiamo dei dubbi su come separare i rifiuti. Per questo oggi abbiamo invitato un esperto di raccolta differenziata e riciclo. Allora, vorremmo che lei oggi ci insegnasse a smaltire tutto correttamente. Partiamo dalla carta.
Esperto: Sì, dunque... Possono andare nella raccolta differenziata della carta i giornali, tutti i materiali pubblicitari, i depliant. Tra l'altro potrebbe essere utile mettere tutta la carta da buttare in una busta di carta e quando è piena gettarla direttamente nel cassonetto della carta. Quindi fate attenzione a non mettere la carta in buste di platica. Inoltre, bisogna ricordare che non dobbiamo buttare nella carta né la carta unta e sporca né i tovaglioli di carta sporchi.
Conduttrice: Dubbio: dove mettiamo il tetrapack del succo?
Esperto: Il dubbio è risolto dalla presenza o meno dell'etichetta CA sulla confezione, che significa che va smaltito nella carta. Tutti i contenitori di alimenti che presentano questa etichetta possono essere gettati nella carta. Ricordiamo anche che è sempre meglio schiacciare questi contenitori, così come è opportuno schiacciare le bottiglie di plastica.
Conduttrice: Parliamo anche di rifiuti pericolosi, come le pile esauste o i farmaci scaduti...
Esperto: Mai buttare le pile esauste o i farmaci scaduti nell'indifferenziato, perché si fa male all'ambiente. Vanno invece depositati negli appositi contenitori che si trovano per esempio nelle farmacie... Attenzione anche ai

Traccia 37

Lisa: Ciao, ciao a tutti. Scusate il ritardo!
Lorenzo: Ciao Lisa. Ben arrivata sorellina mia. Non sei mica in ritardo! Sono le dieci!
Lisa: Ah, meno male. Siamo tutti? Possiamo andare?
Catia: No, manca Samuele.
Lisa: Ok, allora aspettiamo ancora. Ehi guarda mamma, hai visto il giornale? Ci sono le elezioni del nuovo sindaco! Sarà Turrisi il nuovo sindaco di Parma?
Catia: Ma anche Turrisi si è candidato? Non lo sapevo. Io non sono molto informata su quello che succede in città.
Lisa: Perché tu mamma non leggi i giornali.
Catia: Non è vero, Lisa.
Lisa: Volevo dire i quotidiani.
Catia: Neanche questo è vero. Io leggo il giornale tutti i giorni, lo leggo on-line e leggo soprattutto «la Repubblica». Poi però è vero che preferisco le riviste, quelle femminili tipo «Donna moderna», ma non solo.
Lisa: Una volta però avevi l'abbonamento alla «Repubblica».
Catia: Sì, hai ragione. Ora però è così comodo leggerla on-line. Comunque una volta a settimana la compro in edicola perché c'è l'inserto settimanale del venerdì. Non so perché, ma la stampa locale non mi interessa.
Lorenzo: Però bisogna informarsi su quello che accade dove abitiamo. Leggi un po' mamma: «Tra pochi giorni partiranno i lavori per la costruzione del nuovo palazzetto dello sport». Questo è importante per noi, perché è proprio dietro casa nostra...
Giuseppe: Davvero? Quando cominceranno, ci sarà un sacco di rumore. A proposito, visto che siamo qui voglio comprare «La Settimana Enigmistica», è da tanto tempo che non faccio un po' di parole crociate.
Lisa: Bravo nonno. Così fai qualcosa di diverso e non stai sempre e solo a leggere.
Giuseppe: Hai ragione. Però se non leggo ogni giorno almeno un paio di quotidiani, tipo «il Corriere della Sera» e «la Repubblica», e «l'Espresso» una volta a settimana, mi sento fuori dal mondo.
Lisa: Allora io assomiglio a te. Io leggo un po' di tutto: «la Repubblica», la «Gazzetta di Parma», «Il Sole 24 ORE», «l'Espresso», «La cucina italiana»...
Lorenzo: Ah, è per questo che sei andata a fare la scuola di giornalismo? Quando sarai una giornalista famosa, ricordati di me.
Lisa: Senti Lorenzo, non prendermi in giro. Piuttosto, tu smetti di leggere sempre e solo «Il Sole 24 ORE» e prova a interessarti anche di qualcos'altro.
Lorenzo: Guarda che sei rimasta indietro. Io non mi interesso soltanto di economia ma anche di sport e motori. Infatti compro spesso «Quattroruote», «La Gazzetta dello Sport» e, forse non ci crederai, da un po' di tempo compro il mensile «Bell'Italia».
Lisa: Così ti informi sui luoghi più belli per i fine settimana romantici con Barbara!
Lorenzo: Certo!
Catia: Insomma la comprate «La Settimana Enigmistica» al nonno oppure vado io?
Giuseppe: No, no, vado io, così ti compro anche «Donna moderna».
Catia: Grazie papà. Ma a proposito, dove sarà Samuele? Perché non arriva?
Lisa: Forse si è dimenticato del nostro appuntamento in tribunale.
Catia: Spero di no. Chissà che cosa starà facendo in questo momento!
Lisa: Magari starà dormendo!
Lorenzo: No, l'ho chiamato a casa mezz'ora fa e mi ha detto che stava uscendo.
Catia: E allora perché non arriva?
Lorenzo: Non lo so, poi l'ho richiamato sul cellulare e non ha risposto.
Catia: Non avrà il cellulare con sé.
Lorenzo: Infatti. Forse l'ha dimenticato. Comunque state calme. C'è tanto traffico. Probabilmente sarà in coda da qualche parte e arriverà tra poco. Ora lo richiamo...

Traccia 38

Giornalista: Beppe Severgnini, ti faccio una domanda per capire che rapporto può esserci tra Internet e informazione. Tu sei stato un pioniere dal punto di vista dell'informazione in Internet per quanto riguarda il giornalismo. I tuoi colleghi come vedono l'informazione on-line, che siano blog o siti, che tipo di rapporto hanno con l'informazione on-line?
Severgnini: Domanda impossibile: ci sono colleghi che hanno capito tutto, hanno capito che i lettori sono diventati dei collaboratori, dei commentatori, e ci sono colleghi che sono terrorizzati, perché Internet per esempio permette di contare. Tu scrivi l'articolo su un giornale e il giornale vende un certo numero di copie, ma è impossibile capire quanto ha contribuito il tuo articolo. Quindi qualcuno è convinto di essere un grande giornalista solo perché il giornale vende ma non ha prove del fatto che si legga anche il suo articolo. Internet invece ti permette di misurare tutto quello che fai e questo spaventa molto alcuni di noi. Perché un blog – o un forum – può avere decine di migliaia di persone che leggono e partecipano oppure dodici.
Giornalista: Un'altra domanda. La mattina, ovviamente, guardi i giornali; poi passi ai blog? Come ti muovi on-line per trovare notizie poi da utilizzare nel corso della giornata?
Severgnini: No, io leggo prima i blog, e i forum, e anche «il Corriere della Sera» – non c'è dubbio. Devo confessare che quando avevo trent'anni leggevo dieci quotidiani di carta al giorno, poi otto, sette, sei, cinque, quattro... Adesso ne leggo molto pochi. Devo dire che ne leggo un paio e per il resto vedo rassegne stampa, trovo su Internet.
Giornalista: Ti è capitato di trovare notizie interessanti sui blog, ad esempio un giorno hai letto un qualcosa di interessante che poi magari hai riproposto sul forum o sotto altre forme?
Severgnini: Sì, certo. Ma quasi sempre c'è un passaggio in mezzo: sono i miei lettori che trovano le notizie, me le propongono, mi sfidano: «Questo non lo sapevi», «Che ne dici di questo?». Sono veramente dei commentatori. Quindi devo dire che esiste una comunità di lettori-commentatori che mi hanno insegnato moltissime cose.

Traccia 39

Costantino: Dario, che cosa fai?
Dario: Costantino, vieni, entra pure! Non faccio niente di speciale. Navigo un po' in Internet... In realtà volevo scrivere una mail a Leonardo. È da una vita che non lo sento.
Costantino: È vero. Anch'io non ho più saputo niente da quando è partito. Tu sai dove è andato di preciso?
Dario: Credo che sia andato in Africa,

---

cavi elettrici, che vanno portati negli appositi centri di raccolta nei comuni.

ma non so in quale Paese.
Costantino: Da solo?
Dario: No. Mi pare che sia partito con Medici senza frontiere o una di queste organizzazioni umanitarie. Mi ricordo che mi aveva parlato di questa sua intenzione di partire. Penso che lavori in un centro di assistenza a bambini e malati.
Costantino: Però! Che coraggio! Spero che sia felice!
Dario: Beh, lui ha sempre desiderato essere utile agli altri.
Costantino: Hai ragione!
Dario: Sono sicuro che per lui la professione del medico è sempre stata una vocazione.
Costantino: Ti ricordi quando l'abbiamo conosciuto? Quella sera... insieme a Enrica.
Dario: Certo! Avevamo appena finito l'università. Peccato che il loro matrimonio non abbia funzionato! A volte penso che lui abbia preso la decisione di partire proprio a causa della storia con Enrica.
Costantino: No. Su questo ti sbagli. Io credo che lui abbia sempre desiderato fare una cosa del genere. A proposito di Enrica, chissà lei che cosa fa!
Dario: Pare che sia tornata a vivere a Viterbo e si sia risposata. Credo che faccia la ricercatrice all'università. Mi ha detto qualcosa del genere quando l'ho vista l'ultima volta. Era alla presentazione del tuo libro, non ti ricordi?
Costantino: Sì, ma io non ci ho parlato perché c'era tanta gente. Chissà se Enrica sa che Leonardo si è dedicato completamente al volontariato... Immagino che Leo non dorma nemmeno la notte pur di aiutare gli altri...
Dario: Eh sì, lui è sempre stato un tipo molto generoso, pieno di idee, di iniziative. Qualche volta mi manca. Mi auguro che un giorno torni in mezzo a noi. Comunque spero di andare a trovarlo.
Costantino: Davvero?
Dario: Sì. Proprio per questo vorrei scrivergli, per sapere dov'è esattamente, cosa fa, se c'è posto per me... Spero che legga la mia mail e mi risponda presto, così posso organizzarmi...

Traccia 40
Conduttore: Gentili ascoltatori, oggi pomeriggio vi presentiamo alcune interviste a persone che hanno partecipato al nostro sondaggio sulle attività di volontariato a cui si dedicano gli italiani. La domanda che abbiamo posto è: "E tu che cosa fai per migliorare il mondo?" Cominciamo con Giacomo, 37 anni, infermiere.
Giacomo: Io mi dedico soprattutto ai bambini. Se aiutiamo i bambini a vivere bene, possiamo sperare che il futuro sia migliore per tutti. Sono convinto che dobbiamo aiutare i più piccoli e i giovani a crescere senza paura, nella gioia e nella serenità e, per questo motivo, a volte collaboro con associazioni che si interessano della difesa dei diritti dell'infanzia e dell'adolescenza. Per esempio, l'anno scorso ho partecipato a una raccolta di fondi per la costruzione di un centro sportivo per adolescenti in difficoltà ed è andata molto bene. Mi sembra di aver contribuito a un progetto importante e spero che il prossimo anno vada ancora meglio con qualche altro progetto di questo tipo.
Conduttore: Grazie Giacomo. Adesso passiamo alla nostra cara Nadia, che viene da Cosenza, ha 48 anni e fa l'insegnante.
Nadia: A me interessa la difesa dei consumatori e la tutela dei diritti dei cittadini. Collaboro con associazioni che si occupano di queste problematiche. Purtroppo alcune cose vanno male nella nostra società e ciò favorisce il desiderio di ingannare gli altri, sfruttarli, danneggiarli economicamente. Se non facciamo qualcosa, andrà sempre peggio. Per me la cosa più importante è l'informazione. Penso che sia difficile prendere in giro un cittadino informato e per questo metto il massimo impegno nell'informare le persone riguardo ai rischi e ai pericoli che possono correre quando fanno acquisti, firmano contratti ecc.
Conduttore: Grazie anche a te Nadia. Infine abbiamo un collegamento telefonico con Sara, che vive in Brasile, quindi non ha potuto essere presente nei nostri studi. Sara ha 33 anni, si è laureata in Medicina cinque anni fa e dopo la specializzazione ha deciso di lasciare il nostro Paese.
Sara: Sì, infatti io da qualche anno vivo a San Paolo e insieme ad altri colleghi medici mi occupo di fornire assistenza sanitaria agli abitanti di alcune zone molto povere. Sai, purtroppo ci lamentiamo anche se stiamo bene, abbiamo cibo e salute e ci scordiamo troppo spesso di chi sta peggio di noi. Qui dove sono io, si impara a vedere il mondo con altri occhi e questa è un'esperienza estremamente formativa. Personalmente mi auguro che aumenti il numero di persone disposte ad aiutare gli altri. Credo che la solidarietà sia un valore molto importante e che solo se ci sentiamo solidali con tutti, ricchi e poveri, fortunati e sfortunati, sani e malati, possiamo costruire una società più giusta.
Conduttore: Grazie mille. Adesso la parola passa a voi ascoltatori. Vi invitiamo a telefonarci e a raccontarci le vostre esperienze di volontariato. Vi ricordiamo la domanda: "E tu che cosa fai per migliorare il mondo?". Abbiamo già qualcuno in linea?

Traccia 41
Caro Leonardo,
come stai? Sono passati due anni da quando sei partito e devo dire che ci siamo sentiti veramente poco. Da qualche settimana ho in mente di scriverti e finalmente oggi ho trovato un po' di tempo per farlo. Dove ti trovi esattamente? Mi pare di ricordare che eri andato in Africa, ma magari nel frattempo ti sei spostato in Australia o in Argentina. Che vita emozionante! Lavori con Medici senza frontiere? Poco fa è venuto Costantino e abbiamo parlato di te e dei vecchi tempi. Lui adesso abita in via Appia e non ci vediamo molto spesso. Qualche volta ci incontriamo in università, oppure viene a trovarmi e allora ci aggiorniamo su quello che è successo. In realtà siamo molto occupati, io con i miei esperimenti di laboratorio, lui invece con i suoi libri. Ne ha scritto uno sulla ricerca della felicità. Si intitola *La felicità è dentro di noi*. Lo ha presentato in una libreria del centro qualche giorno prima di Pasqua. Sono andato alla presentazione e l'ho trovata molto interessante. Non ci crederai, ma c'era anche Enrica. Te lo racconto perché ormai vi siete lasciati da tanto tempo e immagino che sia tutto passato. Però mi sembra che abbia sofferto anche lei per la vostra separazione.

Adesso fa la ricercatrice e si sta occupando di alcuni pittori umbri del Cinquecento.
Ma torniamo a noi. Come ti dicevo, in questi ultimi tempi, mi sei venuto in mente in tante occasioni e per questo ho pensato che potrei venirti a trovare. Se ti fa piacere e se dove sei c'è un letto anche per me, potrei fare un salto dalle tue parti.
Scrivimi presto e fammi sapere.
Un caro saluto,
Dario

Traccia 42
1
Giulia: Ehi Michele, che ne pensi di guardare un po' di TV?
Michele: Scusami Giulia, ma sono proprio stanco, preferisco andare a letto.
Giulia: Dai, fammi compagnia. C'è un film bellissimo su Rai3.
Michele: Mi dispiace, ma stasera proprio non ce la faccio.

2
- Mi spieghi in quale contenitore devo buttare i bicchieri in plastica?
- Non c'è un contenitore per i bicchieri di plastica.
- Ma sei sicuro?
- Sì. Devi buttare i bicchieri nell'indifferenziato.
- Ma non c'è un contenitore per la plastica?
- Certo. Ma per gli imballaggi in plastica e i bicchieri non sono imballaggi.

3
- Ciao Giovanna. Che cosa stai leggendo?
- «Donna moderna».
- Ah, e che cosa c'è di interessante?
- Ma, diverse cose. È l'unica rivista femminile in cui trovo qualcosa di interessante.
- Per esempio?
- Per esempio questo articolo, senti un po'...

4
- Dove pensi che sia andata Laura? Non la vedo da tanto tempo.
- Credo che si sia trasferita a Genova.
- Davvero? Non ne sapevo niente. E perché?
- Perché qui a Milano non era felice. Le mancava il mare.
- Beh, ha fatto proprio bene. Anch'io credo che vivere al mare sia bellissimo.

Traccia 43
1 Quando ero piccola guardavo spesso la TV. Mi piacevano i cartoni animati e le serie TV americane. I miei genitori non erano d'accordo e mi dicevano che non dovevo passare troppo tempo davanti allo schermo. Io invece adoravo quelle immagini colorate che si muovevano veloci. Oggi mi sembra un po' strano, perché la TV non mi piace più. Anzi mi annoia.

2 La scorsa settimana a scuola abbiamo parlato di natura ed ecologia. A me interessano questi argomenti perché credo che tutti dobbiamo impegnarci a difendere la natura. Io, ad esempio, sono molto attento a separare i rifiuti in casa, a risparmiare acqua ed energia e vado a piedi tutte le volte che posso. Non è molto, ma è un piccolo contributo alla tutela dell'ambiente.

3 Ieri ho letto un articolo di cronaca particolare. Un ladro è entrato in una casa per rubare ma mentre rompeva il vetro della finestra si è tagliato e ha cominciato a perdere molto sangue. Ha avuto paura e ha chiamato aiuto. Il padrone di casa si è svegliato e quando ha visto l'uomo ferito lo ha soccorso, ha chiamato l'ambulanza e lo ha addirittura accompagnato in ospedale.

4 Credo che per essere felici non si debbano desiderare cose impossibili. Se siamo contenti di quello che siamo e di quello che abbiamo, non passiamo il tempo a cercare di ottenere successi personali o materiali impossibili da raggiungere. Io credo di essere una persona felice. Mi piace il mio carattere, mi piacciono la mia casa, la mia famiglia, il mio lavoro... Cosa posso volere di più?

Traccia 44
Sono tantissime le opere d'arte false in commercio. Si tratta di un business assolutamente legale e diffuso di opere riprodotte, tutte copie perfette di originali, che si acquistano a prezzi piuttosto elevati e senza nessun rischio. E sono in molti a comprarle. Uno scherzo? No.
Nelle case di tanti personaggi dello spettacolo sono appesi quadri dichiaratamente falsi. Uno dei più grandi falsari del mondo è Daniele Ermes Dondè. Un italiano che è stato capace di creare un impero grazie al falso d'autore e che riceve richieste e commissioni da tutto il mondo. Tra i suoi clienti ci sono nomi d'eccezione, da Frank Sinatra ad Arnold Schwarzenegger a Sophia Loren, ma l'elenco è davvero lunghissimo. Secondo Dondè è impossibile distinguere l'originale dall'imitazione, ma cosa ne pensano invece i musei che tutelano i lavori – quelli originali – degli artisti? Non tutti sono contenti. Per questo motivo Daniele Ermes Dondè è stato più volte denunciato, ma sempre senza risultato. In Italia infatti la legge legalizza la vendita del falso. Si possono realizzare e commerciare le repliche di dipinti di grandi artisti: basta che le loro dimensioni siano differenti dall'originale di almeno 5 cm e siano vendute con la dichiarazione della propria natura di falso. Inoltre, secondo la legge del diritto d'autore, è possibile copiare solo quadri di un artista morto da almeno settant'anni.

Traccia 45
Secondo una recente ricerca, i giovani tra i 16 e i 24 anni passano più tempo in Internet che davanti alla TV. E quasi la metà di loro dichiara di preferire navigare in Internet piuttosto che guardare la TV. Internet è sempre più popolare anche tra gli anziani e tra le donne: sono questi i fattori che hanno determinato la crescita dell'on-line. Dal 2006, infatti, il numero delle persone che hanno più di 55 anni e usano Internet ogni settimana è aumentato del 12%, mentre il numero delle donne è aumentato dell'8%. Aumenta anche il tempo che viene passato on-line: gli europei ci passano quasi 12 ore alla settimana e circa un terzo, cioè 48 milioni di persone, possono essere considerati "grandi utilizzatori", in quanto ci passano una media di 16 o più ore alla settimana. In Italia, la percentuale di coloro che possono essere considerati "grandi utilizzatori" è ancora più alta, infatti raggiunge il 37%. Il social networking continua ad essere molto diffuso: il 42% degli utenti Internet in Europa comunica almeno una volta al mese attraverso siti di social networking; in Italia, la percentuale si attesta al 40%. Sia a livello europeo che italiano, il social networking è al terzo posto tra le attività on-line più diffuse, dopo la ricerca di informazioni e l'uso della posta elettronica.

TRACCE AUDIO ESERCIZIARIO

Traccia 1
Maria Gloria Tommasini, Mimma Flavia Diaco, Spazio Italia, © Loescher Editore, Torino, 2013
Volume 3, livello B1
Eserciziario

Traccia 2
- Buongiorno e ben ritrovati alla nostra rubrica *Chiacchiere e costume*. Allora, secondo l'ultimo sondaggio, nell'universo maschile il nuovo sex symbol sarebbe calvo, di mezza età, comico, ma allo stesso tempo anche timido e riservato; invece le donne preferite sono quelle sportive, sempre in forma, determinate, che però non rinunciano all'eleganza.
- Sì, un po' come Federica Pellegrini, che rispecchia le caratteristiche della donna del sondaggio. È giovane, atletica, sportiva, determinata, ma allo stesso tempo, quando è fuori dall'acqua, appare come una ragazza semplice, elegante, beh anche un po' timida e, perché no, in alcuni momenti della sua vita l'abbiamo vista anche fragile.
- Sì, è vero, un po' una ragazza acqua e sapone. E per gli uomini invece, chi ti viene in mente?
- A me viene in mente Claudio Bisio, proprio in questi giorni è uscito il suo ultimo film. Calvo, sui 50 anni, non bello, ma sicuramente simpatico ed esuberante.
- Ma Claudio Bisio non è timido...
- Beh, fuori dal set è molto riservato, pacato, forse è proprio questo che piace di lui alla gente. Con quella sua aria da timido e da uomo serio, riesce a dire la battuta giusta al momento giusto e a sdrammatizzare situazioni pesanti.
- Quindi timido e riservato da una parte, brillante e divertente dall'altra.
- Bene andiamo avanti...

Traccia 3
Gli italiani usano molte parole... beh, in effetti tutti, quando parlano, usano le parole, non solo gli italiani, anche gli inglesi, i cinesi, i senegalesi, gli irochesi... Però, per prima cosa, possiamo dire che gli italiani usano due tipi di parole, quelle che cambiano e quelle che non cambiano mai. Di solito gli studenti preferiscono quelle che non cambiano... sono più facili, danno più sicurezza, non ti fanno mai degli scherzi strani. *In, con, adesso, domani, dopo, uffa!, boh!, ma, perché...* ecco, loro non cambiano mai (anche *mai* non cambia *mai*, ci avete fatto caso?). *Dopo* è sempre *dopo*, non ci sono "due dopi". Se ieri sono andato al cinema con Luisa *con* rimane *con*, e se ci torno domani, rimarrà *con* anche domani. E posso essere sempre indeciso, dire sempre mille *ma*, ma *ma* resta *ma*, anche se sono mille. Queste parole simpatiche, tranquille, che non cambiano mai hanno diversi nomi. Si chiamano "preposizioni semplici" (*in, con...*), "avverbi" (*domani, dopo, adesso, mai...*), "congiunzioni" (*ma, perché, se...*), "interiezioni" (*uffa!, boh!...*). Invece, le parole che gli studenti odiano sono quelle che cambiano sempre. *Mangio*. Facile, apro la bocca e mangio. Ma se dico *ieri* allora non è più *mangio*, diventa *ho mangiato*. E se non ero da solo, allora è *abbiamo mangiato*. Vabbè, ieri abbiamo mangiato una pizza. Beh, veramente ne ho mangiate due, di pizze... ecco, *pizza* diventa *pizze*: uffa! (*uffa* mi piace di più, è sempre uguale). Dunque, *la pizza, le pizze; la pizza buona, le pizze buone...* uhhh anche *buona* cambia, *buona/buone*. Ecco, verbi (*mangio*), articoli (*la*), nomi (*pizza*), aggettivi (*buona*) sono parole che cambiano... e quindi sono un po' più difficili da imparare... un attimo, ma secondo me c'è ancora un gruppo di parole che cambiano... i pronomi!

Traccia 4
Intervistatore: Buongiorno a tutti, siamo al Campionato regionale di arrampicata. In questo momento siamo in compagnia di Giuliana, la nostra campionessa regionale. Ciao Giuliana, ottima gara! Come ti senti?
Giuliana: Bene bene, grazie. È stata una competizione difficile, i miei avversari sono stati bravi... Beh, insomma, è stata dura ma ce l'ho fatta... sono soddisfatta.
Intervistatore: Allora, ricordiamo al nostro pubblico chi è la nuova campionessa regionale di arrampicata: Giuliana, 21 anni, di Bolzano, pratica l'arrampicata da...
Giuliana: Da quando avevo 16 anni.
Intervistatore: Com'è cominciata questa passione?
Giuliana: Beh, ho iniziato nel 2008 quando avevo appunto 16 anni. Un giorno ero con degli amici in un parco avventura e la parete artificiale per l'arrampicata faceva parte del percorso. Ho provato, mi sono divertita e così ho continuato. Poi, abitando in montagna, non è stato difficile trovare altre persone con la stessa passione. E poi a 16 anni... beh, in quel momento avevo proprio bisogno di concentrarmi su qualcosa per superare un periodo difficile... I miei si stavano separando... e così ho trovato nell'arrampicata la mia via di fuga. Sai, bisogna essere concentrati, determinati, non devi farti prendere dal panico... non devi pensare ad altro...
Intervistatore: Quindi sei una persona molto coraggiosa?
Giuliana: Veramente non ero così prima, lo sono diventata, ho imparato a vincere la paura. Ho imparato a fidarmi degli altri e a essere più socievole.
Intervistatore: Giuliana, quali sono le caratteristiche dell'arrampicatore?
Giuliana: Bisogna essere determinati, forti fisicamente e non solo, atletici, avventurosi...
Intervistatore: Ma quando non ti arrampichi che cosa fai? Perché, se non sbaglio, questo è il tuo hobby, vero? Il tuo sogno è un altro.
Giuliana: Sì, infatti, sono una studentessa, studio per diventare interprete.
Intervistatore: Quali lingue studi?
Giuliana: Il giapponese e il russo.
Intervistatore: Due lingue molto difficili... Per quale motivo hai scelto di studiare proprio queste lingue?
Giuliana: Beh, il russo perché mio padre è di origine russa e ho dei parenti a San Pietroburgo, e ogni estate vado a trovarli. Il giapponese... perché mi piace la cultura giapponese e un giorno vorrei riuscire a leggere libri in lingua originale... E mi piacerebbe lavorare come interprete a Tokyo...
Intervistatore: Una ragazza così giovane, alla mano, che sceglie di studiare due lingue difficili e ha come hobby uno sport anch'esso difficile... Per te, che cos'hanno in comune queste cose?
Giuliana: Per lo studio delle lingue e per il mio hobby bisogna essere costanti:

io guardo spesso film in russo e in giapponese, ascolto anche la musica in lingua originale, parlo con i miei cugini di San Pietroburgo e studio regolarmente tre ore al giorno. Quindi, tanto esercizio per le lingue, così come tanto allenamento e tanta costanza nello sport...

Intervistatore: Allora grazie Giuliana, ti lascio festeggiare con i tuoi amici! In bocca al lupo per il futuro!

Giuliana: Crepi! A presto!

Traccia 5

Buongiorno a tutti e benvenuti in Sicilia! Mi chiamo Federica e per oggi sarò la vostra guida alla scoperta di Catania. Allora, prima di iniziare il nostro giro, vorrei farvi una breve introduzione sulla città e i suoi dintorni. Catania è una città bellissima. È la seconda città della Sicilia dopo Palermo per numero di abitanti ed è famosa per la sua storia, la natura, le specialità gastronomiche e la vita notturna.

È stata fondata dai greci e conquistata in seguito dai romani, dai bizantini, dagli arabi e dagli spagnoli.

Il cuore della città è rappresentato da piazza del Duomo, dove troviamo la Cattedrale di Sant'Agata, il Palazzo degli Elefanti che ospita il Municipio e la fontana dell'Amenano. Qui a sinistra, invece, abbiamo una delle vie più importanti della città, via Etnea. La strada parte dal Duomo e si dirige verso l'Etna, il vulcano attivo più alto del mondo, da cui prende il nome. Al centro di piazza del Duomo, troviamo la fontana dell'Elefante, simbolo della città siciliana.

Il centro storico è in stile barocco e nel 2002 è stato dichiarato dall'Unesco patrimonio dell'umanità.

Altre attrazioni della città sono il monastero dei benedettini, il teatro greco-romano, che si trova sempre in centro, il teatro Massimo Bellini, la casa di Giovanni Verga e la pescheria.

Nei dintorni di Catania, da non perdere assolutamente abbiamo il Parco dell'Etna, dove in inverno è possibile praticare lo sci e altri sport invernali, poi sulla costa troviamo la Riviera dei Ciclopi con i suoi faraglioni e la costiera di lava, i cui fondali sono un vero paradiso subacqueo per gli appassionati.

I prodotti tipici della zona sono: i pistacchi di Bronte, lo Zibibbo, che è un vino dolce, i famosissimi cannoli di ricotta e la granita. Famosi poi sono gli agrumi che vengono coltivati nella zona dell'Etna: arance, limoni e mandarini.

E adesso, dopo questa breve introduzione, possiamo iniziare il nostro giro turistico. Seguitemi prego!

Traccia 6

Sono nata a Fossano, una cittadina in provincia di Cuneo.

Lì ho frequentato le scuole elementari, le medie e le superiori. Mi sono diplomata come geometra nel 1985.

In realtà, quello che studiavo a scuola, alle superiori dico, non mi interessava molto. I miei veri interessi erano la musica – andavo a lezione di chitarra 3 volte alla settimana – e il servizio di volontariato in Croce Rossa, che ho iniziato quando avevo 18 anni. Dopo il diploma, invece di cercarmi un lavoro o di iscrivermi ad Architettura, ho fatto l'esame per entrare nella scuola per infermieri. L'esame l'ho dato a Torino e così mi sono trasferita nella "metropoli" piemontese. All'inizio è stata dura. La città non mi piaceva, la trovavo rumorosa e caotica... appena potevo, prendevo il treno e tornavo a Fossano. Poi però, dopo tre anni di scuola, ho subito trovato lavoro alle Molinette, l'ospedale più grande di Torino... e così sono rimasta qui. Ora sono felicissima! Io sono cambiata, amo tutto quello che mi può dare la grande città, ma anche Torino è cambiata. È molto più bella di una volta, molto più vivace, interessante... c'è una bella atmosfera. E poi, per chi, come me, ama la musica, è un posto fantastico, pieno di luoghi dove si può ascoltare musica dal vivo, o studiare uno strumento. È così che ho conosciuto Paolo, il mio attuale compagno. Frequentavamo lo stesso corso di musica, ci piaceva suonare insieme... così abbiamo deciso di andare a convivere.

Traccia 7

Area di servizio. Un pieno di informazioni su attualità e temi sociali.

Una buona giornata a tutti e ben tornati all'appuntamento con *Area di Servizio*: occupazione, disabilità, immigrazione... e altro ancora. E come al solito iniziamo il nostro appuntamento con il lavoro. Diamo subito uno sguardo alle offerte di lavoro.

Borse di studio per frequentare corsi o attività di perfezionamento all'estero. Le propone l'Università La Sapienza di Roma. Gli assegni sono destinati a laureati in materie scientifiche e umanistiche, sotto i trent'anni, con buona conoscenza della lingua del Paese prescelto. Il termine ultimo per le domande è fissato al 22 maggio prossimo. Per saperne di più il sito è www.uniroma1.it.

Il teatro San Carlo di Napoli cerca un nuovo responsabile delle risorse umane e violinisti per l'orchestra. Per la prima figura è necessaria la laurea con competenze in ambito amministrativo ed esperienza nel ruolo. La scadenza è il 31 maggio. Per gli aspiranti violinisti occorre il diploma di violino. Per ulteriori informazioni il riferimento è www.teatrosancarlo.it.

È stato pubblicato il bando regionale del Lazio rivolto a chi intenda diventare medico di famiglia. Il concorso si rivolge a oltre 80 candidati, laureati in Medicina, abilitati alla professione e iscritti all'albo. La scadenza per la presentazione della domanda è fissata al 20 maggio prossimo. Ulteriori informazioni possono essere trovate sul sito www.regione.lazio.it.

27 atleti, donne e uomini, da inserire nei centri sportivi della Polizia e delle Fiamme Oro. È questa l'offerta lanciata dalla Gazzetta Ufficiale del 23 aprile scorso. I candidati devono avere un curriculum sportivo, un'età compresa tra i 17 e i 35 anni, un diploma di scuola media e doti fisiche idonee. Verranno impiegati in diverse discipline, anche in relazione al sesso. Le domande vanno inviate entro il 23 maggio 2013. Per saperne di più, il sito di riferimento è www.gazzettaufficiale.it

Traccia 8

Guido: Ciao Silvia, come va? È tanto tempo che non ti vedo!

Silvia: Ciao Guido, sono contenta di rivederti. Sai che non vivo più qui? Ho cambiato lavoro e anche città, adesso lavoro come interprete a Londra.

Guido: Ma dai, scherzi? Ma se mi dicevi sempre che non avresti mai lasciato Messina!

Silvia: E invece...

Guido: E come ti trovi? Ti piace?

Silvia: Beh, è una città molto grande, ma alla fine si vive bene, ho già tanti amici e la sera c'è sempre qualcosa da fare.

Guido: Beata te! Anche a me

piacerebbe cambiare aria!
Silvia: Ma perché non cerchi anche tu lavoro a Londra? So che nella mia azienda cercano altri interpreti. Dai, provaci!
Guido: E perché no?

Traccia 9
Maestra Sandra: Allora bambini, oggi abbiamo con noi tre dei vostri genitori che gentilmente hanno accettato l'invito di noi maestre per parlarci del loro lavoro.
Abbiamo, Marcello, giusto?
Marcello: Sì, Marcello.
Maestra Sandra: Allora, Marcello è il papà di Luigi e fa il camionista. Poi abbiamo Maria Giulia, la mamma del nostro Sandrino, che fa la professoressa di inglese. E infine, ringraziamo anche Arminio, il papà di Kevin. Arminio è commercialista, si occupa cioè di tasse, diciamo che aiuta le persone a pagare le tasse, a capire come pagare le tasse... a capire come pagarne il meno possibile, giusto? Bene: allora, direi di iniziare con Marcello... potete fargli tutte le domande che volete.
Bambino: Io vorrei sapere come si fa per diventare camionisti.
Marcello: Beh, per diventare camionisti la cosa più importante è saper guidare un camion, naturalmente. E per farlo bisogna fare un corso, il corso per prendere la patente C+E... a 18 anni si può prendere la B, quella per guidare l'auto, poi a 21 anni si può prendere la C, quella per i camion, e poi si può prendere la C+E, per guidare i camion a rimorchio.
Bambino: Ma tu quando eri bambino volevi diventare camionista?
Marcello: Eh, no... in verità non è che a me piacesse molto studiare... ma ero sicuro che avrei fatto il calciatore. Ero bravo e ho anche giocato a livello quasi professionistico. Mi sarebbe piaciuto tantissimo vivere di calcio... ma forse non ero abbastanza bravo... nessuna grande squadra mi ha mai chiesto... e così ho dovuto cercarmi un altro lavoro.
Bambino: E ti piace fare il camionista?
Marcello: Beh, sicuramente è meglio che stare chiusi in una fabbrica... ma è un lavoro durissimo. Vorrei smettere, mi piacerebbe fare qualche lavoro che mi permetta di tornare a casa la sera e di cenare ogni giorno con i miei figli... ma c'è crisi e non so se potrei trovare un altro lavoro...
Bambina: Posso fare una domanda alla mamma di Sandrino?
Maestra Sandra: Certo, certo...
Bambina: Ma tu sei inglese?
Maria Giulia: No, sono italiana, italianissima, sono di Roma.
Bambina: E perché insegni inglese?
Maria Giulia: Perché all'università ho studiato inglese, e ho vissuto anche alcuni anni in Irlanda.
Bambino: E avresti sempre voluto fare l'insegnante?
Maria Giulia: In realtà avrei voluto fare la traduttrice di libri... e per un po' l'ho fatto... poi però ho vinto un concorso e sono diventata insegnante... ma sono felice, non vorrei mai cambiare lavoro, mi piace troppo.
Arminio: Io invece lo cambierei subito... sono un po' stufo di fare il commercialista, vorrei fare lo skipper, guidare le barche a vela... è quello che avrei sempre voluto fare!

Traccia 10
Conduttrice: Buongiorno e ben ritrovati alla nostra rubrica del cuore. Il tema di oggi è: "Come farsi lasciare in 10 giorni".
In realtà, questo è il titolo di un film americano che parla di una giornalista che finge di innamorarsi di un ragazzo per mettere in pratica le sue tecniche per farsi lasciare entro 10 giorni. Tutto questo per scrivere un articolo nel quale metterà in evidenza gli errori tipici che le donne commettono con gli uomini e che inevitabilmente poi portano alla separazione.
Ma veniamo a noi e alle storie dei nostri ascoltatori. Chi abbiamo in linea?
Sandro: Ciao, sono Sandro da Roma.
Conduttrice: Ciao Sandro, raccontaci la tua storia.
Sandro: Sì, frequento una ragazza da circa sei mesi, ma mi sono accorto che ha delle manie strane che a me non piacciono per niente... ho provato a lasciarla, ma lei ha reagito molto male.
Conduttrice: Beh, è comprensibile...
Sandro: Allora ho pensato: "Beh, mi faccio lasciare!" Ma come?
Conduttrice: Già, ma come? Sandro, sentiamo l'esperto che è in linea con noi.
Esperto: Buonasera a tutti, allora diamo a Sandro qualche consiglio... Iniziamo dalla cena.
La cena: fagliela pagare tutte le volte che uscite insieme.
I baci: non darglieli spesso.
I fiori: regalaglieli appassiti.
I regali: fagli ma riciclati.
A Parigi, la città dell'amore: portacela, ma solo in periferia.
Della tua famiglia: parlagliene pure, ma non fargliela mai incontrare.
La tua ex: presentagliela.
Quando uscite insieme: annoiala con i tuoi problemi di lavoro.
Il suo cagnolino: tosalo a zero.
Le tue chiavi di casa: richiedigliele indietro.
Conduttrice: Bene, dopo questi consigli, vediamo Sandro cosa ne pensa.
Sandro: Beh, non voglio mica farla impazzire... mi sembra un po' crudele trattarla così... ma ci proverò...

Traccia 11
Conduttrice: Oggi, 14 febbraio, è il giorno di San Valentino, e vogliamo anche noi festeggiare in qualche modo gli innamorati. Naturalmente dobbiamo farlo a modo nostro, parlando di cinema... e quindi abbiamo invitato Rocco Bigazzi, che è, oltre che un nostro caro amico, un grandissimo critico cinematografico e uno dei massimi esperti italiani di storia del cinema. Rocco, buongiorno, e benvenuto a *Superciak*.
Bigazzi: Buongiorno a te, grazie per l'invito e un saluto anche a tutti gli ascoltatori...
Conduttrice: Bene, veniamo subito al dunque: San Valentino, festa degli innamorati, festa dell'amore... film d'amore. L'amore è stato, è, e, credo, sarà sempre uno dei temi più "amati", appunto, dal cinema... Oggi abbiamo invitato Rocco Bigazzi proprio per farci consigliare da lui, per chiedergli la sua personalissima classifica dei cinque film d'amore più belli della storia del cinema...
Bigazzi: Eh, bel problema... non è facile scegliere... anche se credo che, almeno per le prime due posizioni, la scelta sia quasi obbligata...
Conduttrice: In che senso?
Bigazzi: Nel senso che ci sono due film che ormai sono diventati i classici assoluti dei film d'amore: *Casablanca*, del 1942, con Humphrey Bogart e

Ingrid Bergman, e *Via col vento* del 1939... Diciamo che al primo posto metterei *Casablanca* e al secondo *Via col vento*. Purtroppo i più giovani rischiano di non averli mai visti, ma è un peccato, perché si tratta di due capolavori assoluti...
Conduttrice: In effetti però sono film che hanno più di 70 anni...
Bigazzi: Beh, al terzo posto metterei un film un po' più recente, ma che è rimasto nella memoria di tutto il pubblico, *Titanic*, del 1997. L'amore assoluto, di più non si può...
Conduttrice: E l'amore al cinema funziona. *Titanic* è stato il film che ha incassato di più, è stato superato solo da *Avatar*, nel 2009... mi sembra... e al quarto posto?
Bigazzi: Beh, al quarto posto metterei la favola più tipica... se i sogni non possono realizzarsi nei film, allora dove? *Pretty woman*, la bella prostituta che incontra il suo bellissimo e ricchissimo principe azzurro...
Conduttrice: E gli italiani lo amano e lo conoscono benissimo... anche perché la televisione lo trasmette praticamente ogni mese...
Bigazzi: Vero...
Conduttrice: Manca la quinta posizione...
Bigazzi: Beh, la quinta posizione l'ho tenuta per me, per i miei gusti personali... Si tratta di un film non facile, ma straordinario, con un'atmosfera unica, una colonna sonora meravigliosa e una fotografia bellissima... è un film del regista cinese Wong Kar-wai... si intitola *In the mood for love*...
Conduttrice: Nessun film italiano quindi...
Bigazzi: No, è vero... ma ormai è troppo tardi, siamo già arrivati a cinque...
Conduttrice: Eh sì, troppo tardi...

Traccia 12
A
Esempio:
- Hai il cellulare?
- Sì, ce l'ho.
- No, non ce l'ho.

1 Hai Skype? **2** Hai il DVD? **3** Hai il televisore? **4** Hai la moto? **5** Hai la macchina? **6** Hai la radio? **7** Hai il telefono? **8** Hai il videoregistratore? **9** Hai il computer? **10** Hai la chiavetta? **11** Hai la mia mail? **12** Hai l'antenna?

B
Esempio:
- Hai i panini?
- Sì, ce li ho.
- No, non ce li ho.

1 Hai i programmi a pagamento?
2 Hai i giornali? **3** Hai i biglietti?
4 Hai i documenti? **5** Hai i libri?
6 Hai i francobolli?

C
Esempio:
- Hai le chiavi?
- Sì, ce le ho.
- No, non ce le ho.

1 Hai le cuffie? **2** Hai le scarpe da tennis? **3** Hai le penne? **4** Hai le riviste? **5** Hai le batterie? **6** Hai le posate?

Traccia 13
Buonasera a tutti e benvenuti al nostro quiz sulla TV.
Allora, vi ricordo che dopo ogni domanda avrete tre secondi per segnare la risposta corretta sul vostro questionario. Cominciamo subito con la domanda numero 1. Se guardo un programma che parla di natura e animali, di che cosa si tratta?
a) Di un telegiornale. b) Di un documentario. c) Di una replica.
Avete 3 secondi per rispondere.
Domanda numero 2. *Un posto al sole*, *Grey's Anatomy*, *ER* sono:
a) dei reality; b) delle serie televisive; c) dei varietà.
Domanda numero 3. Stasera guardiamo Inter-Roma. Di che cosa parlo?
a) Di una puntata. b) Di una prima serata. c) Di una partita.
Adesso attenzione, ascoltate bene e pensateci prima di rispondere.
Domanda numero 4. Il varietà è:
a) una trasmissione di musica e spettacolo; b) un programma di natura e cultura; c) una serie di puntate di musica, politica e sport.
Bene... siamo arrivati a metà del nostro quiz. Come va? Andiamo avanti?
Allora via con la domanda numero 5. Una trasmissione che parla di attualità, politica e sport è:
a) un telegiornale; b) un varietà;
c) un telequiz.
Domanda numero 6. Parliamo di "prima serata":
a) dalle 19 alle 21; b) dalle 20 alle 21.15; c) dalle 21 alle 22.30.
Siamo arrivati alle ultime 2 domande... attenzione!
Domanda numero 7. Vuoi sapere quando inizia la trasmissione *Che tempo che fa* e allora domandi:
a) che ore sono *Che tempo che fa?*;
b) che ora è l'inizio *Che tempo che fa?*;
c) a che ora inizia *Che tempo che fa?*.
E adesso il domandone finale!
Domanda numero 8. Come si chiama lo spettacolo in cui le persone mostrano agli altri il loro talento?
a) Talk show. b) Talent show. c) Reality show.
Bene, siamo giunti alla fine del nostro quiz. Adesso vediamo chi è il vincitore. Ecco le risposte. Domanda numero 1: risposta b; domanda numero 2: risposta b; domanda numero 3: risposta c; domanda numero 4: risposta a; domanda numero 5: risposta a; domanda numero 6: risposta c; domanda numero 7: risposta c; domanda numero 8: risposta b.
Allora, il vincitore è...

Traccia 14
A 1 studente, **2** divertente, **3** mittente, **4** leggendo, **5** dicendo, **6** scrivendo, **7** andrei, **8** partirei, **9** resterei, **10** pieno, **11** chiesa, **12** chiede
B 1 andreste, **2** partireste, **3** restereste, **4** veramente, **5** facilmente, **6** sicuramente, **7** inglese, **8** cinese, **9** giapponese, **10** sentimento, **11** monumento, **12** movimento

Traccia 15
Conduttrice: Buonasera a tutti e benvenuti a *Mezz'ora con...* Oggi parleremo di televisione, ma anche di lingua italiana... per la precisione di pronuncia italiana... e per farlo abbiamo con noi il professor Lorenzo Lodiacono, linguista, storico della lingua, ma anche del costume... ed esperto di comunicazione e di mass media... Professor Lodiacono, benvenuto a *Mezz'ora con...*
Prof. Lodiacono: Buonasera a Lei e a tutti i radioascoltatori...
Conduttrice: Allora professore, il tema è complesso e affascinante e il tempo poco... entriamo quindi subito nell'argomento... televisione e lingua italiana... ma veramente gli italiani hanno imparato a parlare la loro lingua guardando la televisione?
Prof. Lodiacono: Beh, sicuramente il processo di diffusione dell'italiano orale su tutto il territorio italiano era

iniziato già con la radio... ma la televisione è stata più efficace. La televisione era più attraente, era un po' come avere il cinema in casa. E poi dal punto di vista della lingua era più facile da capire... si poteva vedere chi parlava, i suoi gesti, l'espressione del volto, l'ambiente... sicuramente la televisione ha insegnato, anche a chi non era andato a scuola, a capire, più che a parlare, l'italiano.

Conduttrice: E per la pronuncia? Quale era il modello di pronuncia proposto dalla televisione?

Prof. Lodiacono: Beh, all'inizio si trattava della pronuncia "standard", basata sull'italiano colto di Firenze e di Roma. I telegiornali erano letti da speaker professionisti, e tutti dovevano seguire appositi corsi di dizione per imparare la pronuncia considerata "corretta".

Conduttrice: Quindi l'italiano "vero", cioè i diversi italiani regionali parlati dagli italiani nella vita di tutti i giorni, non veniva mai presentato?

Prof. Lodiacono: Non proprio. Ad esempio, già alla fine degli anni Cinquanta, in un programma come *Campanile Sera*, si potevano sentire italiani di tutte le regioni parlare con il loro italiano regionale... e spesso anche popolare.

Conduttrice: Certo, certo... ricordiamo agli ascoltatori più giovani che *Campanile Sera* era un programma in cui due paesi italiani, uno del Nord e uno del Sud, si sfidavano in gare sportive e quiz... e il pubblico presente nelle piazze dei paesi partecipava direttamente alla trasmissione...

Prof. Lodiacono: Sì, esatto, partecipava e non parlava certamente con la pronuncia standard...

Conduttrice: E poi?

Prof. Lodiacono: E poi, nel 1976, sono nate le TV private e locali. La Rai non aveva più il monopolio e l'italiano parlato, con tutte le sue differenze regionali, entrava nelle case di tutti gli italiani...

Conduttrice: Fino ad arrivare ai talk show e ai reality show di oggi... dove si sentono pronunce certamente non standard...

Prof. Lodiacono: Sì, anche se in effetti non è stato un percorso sempre lineare, ci sono stati fenomeni diversi, che andavano in direzioni diverse...

Conduttrice: Ad esempio?

Prof. Lodiacono: Ad esempio le telenovelas sudamericane e i serial americani come *Beautiful*... molto diffusi negli anni Ottanta...

Conduttrice: In che senso?

Prof. Lodiacono: Nel senso che spesso i dialoghi erano tradotti e doppiati in un italiano "finto", formale... I dialoghi che si svolgevano nel video erano molto diversi da quelli della realtà quotidiana...

Conduttrice: E oggi?

Prof. Lodiacono: Beh, io sono ottimista... continuo a pensare che la televisione sia molto importante per la vitalità dell'italiano... oggi si possono vedere moltissimi documentari, cartoni animati, film che presentano un italiano standard, nel senso di facilmente comprensibile per tutti, e credo che questa sia una cosa positiva, che continua e continuerà a unire gli italiani...

Traccia 16
Vola in alto l'aquilone,
nello zaino è il quadernone,
nel nido aspetta l'aquilotto,
il quadro è appeso nel salotto,
il liquore è nella bottiglia,
il quadrifoglio fortuna a chi lo piglia.

Traccia 17
1 ESSE di Salerno, CI di Como,
 U di Udine, O di Otranto,
 ELLE di Livorno, A di Ancona
 SCUOLA
2 QU di Quadro, U di Udine,
 A di Ancona, DI di Domodossola,
 E di Empoli, ERRE di Roma,
 ENNE di Napoli, O di Otranto
 QUADERNO
3 QU di Quadro, U di Udine, I di Imola
 QUI
4 CI di Como, I di Imola,
 ENNE di Napoli, QU di Quadro,
 U di Udine, A di Ancona,
 ENNE di Napoli, TI di Taranto,
 A di Ancona
 CINQUANTA
5 QU di Quadro, U di Udine, I di Imola,
 ENNE di Napoli, DI di Domodossola,
 I di Imola, CI di Como, I di Imola
 QUINDICI
6 CI di Como, U di Udine, O di Otranto,
 CI di Como, O di Otranto
 CUOCO

Traccia 18
1 La prima volta ci sono passato per caso. All'inizio pensavo che Barolo fosse solo il nome di un vino. Poi ho scoperto che era anche il nome di un paese, e così, un giorno, ho preso la macchina, sono partito da Roma e sono andato a comprare del Barolo... a Barolo! Quando sono arrivato non credevo ai miei occhi: le vigne sulle colline formavano delle geometrie meravigliose, sembravano un quadro astratto... c'erano centinaia di sfumature diverse di verde... Ho parcheggiato la macchina e, invece di cercare un negozio di vino, ho cercato un'agenzia immobiliare... ho comprato una casa... e ora vivo qui!
2 Il luogo naturale più bello d'Italia? Facile, non ho dubbi, si trova in Sardegna. È una spiaggia di sabbia bianca, una breve insenatura tra altissime rocce. Non ci si può andare in macchina, si può raggiungere solo a piedi o in barca. Da bambina, io e la mia famiglia, andavamo in vacanza dai nonni, a Orosei. Ci andavamo in giugno, appena finita la scuola... non c'erano molti turisti in quel periodo... Mi ricordo che partivamo in gommone la mattina alle sei e arrivavamo sulla spiaggia quando non c'era ancora nessuno... era incredibile. Avevo il posto più bello del mondo... tutto per me!
3 Beh, forse io non sono obiettivo, perché sono nato in Toscana, a Siena, e sono assolutamente innamorato della mia terra... ma secondo me la zona intorno ad Asciano è la più bella d'Italia... forse la più bella del mondo... non sto scherzando, lo penso veramente. È un paesaggio naturale, naturale al 100% perché si vedono quasi solo colline, pochi alberi scuri qua e là... le case sono pochissime... ma nello stesso tempo è anche un paesaggio artificiale, perché disegnato dall'uomo... è l'uomo che ha piantato gli alberi, specie i cipressi, così lunghi e sottili, in lunghe file che disegnano i bordi delle colline... è l'uomo che lavora i campi... Secondo me è il paesaggio più bello del mondo perché qui l'uomo e la natura sono in armonia, uno non vince sull'altro... è il paesaggio "perfetto".
4 Quando pensano all'Italia, i turisti stranieri di solito pensano al mare. È logico, abbiamo quasi 7550 chilometri di coste... abbiamo un sacco di isole meravigliose... ma per me, anche se sono nata in Sicilia, la natura italiana

più bella si trova al Nord, in montagna. Io adoro le Dolomiti. Trovo che abbiano un fascino misterioso assolutamente unico. Quelle pareti verticali, quelle cime incredibili per me sono... non so, quando sono lassù non vorrei più tornare giù, vorrei comprarmi una baita e vivere tra quei monti, respirare quell'aria purissima... vorrei poter vedere ogni giorno quelle rocce che non sono mai uguali perché cambiano colore in ogni momento della giornata...

5 Lo so, a qualcuno potrà sembrare strano, ma per me, la natura più bella d'Italia si trova in un posto che per qualcuno è terribile... su un vulcano. Il mio luogo preferito è una spiaggia, si chiama Ficogrande, dove la sabbia è completamente nera. Io vado lì ogni anno per rifarmi gli occhi... La cosa che amo di più sono i colori, sono colori puri, quasi senza sfumature, e uno contrasta con l'altro: il nero della terra, il blu del cielo e del mare, il verde della vegetazione... il tutto immerso in una luce incredibile! Non credo che al mondo ci sia un altro posto così... o almeno io non l'ho mai visto.

Traccia 19

Diana Rosi: Buon pomeriggio da Diana Rosi e Roberto Pezzini. In apertura le elezioni del sindaco della capitale. Domenica e lunedì i cittadini sono chiamati alle urne per eleggere il nuovo sindaco di Roma. Gli elettori saranno quasi tre milioni.

Roberto Pezzini: Veniamo adesso a una notizia di cronaca: all'aeroporto di Fiumicino, ieri, alle 7.50, un Airbus A320 della compagnia Wizz Air ha effettuato un atterraggio di emergenza a causa di un carrello che non si è aperto. Fortunatamente l'avventura dei 166 passeggeri si è conclusa con tre feriti non gravi e una decina di contusi.

Diana Rosi: Domenica scorsa è stata inaugurata la nuova stazione dell'alta velocità di Bologna. La nuova stazione sotterranea si trova a 23 metri sotto i binari di superficie; al piano intermedio sono già attive alcune attività commerciali come edicole e bar e per la primavera del prossimo anno è prevista l'apertura di diversi negozi.

Roberto Pezzini: Passiamo adesso alla musica: venerdì scorso Jovanotti ha iniziato il suo tour di concerti negli stadi. Il primo concerto si è tenuto ad Ancona e oltre 20 mila fan hanno partecipato al grande evento.

Diana Rosi: Noi ci fermiamo qui ma l'informazione prosegue con l'edizione delle 20.

Traccia 20

Roberto: Ciao, che bello rivedervi dopo tutti questi anni! Mario, ma sei proprio tu? E immagino che questa sia tua moglie...

Mario: Ciao Roberto, come stai? Che cosa mi dici di bello?

Roberto: Beh, io ho vissuto per alcuni anni in Inghilterra e poi sono ritornato qui a Roma. E tu, invece, ti sei trasferito in Thailandia, vero?

Mario: No, veramente no, è Tiziano che ha trovato lavoro a Bangkok... La mia ex ragazza è thailandese, ma non abbiamo mai vissuto in Thailandia... Siamo stati per i primi anni in Sicilia, ma adesso non stiamo più insieme... Io lavoro come avvocato a Napoli e questa è mia moglie.

Roberto: Ah, scusa, devo aver fatto confusione... Quindi Tiziano lavora a Bangkok?

Mario: Sì, infatti non è potuto venire. Fa il chirurgo in un importante ospedale americano.

Ilaria: Ciao Roberto, ciao Mario, vi ricordate di me?

Mario e Roberto: Ilaria! Come stai?

Ilaria: Benissimo, grazie. Sono appena arrivata da Parigi.

Roberto: Ma come? Vivi a Parigi?

Ilaria: Sì, da molti anni ormai. Lavoro come giornalista per un giornale della capitale.

Roberto: Ma non ti eri sposata con Riccardo, quello della 3ª C?

Ilaria: Ma no, ci siamo lasciati il primo anno di università e poi ho conosciuto Jacques e ci siamo trasferiti in Francia, ma adesso... beh, non stiamo più insieme.

Roberto: Ah, capisco...

Claudio: Credo che tu abbia fatto un po' di confusione... Vedi, Ilaria è ancora libera...

Ilaria: E invece... vi ricordate di Vanessa? Beh, dopo aver studiato Ingegneria, si è dedicata totalmente alla famiglia: adesso vive a Pisa, è felicemente sposata e ha quattro figli. Non è certo una casalinga disperata, anzi, al contrario, è molto soddisfatta della sua scelta.

Roberto: Ah, però! E immagino che non venga stasera.

Ilaria: E no, penso che non possa lasciare i bambini con il marito.

Giulio: Ciao ragazzi!

Roberto, Ilaria, Claudio: Ciao!

Claudio: Ciao Giulio! Allora, so che sei diventato un importante professore di Chimica presso l'Università di Padova!

Giulio: Io, docente di Chimica? Ma se l'ho sempre odiata... Chi te l'ha detto?

Claudio: Ma, niente, lascia stare... E allora, che fai di bello?

Giulio: Beh, insegno sì, ma italiano e storia in un liceo di Verona. E voi, tutto bene?

Claudio: Sì, noi siamo sempre qui a Roma. Allora Roberto, le tue ipotesi erano tutte sbagliate, ma chi ti ha dato quelle notizie?

Roberto: Mmm... veramente io... ho visto alcune foto su Facebook e così ho immaginato tutte quelle cose... Devo aver fatto un po' di confusione con le foto...

Claudio: Comunque, complimenti per la fantasia!

Traccia 21

Intervistatore: Buon pomeriggio a tutti e benvenuti al nostro programma di informazione sociale. Il tema di oggi è il volontariato, o meglio, il volontariato all'interno del Servizio Civile Nazionale. Qui in studio con noi Lara Bagli, che ci parlerà dei requisiti necessari per partecipare al bando di concorso del servizio civile. Benvenuta Lara!

Lara Bagli: Grazie. È un piacere per me essere qui e parlare di un argomento che mi sta molto a cuore, cioè il volontariato, attraverso, appunto, il Servizio Civile.

Intervistatore: Sì, infatti, perché come già sappiamo, il vecchio servizio civile, che sostituiva quello militare, non esiste più.

Lara Bagli: Sì, prima, in alternativa al servizio militare, si poteva scegliere di diventare "obiettori di coscienza". Ma questa scelta comportava alcune limitazioni: infatti non era possibile la carriera nell'esercito, nella polizia, nei carabinieri, insomma in tutti quei corpi militari e non, dove si usano le armi.

Intervistatore: E adesso invece?

Lara Bagli: Adesso c'è il Servizio Civile

Nazionale, che si fonda su una scelta volontaria da parte dei giovani. Quindi uomini e donne dai 18 ai 28 anni hanno la possibilità di dedicare un anno della propria vita al lavoro volontario in diversi settori

Intervistatore: Ad esempio?

Lara Bagli: Ad esempio... nell'assistenza ai bambini, agli anziani, ai malati, nella protezione civile, nell'ambiente, e nell'educazione e promozione culturale.

Intervistatore: Solo in Italia o anche all'estero?

Lara Bagli: Anche all'estero, in un Paese europeo o extraeuropeo, dipende dalla disponibilità dell'ente e dal tipo di progetto. Insomma si va dall'Est Europa fino all'America Latina, passando per Africa e Asia con l'obiettivo di promuovere progetti educativi, di tutela dell'ambiente, di sostegno alle donne, di educazione alimentare, fino all'area sanitaria.

Intervistatore: Chi può partecipare e cosa deve fare un giovane per fare del volontariato all'interno di un ente?

Lara Bagli: Possono partecipare giovani di età compresa tra i 18 e i 28 anni, che sono in possesso di idoneità fisica, che siano cioè in buona forma fisica. Per partecipare al Servizio Civile è necessario presentare la propria candidatura entro i 30 giorni dall'apertura del Bando emanato dall'Ufficio Nazionale del Servizio Civile. Sul sito ufficiale è possibile selezionare i progetti per aree geografiche o settori di attività. L'impegno richiesto varia dalle 25 alle 35 ore settimanali a seconda del progetto. C'è anche un'attività formativa della durata minima di 25 ore. Ai volontari spetta inoltre un rimborso di 433,80 euro mensili e in caso di progetti all'estero anche un contributo aggiuntivo. Comunque gli interessati potranno consultare il sito www.serviziocivile.gov.it.

Intervistatore: Bene, ringraziamo la signora Bagli per essere stata qui con noi e per averci fornito tutte queste informazioni e vi diamo appuntamento a domani pomeriggio alla stessa ora.

Lara Bagli: Grazie a voi, arrivederci.

TRACCE AUDIO ATTIVITÀ EXTRA

Traccia 1
Markus: Ciao Irina!
Irina: Ciao Markus!
Markus: Che cosa fai di bello?
Irina: Abbiamo appena finito la lezione di italiano e ora andiamo a fare la spesa. Ah, ti presento Xiao, la mia compagna di corso!
Markus: Piacere Xiao, io sono Markus.
Xiao: Piacere di conoscerti!
Irina: Xiao viene dalla Cina; ci siamo conosciute un mese fa proprio a lezione.
Markus: E perché hai deciso di studiare l'italiano, Xiao?
Xiao: Perché vorrei studiare Storia dell'arte in Italia. Sono una pittrice e adoro l'arte italiana.
Markus: Magnifico! Allora dobbiamo conoscerci meglio: anch'io studio arte e frequento l'Accademia di Belle Arti qui a Perugia.
Xiao: Davvero? Sono molto felice di conoscere un collega.
Markus: Anch'io. Senti, c'è una bellissima mostra su Perugino e Raffaello in città, vogliamo andarci insieme?
Xiao: Volentieri!
Irina: Ma è una proposta solo per gli storici dell'arte o posso venire anch'io?
Markus: Ma certo Irina che puoi venire! Siamo un bel gruppo: noi tre e altri quattro amici. Ci siamo dati appuntamento per domani pomeriggio alle 15 davanti alla Fontana.
Irina: Perfetto! Ci vediamo domani allora!
Xiao: Certo, a domani!
Markus: Vi aspetto allora! Se c'è qualche problema, Irina, chiamami al cellulare!
Irina: D'accordo!
Xiao: Ciao Markus!
Markus: Ciao ciao.

Traccia 2
Perché oggi tante persone studiano l'italiano? Malgrado l'importanza politica ed economica di altre lingue, il numero di persone che studia l'italiano cresce continuamente anche in Paesi che non hanno conosciuto l'immigrazione italiana.

La motivazione più comune è l'arricchimento culturale, seguita da esigenze di studio, di lavoro, per turismo o per ragioni affettive. L'italiano è una lingua di cultura, è la lingua di Dante, del bel canto, della lirica. È la lingua di grandi artisti, pittori, poeti, scrittori e filosofi. La lingua italiana è una lingua musicale, aperta e varia, per cui comprendere in italiano è più facile che in altre lingue, ed è anche più piacevole. Ma l'italiano è anche la lingua che accompagna il *made in Italy*: è la lingua della moda, della cucina e delle automobili. Tutto questo è sinonimo di qualità, di stile e di saper vivere. L'italiano, poi, è una parte importante di quell'Italia piena di tesori d'arte, di paesaggi, di magia. E gli italiani sono un popolo creativo, simpatico, caloroso. Parlare italiano è una risorsa per crescere dal punto di vista umano, culturale e professionale.
E infine, non dimentichiamo che l'industria italiana è una delle più importanti al mondo.

Traccia 3
si veda traccia 2

Traccia 4
1 ● Ti piacciono i pantaloni che ho comprato ieri?
   ● Beh... non sono proprio bellissimi!
2 ● Luca ha superato l'esame di filosofia?
   ● Boh, ieri non ci siamo sentiti!
3 ● Hai preso le chiavi della casa al mare, vero?
   ● Oh oh... credo di averle dimenticate a Roma!
4 ● Stasera ho invitato a cena Lucia, Luca e Alberto!
   ● Ah, questa è bella! Abbiamo il frigo vuoto!
5 ● Vuoi sapere l'ultima? Anna e Marco si sono lasciati!
   ● Eh? Dici sul serio? Ma stavano insieme da 7 anni!

Traccia 5
Intervistatore: Oggi, per la nostra rubrica, intervistiamo Federica, un'italiana che insegna nuoto a Oslo. Buongiorno Federica, cosa ti ha portato in Norvegia?
Federica: Conoscevo la Norvegia molto bene da turista, perché mia cugina si è traferita qui quasi venti anni fa. Io venivo a trovarla spesso e ogni volta rimanevo affascinata dalla natura e

dallo stile di vita norvegese. Però non avevo mai pensato di trasferirmi qui, perché il mio lavoro era legato alla conoscenza della lingua italiana. Lavoravo per una piccola casa editrice. Poi è arrivata la crisi economica e, di conseguenza, il licenziamento. Potevo rimanere in Italia e cercare di sopravvivere oppure lanciarmi in una nuova avventura. Ed eccomi qui. Ormai risiedo a Oslo da circa due anni.

Intervistatore: Di cosa ti occupi a Oslo?
Federica: Faccio l'insegnante di nuoto per i bambini delle scuole elementari. Qui il nuoto è una materia scolastica. Gli insegnanti portano i bambini a lezione in piscina e poi li riaccompagnano a scuola.
Intervistatore: Cosa c'è di speciale in Norvegia che ti ha conquistata?
Federica: Mi piacciono molto la calma e allo stesso tempo la vivacità che caratterizzano questo Paese. Il ritmo tranquillo insieme alla vitalità dei concerti, degli eventi culturali, della vita notturna. E poi la natura!

Traccia 6
Dolci atmosfere d'Italia
Nell'immaginario turistico mondiale l'Italia è il luogo di una cultura raffinata. Le antiche pietre, la bellezza del paesaggio, i tesori artistici sono la vera ricchezza del nostro Paese.
Questi giacimenti culturali spesso si trovano in piccoli Comuni poco conosciuti, toccati dal degrado edilizio dei centri storici e dalla diminuzione delle attività e dei servizi. Per preservare l'identità di questi Comuni, valorizzarne le ricchezze e offrirle al visitatore più attento, l'Anci (Associazione nazionale comuni italiani) ha dato vita al club dei "Borghi più belli d'Italia".
Si tratta di un'assemblea prestigiosa che raduna il meglio di quell'Italia minore che è anche, grazie ai suoi prodotti di nicchia come il vino, l'olio, l'artigianato, il cuore della nostra alimentazione e della nostra creatività.

Traccia 7
si veda traccia 6

Traccia 8
Per affrontare un colloquio di lavoro è bene seguire alcuni accorgimenti.
A differenza di quello che potresti credere, non è obbligatorio indossare un abito formale. Se non devi andare in un'azienda che richiede esplicitamente un tipo di abbigliamento, vestiti in modo da sentirti a tuo agio, evitando però uno stile troppo originale o eccentrico. Anche un paio di jeans e una giacca sportiva possono fare buona impressione.
Poco prima di entrare nel luogo dell'incontro spegni il cellulare.
Al momento delle presentazioni stringi la mano del tuo interlocutore con sicurezza e fermezza, senza fargli male e non troppo a lungo.
Durante il colloquio guarda negli occhi il tuo interlocutore, non agitarti sulla sedia, non muovere eccessivamente le mani, non fare scrocchiare le dita, non tormentarti le unghie.
Rispondi a tutte le domande con tranquillità, cercando di far percepire attraverso le tue risposte le tue qualità. Non parlare mai di soldi come prima cosa, almeno al primo colloquio. Alla fatidica frase "Le faremo sapere" chiedi al massimo con che tempi potrai avere una risposta.
Saluta cordialmente ed esci dalla stanza dicendo "Arrivederci". È di buon auspicio!

Traccia 9
Professioni del futuro: lo scrittore di frasi dei cioccolatini
Tra le professioni del futuro, nasce lo scrittore di cioccolatini. Alcuni cioccolatini sono famosi per i loro biglietti con frasi a sorpresa, ma vi siete mai chiesti chi è che scrive quelle frasi? A quanto pare esistono dei professionisti del settore. Gli scrittori hanno una formazione letteraria e un'ottima conoscenza delle lingue; hanno infatti il compito di selezionare e tradurre gli aforismi più famosi che provengono da varie parti del mondo. Precursore di questa moda è stata la Cina, con i suoi famosissimi biscotti della fortuna.

Traccia 10
si veda traccia 9

Traccia 11
Giurarsi amore eterno con il rumore delle onde, la sabbia sotto i piedi e il vento che accarezza i capelli. I matrimoni in spiaggia: un sogno che Ostia coltiva da anni e che sta per diventare realtà. Ieri, infatti, il consiglio comunale ha deciso di dare avvio alle procedure per creare una "casa comunale" sulla spiaggia per consentire la celebrazione dei matrimoni sulla spiaggia pubblica.
Tutte le coppie dunque (e non solo i VIP, come in passato) potranno pronunciare il proprio sì in riva al mare. «Riceviamo richieste in questo senso da centinaia di coppie ogni anno – chiarisce un consigliere comunale – e pensiamo che questa sia un'occasione unica anche dal punto di vista turistico ed economico. Così non solo daremo risposta alle coppie che ci chiedono di realizzare questo sogno, ma potremo passare dai 300 matrimoni del 2012 a molti di più. In questo modo potremmo sostenere servizi per cui ora non ci sono risorse».

Traccia 12
Innamorarsi è quanto di più sconvolgente e bello si può provare, in tutti i sensi, positivi e negativi. L'innamoramento è un passaggio che con il tempo diventa un ricordo, una splendida nostalgia. Per tutta la vita lo ritrovi negli altri, gli innamorati, e lo accarezzi: lo vivi per un attimo, lo rubi e nutri così il tuo cuore. Innamorarsi è annullarsi. È la sola emozione della sfera umana che ti porta oltre la vita, una sensazione unica, che prima di allora la tua anima non aveva mai conosciuto. Poi, piano piano, ti abbandona e svanisce. Ma a questo punto non puoi più starne senza e così la cerchi, la invochi, e vorresti riaverla.
L'innamoramento è un regalo del cielo, ma l'amore vero è l'unica cosa che conta.

Traccia 13
si veda traccia 12

Traccia 14
Gli anziani italiani si sono ormai seduti, letteralmente. Una ricerca sembra aver rivelato come la popolazione over 65, anche se in buona salute sia fisica che psicologica, ha abbandonato i vecchi hobby di un tempo per dedicarsi, quasi completamente, alla televisione (e in minor percentuale alla lettura). In base ai dati di un importante studio, risulta che gli anziani del Bel Paese sono in salute, soddisfatti e con poche, per fortuna, disabilità fisiche. Il problema sta nel fatto, però, che davvero in pochi si dedicano all'attività fisica (15%) oppure a qualche attività sociale, culturale o ricreativa, tanto da non frequentare neanche i teatri e il cinema. La grande passione degli anziani italiani rimane la

televisione: ben il 73% dichiara di vederla per 3 ore al giorno, mentre addirittura un anziano su quattro ammette di stare davanti alla TV per circa 6 ore. Consola un po' il fatto che il 53% legge i quotidiani e prende in mano un libro almeno una volta la settimana.

Traccia 15
Ci sono un sacco di cose da fare la sera, senza la TV. Possiamo cenare in pace e poi prolungare la cena con una serena chiacchierata con i nostri cari. Possiamo invitare qualcuno oppure andarlo a trovare. Possiamo leggere, studiare, scrivere, ascoltare musica, dipingere, fare bricolage, costruire qualcosa con le nostre mani. Possiamo uscire e passeggiare per il centro, berci una birra con gli amici, andare a teatro, al cinema, a ballare, in palestra, in piscina, frequentare un corso di lingue, di yoga o di quello che vogliamo. E sono certa che tutte queste alternative ci spingono a cercare e trovare sempre di più situazioni stimolanti, che ci fanno sentire vivi, ispirati, creativi. Non è così?

Traccia 16
si veda traccia 15

Traccia 17
1 cucina, **2** qualità, **3** acquistare, **4** ciascuno, **5** acuto, **6** acquatico, **7** curioso, **8** cultore, **9** equo, **10** inquinato, **11** quadrato, **12** cui

Traccia 18
1 Io vivo al Sud, in Sicilia: un posto meraviglioso! Siccome da noi l'estate è caldissima, mi rilasso ogni giorno in una grande vasca da bagno piena d'acqua! È piacevole per me e utile per l'ambiente: con la doccia consumerei più acqua!

2 Beh, vi confesso una mia buona abitudine: vivo in alta montagna e l'inverno è molto freddo, così accendo il riscaldamento 24 ore su 24 e mantengo una temperatura di 24 gradi! Pensate che indosso solo magliette a maniche corte!

3 So che anch'io nel mio piccolo posso fare qualcosa per l'ambiente! Per esempio in casa spengo sempre tutte le luci superflue e non lascio mai acceso il mio videogioco quando non lo uso.

4 Mi piace essere sempre controcorrente e così dico no all'automobile! È estremamente inquinante: per muovermi in città vado a piedi con il mio cane; se devo fare tragitti più lunghi, invece, prendo sempre i mezzi pubblici.

Traccia 19
Grazie alle severe direttive dell'Unione europea e ad una coscienza ambientalista sempre più elevata dei governi, anche la natura in Italia è protetta da leggi per la tutela dell'ambiente sempre più rigorose. Il Ministero italiano per la tutela dell'ambiente, che procede sempre più severamente contro i contaminatori ambientali, e i valori preoccupanti riguardanti la qualità delle acque nei mari italiani hanno contribuito ad aumentare la coscienza della popolazione nei confronti della tutela dell'ambiente. Del resto il turismo costituisce la fonte principale di introiti del Paese, motivo per cui alcune coste sono diventate sempre più pulite negli ultimi anni e il governo si è impegnato concretamente. Oltre alla tutela del Mar Mediterraneo, anche le Alpi godono di un interesse sempre maggiore, il che ha portato ad ampie misure di protezione.

Traccia 20
si veda traccia 19

Traccia 21
1 ne, **2** e, **3** lì, **4** te, **5** né, **6** è, **7** li, **8** tè

Traccia 22
1 Vado in edicola regolarmente. Per il mio lavoro è indispensabile avere sempre riviste aggiornate. Ne compro in grande quantità e di vario argomento. Ma, non ci crederete, tra le mie preferite c'è un settimanale femminile: ne sono diventato dipendente. Lo trovo interessante e pieno di utili consigli!

2 Io non vado mai a comprarla la mia rivista preferita! La leggo perché la trovo in casa e così è nata la mia passione. Ormai sono diventato così esperto che anche gli adulti chiedono il mio parere in fatto di motori. Da grande farò di sicuro il pilota!

3 I miei amici mi trovano pazza per questo mio passatempo ma vi assicuro che il sabato, quando esce in edicola, mi precipito a comprarla! Ormai sono diventata abilissima nelle soluzioni. Sarà pure un'occupazione da nonni ma io la trovo irresistibile!

4 Io ormai sono abbonato da diversi anni. Al giorno d'oggi secondo me è impensabile non tenersi informati sui prodotti commerciali e sulle tendenze che interessano i cittadini consumatori. Non posso farne a meno. E poi piace a tutta la famiglia!

Traccia 23
Diventare giornalista
La legge sulla stampa del 1963 prevede l'iscrizione all'Ordine dei giornalisti per tutti quelli che svolgono la professione. La stessa legge suddivide i giornalisti in due categorie: "pubblicisti" e "professionisti". Fanno parte del primo gruppo tutti quelli che, pur avendo altri lavori, esercitano "attività giornalistica occasionale e retribuita". Al contrario, i professionisti svolgono in modo "esclusivo e continuativo" il mestiere. Può entrare a far parte dell'Elenco pubblicisti chi ha svolto, negli ultimi due anni, collaborazioni giornalistiche continuative e retribuite presso quotidiani, periodici o testate giornalistiche di emittenti radiotelevisive o testate telematiche.

Traccia 24
si veda traccia 23

Traccia 25
Martina: Pronto, Giuliano?
Giuliano: Ciao Martina! Tutto bene?
Martina: Sì, grazie! Ti chiamo per sapere se hai visto la mail che ti ho mandato e se hai deciso quale campo scegliere.
Giuliano: Sì sì, ho letto tutto ma non ho ancora deciso… I campi sono interessantissimi e vorrei scegliere con te: tu hai già fatto così tante esperienze di volontariato!
Martina: Beh, ma questa volta andremo insieme, quindi il programma deve convincere tutti e due!
Giuliano: Eh già! Beh, innanzitutto come sai il nuoto per me non è un problema!
Martina: Quindi possiamo considerare tutti e tre i campi!
Giuliano: Sì, certo! Anche se non vorrei svegliarmi troppo presto al mattino!
Martina: Sono d'accordo! Evitiamo il campo più faticoso, anche se ho sempre sognato di visitare quell'isola piccolissima e disabitata!
Giuliano: Beh, anche le altre due destinazioni non sono male! Ti confesso che mi piacerebbe andare nell'isola greca. Che ne dici?

Attività extra | TRACCE AUDIO

Martina: Mah, certo sarebbe interessante… l'idea però del campeggio un po' mi spaventa. Quando si lavora molto, riposare bene è fondamentale!
Giuliano: Sono d'accordo, ma credo che il luogo sia meraviglioso e magari conosceremmo un sacco di ragazzi stranieri!
Martina: Ma questa possibilità c'è anche in Italia, non preoccuparti: i volontari vengono da tutti i Paesi europei! Ti consiglio di rinfrescare il tuo inglese se vuoi conoscere qualche bella ragazza!
Giuliano: Ovviamente ho già cominciato! Ascolto canzoni in inglese tutti i giorni e ho chiesto a Paul, il mio amico di Londra, di parlare solo inglese! Piuttosto dovrò cominciare ad abituarmi al lavoro fisico: ho passato gli ultimi mesi seduto a studiare, non sarà facile camminare e lavorare per ore sotto il sole!
Martina: Eh sì, a questo dobbiamo prepararci… Anche se scegliendo l'opzione che ho in mente avremmo la possibilità di rilassarci in spiaggia ogni giorno!
Giuliano: Ah, ho capito la tua idea! E magari portiamo anche la bici!
Martina: Perché no, tanto andiamo in treno no? E poi io ci sono già stata e in parte quei sentieri li ho già ricostruiti! Ti assicuro che sarà un'esperienza fantastica!
Giuliano: Per me va benissimo! Sentiamo se è d'accordo anche Luigi e poi… si parte!

Traccia 26
Lo dice un sondaggio: Bari è la città più felice d'Italia. Il blog "Voices from the blogs" ha analizzato 43 milioni di Tweet in un anno. Scorriamo il portale e vediamo che anche nell'ultima settimana monitorata, quella compresa tra il 27 marzo e il 3 aprile, Bari naviga nelle sfere più alte della classifica, dopo Bologna, Modena, Genova, Savona e Massa-Carrara. Variegati i criteri di valutazione: temperature, luce solare, piogge, popolazione e infrastrutture.

Traccia 27
si veda traccia 26